창세기에서 배우는

창조적 인생

The Creative Life with Genesis

| 이 동 원 지음 |

요단

창세기에서 배우는 창조적 인생

2003년 9월 20일 제1판 1쇄 발행
2019년 9월 30일 제1판 12쇄 발행

지은이 | 이동원
펴낸이 | 이요섭
펴낸데 | 요단출판사

07238 서울특별시 영등포구 국회대로 76길 10
기 획 | (02) 2643-9155
영 업 | (02) 2643-7290-1 Fax. (02) 2643-1877
등 록 | 1973. 8. 23. 제13-10호

정가 13,000원

ISBN 978-89-350-0749-3 03230

요단인터넷서점 www.jordanbook.com

창세기에서 배우는

창조적 인생

The Creative Life with Genesis

요단

Contents

Contents

서문

창세기는 성경을 여는 열쇠와 같은 책입니다.
성경은 기본적으로 하나님과 인간의 관계를 전제로 한 책입니다.
그렇다면 우리는 창세기에서 단순히 창조의 사실 이상의 관심을 가져야 합니다.
어제의 역사이해 이상으로 오늘의 삶에 대한 역동적인 해답을 찾아야 합니다.
그래서 저는 창세기에서 인생을 다시 배우고자 했습니다.
그 결과 창세기에서 배우는 창조적인 인생이 태어났습니다.

저는 목회를 시작한 이래로 창세기를 세 번 정도 설교했습니다.
그리고 창세기를 주제로 한 한두 권의 책을 펴내기도 했습니다.
이 책은 가장 최근의 묵상을 중심으로 태어난 것입니다.
따라서 가장 본격적인 창세기 강해 메시지라 할 만합니다.
그리고 이 책엔 본문 이상의 시대정신이 반영되어 있습니다.
'제목 강해설교' 스타일로 창세기를 들여다보고자 했기 때문입니다.

창조의 본래의 마당에서 다시 성찰한 인생은 정말 흥미로운 것이었습니다.

창조주의 설계도면을 펼쳐놓고 인생을 성찰해 보십시오.

창조주의 기대를 가슴에 안고 기도해 보십시오.

창조주의 안내를 따라 인생의 여정에 다시 도전해 보십시오.

놀라운 가능성을 지닌 한 편의 창조적 드라마로 인생을 재구성해 보십시오.

당신의 인생은 땅에서 경험하는 하늘의 숨결로 가득 차게 될 것입니다.

다시 창세기를 펼치면서

창조적인 인생의 길벗된, 이 동원 드림

주후 2003년 가을의 길목에서

창조적인 인생

1

창세기 1:1, 26-31

태초에 하나님이 천지를 창조하시니라… 하나님이 가라사대 우리의 형상을 따라 우리의 모양대로 우리가 사람을 만들고 그로 바다의 고기와 공중의 새와 육축과 온 땅과 땅에 기는 모든 것을 다스리게 하자 하시고 하나님이 자기 형상 곧 하나님의 형상대로 사람을 창조하시되 남자와 여자를 창조하시고 하나님이 그들에게 복을 주시며 그들에게 이르시되 생육하고 번성하여 땅에 충만하라, 땅을 정복하라, 바다의 고기와 공중의 새와 땅에 움직이는 모든 생물을 다스리라 하시니라 하나님이 가라사대 내가 온 지면의 씨 맺는 모든 채소와 씨 가진 열매 맺는 모든 나무를 너희에게 주노니 너희 식물이 되리라 또 땅의 모든 짐승과 공중의 모든 새와 생명이 있어 땅에 기는 모든 것에게는 내가 모든 푸른 풀을 식물로 주노라 하시니 그대로 되니라 하나님이 그 지으신 모든 것을 보시니 보시기에 심히 좋았더라 저녁이 되며 아침이 되니 이는 여섯째 날이니라. (창 1:1, 26-31)

인간, 하나님의 창조의 면류관

아마 창세기 1장에 대한 사람들의 관심은 매우 다양할 것입니다. 어떤 사람은 창세기 1장을 통해서 하나님의 만물창조가 어떻게 이루어졌는지 창조의 과학적 사실에 관심을 갖기도 할 것입니다. 그것은 좋은 관심입니다.

그러나 저는 하나님께서 성경을 우리에게 주시고 또 성경을 통해서 창세기의 창조 기사를 보여주셨을 때 단순히 창조의 사실만을 보도하기 위해서 그것을 기록했다고 생각하지는 않습니다. 저는 근본적으로 성경은 하나님과 인간의 관계를 다루고 있는 책이라고 믿습니다. 하나님의 궁극적인 관심은 인간에게 있습니다. 그것은 우리가 창세기 1장의 창조과정을 살펴볼 때, 창조의 절정, 그 완성에서 하나님이 인간을 만드셨다는 사실로 창조 기사가 마무리되고 있는 것을 통해서도 알 수 있습니다.

하나님의 궁극적인 관심은 인간입니다. '하나님은 왜 인간을 만드셨을까?' 저는 이 질문으로 창세기 1장을 시작하고자 합니다. 하나님은 왜 인간을 만드셨을까요? 그분이 우리에게 기대하시는 바는 도대체 무엇이었을까요?

창조의 절정에서 창조된, 창조의 면류관이라고 할 수 있는 인간, 저는 인간을 인간 되게 하는 가장 중요한 독특성은 인간의 창조성이라고 생각합니다. 인간의 창조성 때문에 인간은 다른 모든 유형의 피조물과 다릅니다. 문화와 과학의 발전뿐만 아니라 오늘날 인간을 통하여서 이루어지고 있는 모든 눈부신 일들은 하나님이 인간을 창조적으로 창조하셨다는 사실을 반영하고 있습니다.

이와 같은 사실은 하나님이 인간을 만드시고 인간에게 맨 처음 주신 과제를 통해서도 알 수 있습니다. 여러분, 하나님이 인간을 만드시고 인간에게 맨 처음 주신 과제가 무엇이었을까요? 그건 창세기 1장에 나오지 않고 2장에 나옵니다. 2장을 보면, 인간 창조 기사가 1장에 이어 한 번 더 되풀이되면서 인간을 어떻게 만드셨는가 하는 사실들이 더 구체적으로 설명됩니다.

2장 19절 말씀을 보십시오. "여호와 하나님이 흙으로 각종 들짐승과 공중의 각종 새를 지으시고 아담이 어떻게 이름을 짓나 보시려고 그것들을 그에게로 이끌어 이르시니 아담이 각 생물을 일컫는 바가 곧 그 이름이라."

자, 하나님이 인간 아담을 지으시고 아담에게 맨 처음 주신 과제가 뭐였습니까? 이름 짓는 일이었습니다. 이름을 짓는다는 것은 뭔가를 만들어내는 것입니다. 즉 무에서 유를 만들어내는 것이지요. 창조의 행위인 것입니다.

그런 면에서 인간은 창조자 하나님을 닮은 존재입니다. 이름을 짓는 것, 그것은 창조적 과제입니다. 창조 행위는 고통스러운 것입니다. 그러나 창조된 그것에서 사람은 언제나 기쁨을 느낍니다. 환희를 발견합니다.

senior 거지, junior 거지

저는 아담이 얼마나 힘들었을지 이해할 수 있습니다. 제가 목회하면서 제일 힘들었던 것 중 하나도 교인들이 자기 자녀들의 이름을 지어 달라고 할 때였습니다. 절대로 저한테 그런 숙제를 가져오지 마시기 바랍니다. 저는 저에게 그런 창조적인 능력이 많다고 생각해 본 적이 없습니다.

저는 제 아이들의 이름을 짓는 일에도 크게 실패한 사람이라는 자책을 늘 갖고 있습니다. 제 큰아들 이름이 이 황인데요. 그 애가 태어났을 때 어떻게 이름을 지을까 고민하다가 일단 저희 아버님께 여쭤보았습니다. 그랬더니 상당히 자유로운 사고를 가지신 저희 아버님 말씀이 "니 마음대로 짓거라" 하시는 것이었습니다. 그러니까 더 힘들어지더라구요.

그래서 서점에 나가 옥편을 하나 사다놓고 기도하는 마음으로 열심히 그걸 뒤져봤습니다. 그랬더니 괴상한 한자 하나가 튀어 나왔습니다. 날 일(日)자 아래 빛 광(光)자, 밝을 황(晃)입니다. 그게 그렇게 흔하지 않잖아요.

저는 십대시절을 어려운 가정형편 때문에 상당히 우울하게 지냈습니다. 그래서 제 아들만은 좀 밝게 살아 주었으면 하는 마음에, 또 날 일자 아래 빛 광이니까 날마다 빛 되신 주님을 바라보고 살았으면 좋겠다 싶었습니다. 또 훌륭한 우리 조상 중에도 이런 이름을 가진 분이 있잖아요. 퇴계 '이 황' 이라고.

그런데 제가 미국에 목회하러 가면서 아이들 여권에 영어로 이름을 표기할 때 별로 심각하게 생각하지 않고 이 황이니까 'Lee Whang' 이라고 표기했습니다. 그런데 참 난처한 일이 있었습니다. 큰애가 초등학교 1학년 1학기 도중에 미국엘 갔는데, 미국학교에 들어가서 며칠 지나지 않아 큰애가 저한테 오더니 학교 다니기가 싫다는 거예요. 그래서 왜 그러냐고 물으니 "아빠, 내 이름을 너무 이상하게 지은 거 같애" 하는 거였어요. 이유인즉슨, 미국학교 애들이 큰애 이름을 "왱~왱~"하고 부른다는 것이었습니다. 듣고 보니 큰애에게 참 미안한 생각이 들었습니다.

둘째가 태어났을 때도 마찬가지로 기도하는 마음으로 옥편을 뒤지기 시작했습니다. 이상한 한자 하나가 또 출현했습니다. 그것은 쇠 금(金)자 옆에 무릇 범(凡)자, 떨칠 범(釩)입니다. 역시 흔하지 않은 글자죠? 사나이로 태어나서 기왕이면 정말 탁월함을 추구하는 떨치는 인생을 살아주었으면 좋겠다 싶은 마음과 황금만능주의 시대에서 돈 때문에 쩔쩔매지 말고 좀 황금을 초월한 인생을 살아주었으면 좋겠다 싶은 바람에서였습니다. 그래서인지 둘째가 돈 쓰기를 우습게 알더라구요. '과연 황금을 초월하는구나' 싶을 때가 가끔 있습니다.

이 아이 역시 여권에 영어로 이름을 표기해야 하니까 또 뭐 깊이 생각하지 않고 범이니까 'BUM' 이라고 썼습니다.

그런데 이 아이가 초등학교에 들어간 첫날부터 절대로 학교에 안 가겠다는 거예요. 그래서 왜 그러냐고 하니까 이름 때문에 그렇다는 것이었습니다. 이름이 어때서 그러냐고 하니까 저더러 자기 이름을 영어사전에서 찾아본 적이 있느냐고 묻잖아요. 그래서 'BUM' 이란 단어를 그 때 처음 찾아봤습니다. 지을 땐 안 찾아보구요. 그런데 좋은 뜻(?)이란 뜻은 다 있더라구요. '얼간이, 거렁뱅이, 떠돌이, 부랑자, 유랑자, 바보, 천치' 뭐 하여튼….

아들이 저보고 "아빠, 내가 왜 바보야? 왜 바보냔 말야? 왜 내 이름을 바보라고 지었어? 바보같이." 그러더라구요. 그래서 "야, 바보는 나쁜 뜻이 아니야. 바보는 바 ~ 바라볼수록, 보 ~ 보고싶은 사람이란 뜻이야" 하고 적당히 넘어가려 했더니 "아빠, 그건 바보보다도 거지란 뜻에 가까워!" 하잖아요. 그래서 또 "거지가 뭐 나쁘냐?" 했더니 "그럼 안 나빠?" 하잖아요. "아빠가 본래 거지가 아니더냐?" 했더니 "아빠가 왜 거지야?" 하고 반문합니다. "봐라. 아빠가 밤낮 성경책 하나 끼고 이 집 저 집 돌아다니면서 얻어먹고 다니니까 거지가 아니냐?" 그랬더니 둘째 녀석이 샛별같은 눈동자를 반짝이면서 "그래 맞다. 그러면 아빠는 senior 거지고 나는 junior 거지다" 하는 거 아니겠어요?

그 때 저는 이름짓는 것이 얼마나 힘든 일인지 알았습니다. 아담이 얼마나 힘들었을까요? 지나가는 동물들 이름 하나하나 사자, 코끼리, 호랑이 또 나는 새들 하나하나 이름을 짓는 이 창조적인 과정이 정말 쉽지 않은 일이었을 것입니다.

그러나 인간에게 주어진 창조적인 과제 가운데서도 가장 큰 과제는 인생을 사는 것, 그 자체입니다. 하나님은 어떻게 살 것을 기대하시면서 인간이라는 존재를 지어 만드셨을까요? 저는 창세기 1장에서 이 질문에 대한 해답을 주고 있다고 생각합니다.

오늘 본문에서는 하나님이 저와 여러분들에게 어떤 삶을 기대하시면서 인간을 지으셨는지에 대해 살펴보고자 합니다.

하나님의 설계를 실현하는 삶

첫째로, 하나님께서 인간을 지으신 중요한 이유 하나는 하나님의 설

계를 실현하는 삶을 살게 하기 위해서입니다. 이것이 창세기 1장의 메시지입니다. 하나님의 설계를 반영하기 위해서, 그 설계를 성취하기 위해서 인간을 지으셨다는 것입니다.

그렇다면 마땅히 우리의 삶은 하나님의 설계를 실현하는 삶이 되어야 합니다. 다시 말해, 창세기 1장은 이 모든 것이 지어지기에 앞서서, 우주만물에 대한 하나님의 설계가 있었다는 사실을 전제합니다.

하나님이 6일 동안에 우주와 만물을 지으셨습니다. 첫째 날에 무엇을 지으셨습니까? 빛을 지으셨습니다. 둘째 날은요? 궁창을 만드사 궁창 위엣물과 아랫물로 나뉘게 하셨습니다. 쉽게 말하면, 하늘과 땅, 즉 공간이라고 얘기할 수 있겠죠? 셋째 날엔 무엇을 지으셨습니까? 사실은 셋째 날이 땅이에요. 셋째 날 창조에서 중요한 것은 땅이었습니다. 넷째 날은 뭡니까? 넷째 날은 해와 달과 별, 다섯째 날은 새와 물고기, 마지막 여섯째 날은 짐승과 인간이었습니다.

그런데 1일, 2일, 3일, 4, 5, 6 이렇게 열거해서 쓰지 않고, 1일 옆에 4일, 2일 옆에 5일, 3일 옆에 6일 이렇게 써놓으면 흥미로운 사실 하나를 발견할 수 있습니다. 첫째 날과 넷째 날이 짝이 되고, 둘째 날과 다섯째 날, 셋째 날과 여섯째 날이 짝이 됩니다.

첫째 날 뭘 지으셨다고 했죠? 빛입니다. 빛을 먼저 지어놓으시고, 넷째 날에 이 빛을 사용할 해와 달과 별을 지으셨습니다. 둘째 날엔 뭘 지으셨다고 했죠? 공간과 바다입니다. 이 둘째 날의 짝인 다섯째 날에 공간을 누비고 다닐 새를 만드시고, 바다를 헤엄치고 다닐 물고기를 만드셨습니다. 그리고 셋째 날엔 무엇을 지으셨습니까? 땅을 지으셨습니다. 제일 중요한 것이 땅입니다. 셋째 날의 짝은 여섯째 날인데, 이 땅이라는 무대에서 활동할 주인공인 짐승과 사람을 만드셨습니다.

자, 이것은 무엇을 얘기하고 있습니까? 하나님이 우주와 만물을 지으실 때, 하나님 기분 내키는 대로 무작정 지으신 것이 아니라 어떤 분명한 계획을 갖고 지으셨다는 사실입니다.

이런 하나님이 만물의 영장, 즉 하나님이 가장 소중히 여기셨던 우리 인간을 아무런 계획 없이 그냥 지으셨을까요? 여러분과 제가 어느 날 우연히 이 땅에 던져졌을까요? 그렇게 생각하는 사람들이 많습니다. 그래서 그렇게 삶을 충동적으로 살아가는 것입니다. 아무런 의미 없이 말입니다.

하나님의 계획과 뜻 안에서 만물이 지어졌고, 만물의 영장인 여러분과 제가 지어졌다면, 우리 삶에는 매우 중요한 과제가 있습니다. 나를 지어주신 창조주 하나님의 뜻을, 그 설계를 이루어 드리는 삶을 살아야 하는 것입니다.

제가 목회하면서 늘 어렵게 생각하는 것은 성전건축입니다. 건물이라는 것은 항상 필요악 같습니다. 예배의 회집이나 성도들의 여러가지 훈련이나 목적을 위해서 꼭 필요한 것인데, 그 건축과정이 쉽지만은 않습니다.

그래서 '그것만 없으면 목회할 만하다. 할 수만 있으면 이 잔을 내게서 지나가게 하옵소서' 하는데, 목회하다 보면 이 건물의 필요성을 위해서 우리가 헌신하지 않으면 안될 그런 순간들이 오는 것을 늘 경험하게 됩니다.

제가 미국에서 목회할 때도 워싱턴에 아름답게 건물을 지을 수 있는 기회가 있었습니다. 그 당시, 미주 한인교회로서는 매우 아름다운 건물을 지어서 봉헌할 수가 있었습니다. 그런데 짓는 과정이 그렇게 쉬운 것만은 아니었습니다. 기도도 많이 했고, 또 마음의 에너지가 많이 든 것도 사실입니다.

제가 섬기던 교회가 위치한 지역엔 유태인들이 많이 살고 있었습니다. 유태인이 사는 곳은 지역도 좋고, 학교도 좋고, 학군도 좋고 모든 것이 좋은 곳이지 않습니까? 그래서 건축규정이 매우 까다로웠습니다.

한국 같으면 다 지어놓고 준공검사만 패스하면 지붕이 다 완성되지 않았어도 무조건 들어가고 그러더라구요. 그런데 미국에서는 어림도 없습니다. 그런 일이 있을 수 없습니다. 그리고 지어가는 과정에서도 얼마나 자주 검사를 하는지 몰라요. 콘크리트 쳐놓고 검사 나오고, 기둥 세워놓고 검사 나오고, 벽 세워놓으면 또 검사하고, 지붕 덮어놓고 또 와서 검사하고. 하여간 검사가 얼마나 많은지 모릅니다. 그 과정을 통과해야만 합니다.

그런데 검사관들이 와서 검사를 할 때마다 우리 마음을 졸이게 했던 말이 있었습니다. 그 말만 떨어지면 다 뜯어 고쳐야 합니다. 건축에는 본래의 설계도가 있잖아요. 그런데 검사관들이 이 설계도면을 갖고 나와서 대조해 본단 말이에요. 그리고 "설계도대로 안 됐네요" 하면 다시 뜯어 고쳐야 합니다. 설계도대로요.

이런 과정을 몇 번 거치는 동안에 제 마음 속에 그림이 하나 생겼습니다. 그것이 뭐냐면 저와 여러분이 인생을 다 살고 마지막으로 창조주요 심판자이신 하나님 앞에 섰을 때, 하나님이 우리를 향해 "설계도대로 안 살았네" 라고 말씀하시면 어떻게 할 것인가 하는 것입니다.

그래서 바울 사도는 우리가 잘 아는 로마서 12장에서 그리스도인 삶의 대 강령을 논하고 있습니다. "그러므로 형제들아 내가 하나님의 모든 자비하심으로 너희를 권하노니 너희 몸을 하나님이 기뻐하시는 거룩한 산 제사로 드리라 이는 너희의 드릴 영적 예배니라 너희는 이 세대를 본받지 말고 오직 마음을 새롭게 함으로 변화를 받아." 그 다음에 진짜 중요한 말씀이 나옵니다. "하나님의 선하시고 기뻐하시고 온전하신 뜻이 무엇인지 분별하도록 하라"는 것입니다.

하나님의 뜻을 분별하고, 하나님의 계획을 분별하는 것은 우리 인생에서 매우 중요합니다. 하나님의 계획에 따라 우리가 태어나 인생을 살고 있다면, 우리가 마지막 인생을 마무리하는 순간에 "하나님, 부족한 사람이었지만 나를 향하신 하나님의 계획을 이루어 드릴 수 있었습니다." 이렇게 보고하는 인생을 살아야 되지 않겠습니까?

저는 이 측면에서 그리스도인들이 끊임없이 관심을 가져야 할 것이 직업이라고 생각합니다. 그리스도인들에게 직업은 매우 중요한 것입니다. 직업은 영어로 '보우케이션' (vocation)인데, 이 말의 본래 뜻은 '소명' 이라는 뜻입니다. 직업이라는 용어 자체가 기독교적인 단어인 것입니다.

직업은 소명입니다. 그것은 단순히 먹고 살기 위해서 존재하는 것이 아니라 그것을 통해서 우리가 하나님의 뜻을 이루어 드려야 하는 것입니다.

우리말에도, 한문 단어에도 예로부터 직업에 '천직' 이라는 말을

셨습니다. '하나님은 무엇 때문에 나를 태어나게 하셨는가?' 인간은 하나님을 닮은 존재이긴 하지만 결코 전능한 존재는 아닙니다.

그러나 하나님은 분명히 나를 통해서 하나님의 어떤 뜻을 이루고자 그 뜻을 이룰 수 있는 능력을 가지고 나로 하여금 이 땅에 태어나게 하셨습니다. 내겐 나다움의 은사가 있고 재능이 있습니다. 그러므로 내 은사와 재능에 맞는 직업을 선택하여 그 직업을 통해서 하나님의 뜻을 이루어 드려야 하는 것입니다.

따라서 "하나님, 제가 어떤 직업을 통해서 하나님의 뜻을 이루어 드릴까요?" 하고 물어야 합니다. 그 직업의 장이 선교의 장이 되고, 하나님의 뜻을 펼치는 장이 되어야 하고, 직업을 통해서 하나님의 뜻을 수행하는 사람이 되어야 합니다. 직업은 매우 중요한 것입니다. 직업을 중시하지 않는 것, 이것은 매우 비기독교적이고 비성서적인 것입니다. 직업을 소중히 여겨야 됩니다. 따라서 직업을 위해서, 직장을 위해서 기도하셔야 합니다.

우리 교회의 중요한 비전 가운데 하나는, 우리의 가정에서, 마을에서 목장이 이루어질 뿐만 아니라, 할 수만 있으면 직장에서 직장 목장들도 이루어졌으면 하는 것입니다. 우선 우리가 그 직업 자체에 성실해서 그것을 통해서 이웃들에게 혜택을 끼치고, 축복을 나누고, 하나님의 뜻을 이룸으로써 그 직업의 장이 바로 선교의 장이 될 수 있게 해야 하는 것입니다.

저는 성경에 나타난 모든 기도 가운데 가장 부러운 것이 있다면 예수님이 십자가 사건을 눈앞에 둔 시점에서 자신의 짧은 인생을 마무리하면서 하나님께 이렇게 기도한 것입니다. "아버지께서 내게 하라고 주신 일을 내가 이루어 아버지를 이 세상에서 영화롭게 하였사오니"(요 17:4).

이제 여러분이 기도하실 것 가운데 하나는 '나는 무엇 때문에 태어났을까? 나는, 내게 주어진 은사와 재능을 가지고 하나님의 뜻을 펼치는 일에 어떻게 쓰임받을 것인가?' 하는 것입니다. 하나님의 계획을 실현해 가는 삶, 또 그 계획의 실현을 향해서 주 앞에 한 걸음 더 가까이 나아가는 여러분의 삶이 되기를 주의 이름으로 축복합니다.

하나님의 형상을 닮아가는 삶

둘째로, 저는 하나님이 인간을 지으면서 기대하신 것 가운데 하나는 하나님의 형상을 닮아가는 삶이라고 생각합니다. 왜 인간을 창조하셨습니까? 우리로 그분을 닮아가는 모습을 보여주기 위해서, 즉 그분의 형상을 나타내기 위해서입니다.

예수님에 대해서도 성경은 이렇게 기록합니다. "예수님이신, 하나님의 아들이신 그분은 바로 하나님을 나타내기 위한 하나님의 형상의 반영이고, 그의 영광의 나타나심입니다." 어떤 의미에서 그리스도를 영접하고 그리스도와 더불어 살아가는 우리에게도 하나님이 같은 기대를 가지셨다고 말할 수 있습니다.

본문 창세기 1장 26-27절 말씀을 다시 한 번 보십시오. "하나님이 가라사대 우리의 형상을 따라 우리의 모양대로 우리가 사람을 만들고 그로 바다의 고기와 공중의 새와 육축과 온 땅과 땅에 기는 모든 것을 다스리게 하자 하시고 하나님이 자기 형상 곧 하나님의 형상대로 사람을 창조하시되 남자와 여자를 창조하시고."

여기서 창세기 기자가 반복해서 강조하는 사실은 무엇입니까? 인간이 하나님의 형상을 따라 지어졌다는 것입니다. 이것이 다른 모든 만물의 창조와 구별되는 인간 창조의 독특성이라고 할 수 있습니다.

창세기 1장을 보면, 반복적으로 나타나는 단어 하나가 있습니다. 그것은 "그 종류대로" 입니다. 창세기 1장에서만 몇 번 나오는지 한번 찾아보십시오.

말은 말같이, 소는 소같이, 고양이는 고양이같이, 여우는 여우같이 지어졌습니다. 그런데 그것이 사람에게 오면 달라집니다. 사람은 사람같이가 아닙니다. 사람은 누구같이? 사람은 하나님같이, 곧 사람만은 하나님을 닮도록 지어진 존재입니다.

그런데 인간이 창조된 그 순간 하나님의 형상을 완벽하게 닮은 존재로 완전하게 표현된 것은 아닙니다. 그 창조는 하나님의 형상을 닮기 위한 시작이라고 할 수 있습니다. 인간의 일생의 중요한 목적 중 하나는 바로 이 하나님의 형상을 지속적으로 닮아가는 것입니다.

저는 이것을 인간 창조의 어떤 도덕적 목적 혹은 존재론적인 목적이라고 말하고 싶습니다. 하나님의 뜻을 실현하는 데 있어서는 어떤 직업을 가지고, 무엇을 함으로 하나님의 뜻을 이룰 것인가가 중요하지만, 하나님의 형상을 닮아가는 과제에 있어서는 내가 무엇이 될 것인가? 어떤 종류의 인간이 될 것인가가 매우 중요합니다.

우리가 무엇을 하느냐도 중요하지만 그것 못지않게 중요한 것은 무엇이 되느냐 하는 것입니다. 어떤 종류의 인간이 되어가고 있느냐, 즉 하나님의 형상을 닮아가는 자가 되어가고 있느냐 하는 것 말입니다. 하나님이 처음 인간을 창조하셨을 때 그의 형상을 따라 지으셨기 때문에 하나님의 형상을 닮아가는 과제는 우리에게 매우 엄청난 과제이자 중요한 과제입니다.

저는 이것을 가지고 성경 전체를 다 풀 수 있다고 생각합니다.

인간과 관련된 성경의 4대 교리라면 창조의 교리, 타락의 교리, 구속의 교리, 종말의 교리라고 할 수 있는데, 이 네 가지가 다 하나님의 형상이라는 과제와 관련되어 있습니다. 하나님은 인간을 처음 창조하셨을 때 하나님의 형상대로 지으셨습니다. 그런데 인간이 타락함으로 그 형상이 망가졌습니다. 죄 때문에 그 형상이 망가진 것입니다. 그런데 구속받았을 때, 즉 예수 그리스도를 구세주와 주님으로 영접하고, 성령이 우리 안에 오셔서 역사하심을 시작했을 때, 하나님의 형상이 회복되기 시작하는 것입니다.

성경에서 종말의 교리는 비극적인, 세상이 끝난다는 그런 비관적인 종말이 아닙니다. 그것은 진정한 희망의 시작입니다. 예수님이 다시 오신다는 것은 모든 것이 끝나는 것이 아니라 영광 속에 들어가는 사건입니다. 그것은 축복된 소망입니다. 종말을 비극적으로만 그리려고 하는 것은 성경의 종말론을 잘못 가르치는 것입니다.

주님이 다시 오실 때, 그리고 우리가 주님 앞에 설 때, 우리에게 일어날 가장 놀라운 사실은, 우리가 주님을 완벽하게 닮게 되리라는 기대입니다. 그가 다시 오실 때, 우리가 그와 같을 줄을 아는 것은, 우리가 예수를 믿을 때 그를 닮아가기 시작하는 것입니다. 그것이 언제 완성이 됩니까? '주님 다시 오실 때 온전히 닮아 있는 존재로 내가 주 앞에 세워지고야 말 것' 입니다. 이것이 축복된 소망인 것을 믿으시기 바랍니다. 이것이 다 하나님의 형상과 관련되어 있습니다.

그러면 우리가 어떻게 하나님의 형상을 닮아갈 것인가? 이 문제에 있어서 중요한 것은 하루하루의 삶 속에서 우리가 무엇을 하느냐보다도 하루하루의 삶 속에서 우리가 얼마나 더 주님을 닮아가느냐 하는 것입니다. 그런데 그 중요한 열쇠는 단순한 데 있습니다. 내가 얼마나 그분을 바라보고 사느냐가 내가 얼마나 그분을 닮느냐를 결정하는 것입니다.

우리는 바라보는 대상을 닮도록 되어 있습니다. 부부도 닮잖아요. 숙명적으로 닮습니다. 바라보고 살면 닮게 돼 있습니다. 교인들도 비슷하게 닮습니다. 교회마다 각기 개성이 좀 있잖아요. 이처럼 우리는 바라보는 대상을 닮습니다. 희한하게도 닮습니다. 좋은 것도 닮고, 이상한 것도 닮습니다. 그러면 주님 바라보면 어떻게 되죠? 주님을 닮습니다. 주님 바라보면 주님을 그대로 닮습니다. 그래서 "믿음의 주요 또 온전케 하시는 이인 예수를 바라보자"(히 12:2)는 것입니다.

우리가 큐티의 중요성을 강조하는 이유가 왜 그렇습니까? 매일 주님을 바라보는 것입니다. 의식적으로 말씀을 펴서 말씀 속에 행하시는 우리 주님을 바라보고, 기도의 무릎을 꿇을 때마다 아버지, 주님, 성령님을 부르면서 그분을 바라보는 것입니다. 그분을 바라볼수록, 그분 앞에 나아올수록 저와 여러분의 인격의 현장 속에 주님을 닮아가는 모습이 나타날 것을 믿으시기 바랍니다. 그것이 우리의 존재론적인 목적이고, 도덕적인 목적입니다.

축복의 근원이 되는 삶

셋째로, 창세기 1장이 가르치는 하나님이 인간에게 기대하시는 또 하나의 삶의 모습은 하나님의 축복의 근원이 되는 삶입니다. 혹은 하나님의 축복의 통로가 되는 삶이라고도 할 수 있습니다.

창세기 1장 28절을 보십시오. "하나님이 그들에게 복을 주시며 그들에게 이르시되 생육하고 번성하여 땅에 충만하라 땅을 정복하라 바다의 고기와 공중의 새와 땅에 움직이는 모든 생물을 다스리라 하시니라."

하나님이 인간을 창조해 놓고 인간에게 제일 먼저 하신 행위가 무엇입니까? 축복의 행위입니다. 제일 먼저 축복을 하셨습니다. 왜 하나님이 인간을 축복하시면서 "생육하고 번성하라"고 하셨습니까? 이 말은 축복의 증거로 자녀를 낳으라는 것입니다. 그것은 무슨 의미입니까? 축복을 다음 세대로 패스하라는 말입니다.

그것으로 끝나지 않습니다. "땅에 충만하라, 땅을 정복하라." 그 축복으로 땅을 채우라는 말입니다. 이것은 단순히 우리가 축복을 받는 데 초점을 둔 말씀이 아닙니다. 축복을 받아서 그 축복으로 이 땅을 또한 축복하라는 것입니다. 축복을 나누는, 축복을 패스하는 통로가 되도록 하는 것, 이것이 나중에 믿음의 조상인 아브라함을 부르실 때 명확하게 나타나지 않습니까? "내가 너로 큰 민족을 이루고 네게 복을 주어 네 이름을 창대케 하리니 너는 복의 근원이 될지라"(창 12:2).

저는 이것을 언제나 인간 창조의 선교적 목적이라고 말하고 싶습니다. 선교라는 말의 본래 뜻은 '보냄을 받았다'는 뜻입니다. 하나님이 예수님을 이 땅에 보내셨습니다. 그런데 예수님이 또 이렇게 말씀하십니다. "아버지께서 나를 세상에 보내신 것같이 나도 저희를 세상에 보내었고" (요 17:18). 우리는 이 세상에 왜 왔습니까? 바람 따라 왔다가 바람 따라 가는 것입니까? 아닙니다. 우리는 이 땅에서 할 일이 있습니다. 그것은 축복을 남기고 가는 것입니다.

하나님이 우리를 부르실 때 "내가 너를 축복한다. 그런데 그 축복으로 너만 잘 먹고 잘 사는 것이 아니라 다음 세대에 그것을 남겨라. 그리고 네가 살고 있는 이 세상 속에 남겨라. 이 역사 속에 남겨라. 축복을 패스하라" 고 말씀하십니다. 저는 이것을 하나님의 선교적 기대라는 말로 요약하고 싶습니다. 하나님의 축복을 나누도록 인간을 사용하고자 하는 하나님의 기대는 결코 철회된 적이 없습니다.

하나님이 타락한 인간을 책망하시고 징계하셨지만, 끝까지 포기하지 않으시는 하나의 기대가 있습니다. 그것은 축복에 대한 기대입니다.

예컨대, 인간 타락의 사건 이후에 창세기 5장 2절을 보면, "남자와 여자를 창조하셨고 그들이 창조되던 날에 하나님이 그들에게 복을 주시고 그들의 이름을 사람이라 일컬으셨더라" 하는 말씀이 있습니다.

이 축복의 주제가 창세기 5장에서 다시 언급됩니다. 왜 그럴까요? '맨 처음 사람을 만들었을 때 내 뜻은 너희들을 축복하는 것이었어. 그리고 축복을 나누는 것이었어. 그 기대는 결코 내가 잊어버리지 않았다.' 그런 의미 아닙니까?

창세기 6장은 노아시대의 홍수심판에 관한 내용입니다. 노아시대의 죄악은 하나님의 홍수심판을 피하지 못하게 만들었습니다. 그래서 하나님은 그 시대를 심판하셨습니다. 그리고 홍수가 끝났습니다. 그런데 창세기 9장을 보면, 홍수가 끝난 후 새로운 하늘, 새로운 땅, 새로운 세계가 다시 시작됩니다. 그 시점에서 하나님이 무엇을 말씀하시는지 보십시오. "하나님이 노아와 그 아들들에게 복을 주시며 그들에게 이르시되 생육하고 번성하여 땅에 충만하라"(9:1). 똑같은 주제가 반복되죠?

그렇다면 우리 생애의 발걸음을 옮겨갈 때 잊지 말아야 할 것이 있습니다. 우리는 저주받기 위해서 태어난 인생이 아니라 축복받기 위해서 태어난 인생입니다. 그러나 축복을 받는 데서 끝나면 안 됩니다. 축복을 받아 축복을 나누도록 하기 위해서 주님은 저와 여러분을 부르셨습니다.

우리가 전도하는 것이 축복을 나누는 것입니다. 가장 귀하게 축복을 나누는 방법은 복음을 나누는 것입니다. 우리가 이웃에게 뿐만 아니라 저 열방들에게, 이웃 나라에게까지 복음을 전한다면 그것이 모든 족속으로 더불어 축복을 나누는 것입니다.

우리 주변의 고통받는 이웃들에게 작은 사랑을 실천하는 것도 축복을 나누는 것입니다. 축복을 받아 축복을 나누는 삶, 이것이 선교적 목적입니다.

우리가 한평생을 살고 창조주 하나님 앞에 섰을 때, "하나님, 저를 창조하신 하나님의 기대를 반영하고자 제가 노력했습니다. 여기에 제 생애가 있습니다" 하고 자신의 삶을 내놓을 수 있어야 합니다. 여러분, 주님 앞에 내놓을 수 있는 나의 삶이 무엇인가를 고민하며 한평생 이 말씀을 붙들고 사시기를 주님의 이름으로 축복합니다.

묵상과 기도

아버지 하나님, 호흡하는 인간이 되어 또다시 삶의 발걸음을 옮기고 있다는 생명의 기적이 감격스럽기만 합니다. 나를 이렇게 인간으로 지어주신 창조주 하나님의 기대를 이루는 인생이 될 수 있도록 축복해 주시옵소서. 예수님의 이름으로 기도합니다. 아멘.

인간은 누구인가?

2

창세기 1:27; 2:7-9

하나님이 자기 형상 곧 하나님의 형상대로 사람을 창조하시되 남자와 여자를 창조하시고… 여호와 하나님이 흙으로 사람을 지으시고 생기를 그 코에 불어 넣으시니 사람이 생령이 된지라 여호와 하나님이 동방의 에덴에 동산을 창설하시고 그 지으신 사람을 거기 두시고 여호와 하나님이 그 땅에서 보기에 아름답고 먹기에 좋은 나무가 나게 하시니 동산 가운데에는 생명나무와 선악을 알게 하는 나무도 있더라. (창 1:27; 2:7-9)

한 10년 전만 해도 우리가 살고 있는 이 세계를 산업화시대라고 불렀습니다. 그러나 그 이후론 더 이상 산업화시대라고 부르지 않고 정보화시대라고 불러 왔습니다. 컴퓨터, 인터넷이 등장하면서 정보를 신속한 시간 안에 공유하는 시대가 되면서 소위 정보화라는 새로운 시대를 맞이하게 된 것입니다.

그런데 이젠 더 이상 정보화시대라고도 부르지 않습니다. 수 년 전부터 우리는 이 시대를 지식화시대라는 새로운 이름으로 부르고 있습니다. 또 우리가 살고 있는 이 사회를 지식 기반 사회라고 말하고 있습니다. 지식처럼 중요한 것이 없고, 지식은 바로 우리 삶의 문제를 푸는 열쇠이며, 우리 세계를 만드는 가장 중요한 요인이라고 생각한 것입니다.

그러나 이런 지식에 대한 강조가 우리 시대에 와서 강조된 것은 아닙니다. 이미 오래 전 베이컨(Bacon)이라는 철학자는 "아는 것이 힘"이라는 말을 했습니다. 종교개혁시대의 유명한 개혁자 존 칼빈(John Calvin)은 "우리가 인생을 살아가는 데 있어서 지식보다 더 소중한 것은 없다"고 말했습니다.

우리는 일반적으로 지식을 두 가지로 나눌 수 있습니다. 칼빈은 "이것이 없이는 결코 삶을 살 수 없는, 두 가지의 중요한 지식이 있다. 하나는 하나님께 대한 지식이고, 다른 하나는 자신에 대한 지식이다"라고 말했습니다. 하나님께 대한 지식 없이, 또 자신에 대한 지식 없이 결코 우리는 인생을 성공적으로 살아갈 수 없습니다.

또한 칼빈은 "하나님께 대한 지식이 없이는 자신에 대한 지식도 가질 수 없다"고 말합니다. 왜 그렇습니까? 인간은 하나님을 떠나서는 존재할 수 없고, 또 무엇보다도 하나님의 형상대로 지음을 받은 존재이기 때문에 그렇습니다.

사람이 생령이 된지라

따라서 '하나님은 누구인가? 하나님은 어떤 분이신가?'에 대한 해답을 얻지 못하고는 '인간은 누구인가?'라는 질문에 대한 해답도 얻을 수 없습니다.

자, 인간은 누구일까요? 사실 이 질문의 답은 인간이 하나님의 형상대로 지음을 받았다는 선언 속에 이미 들어 있습니다. 창세기 1장은, 인간이 하나님의 형상을 따라 지음받았다는 선언을 합니다. 그리고 창세기 2장은 창세기 1장에 대한 설명이라고 할 수 있습니다. 특별히 하나님의 형상이라는 이 주제와 관련해서 인간은 누구인가라는 사실을 창세기 2장에서 창세기 기자가 어떻게 설명하고 있는가를 주목해서 살펴보고자 합니다.

창세기 2장에 의하면, 인간은 영적인 존재입니다. 다시 말해, 인간은 영성을 가진 존재로 지음받았다는 사실입니다. "여호와 하나님이 흙으로 사람을 지으시고 생기를 그 코에 불어넣으시니 사람이 생령이 된지라"(2:7)고 했습니다.

신학자들 가운데서는 인간의 구성요소가 둘이냐, 셋이냐에 관해서 아주 신랄한 역사적 논쟁을 되풀이해 왔습니다. 소위 그것을 신학적 표현으로 말하면, 이분설 또는 삼분설이라고 하는 것입니다.

이분설은; 인간이 영혼과 육체라는 두 부분으로 구성되었다는 설이고, 삼분설은 소위 영과 혼과 몸, 이 세 가지로 구성되었다는 설입니다. 각각 나름대로 성경적인 근거를 들어서 그 이론의 타당성을 주장해 왔습니다.

그러나 창세기 2장에서 본래의 창조사건을 들여다보면, 저는 이분설이 더 성경적 근거를 가지고 있다고 생각합니다. 창세기 2장 7절에 보면, 하나님이 인간을 만드실 때 먼저 흙으로 만드셨습니다.

이 흙은 인간을 구성하고 있는 일종의 물질적 요소라고 할 수 있습니다. 흙으로 만드신 다음에 하나님이 무엇을 불어넣으셨다고 하셨습니까? 생기를 불어넣으셨다고 했습니다. 생기는 비물질적인 요소입니다. 그래서 인간은 물질적인 요소와 하나님의 생기라는 비물질적인 요소로 만들어졌습니다.

흙으로 빚어진 인간의 육체 안에 하나님의 생기를 불어넣으셨을 때, 인간은 살아 있는 존재가 되었습니다. 여기서 생령이라는 것이, 저는 그렇게 타당한 번역은 아니라고 생각합니다. 생령이라는 말은 살아 있는 존재(living being)로서, 즉 흙 속에 하나님의 생기가 들어갔을 때 인간이 살아 있는 존재가 되었다는 것입니다.

따라서 생령은 인간의 어떤 구성요소를 강조하는 단어가 아닙니다. 그렇기 때문에 인간은 본질에 있어서 흙이라는 물질에다가 하나님의 생기라는 비물질이 들어갔을 때 인간이 되었다고 이 구절은 설명하고 있는 것입니다.

그러니까 중요한 것은, 인간이 단순한 물질적 존재만은 분명히 아니라는 것입니다. 다시 말해, 인간은 육체적 존재만이 아니라는 것입니다. 육체는 흙으로 지음받았습니다. 그래서 우리는 흙으로 돌아갑니다. 그러나 우리는 그것이 인간의 종말이 아니라는 것을 압니다. 그것이 인간의 전부가 아니기 때문에. 하나님은 흙으로 인간을 지어 만드시고 그 속에 하나님의 생기라는 비물질을 불어넣으셨습니다.

그래서 인간은 육체만으로 결코 존재할 수 없습니다. 또 육체적인 것만으로 결코 만족할 수도 없습니다. 육체는 육체의 양식이 필요하지만 하나님의 생기로 만들어진 인간의 영혼은 영적인 양식을 필요로 하는 것입니다.

그래서 예수님은 "사람이 떡으로만 살 것이 아니요"라고 말씀하셨습니다. 분명히 인간의 육체를 위해서는 떡이 필요합니다. 양식이 필요합니다. 그것 없이 우리는 생존할 수 없습니다. 그러나 그것만으로 인간이 존재하는 것은 아닙니다. "사람이 떡으로만 살 것이 아니요 하나님의 입으로 나오는 모든 말씀으로 살 것이라"(마 4:4)고 성경은 가르칩니다.

우리가 잘 아는 어리석은 부자의 비유에서 보면, 부자는 인간의 육체를 만족시킬 수 있는 조건이나 환경, 혹은 양식을 갖고 있으면 인간이 행복할 수 있다고 생각했습니다. 오늘 이 세상을 살고 있는 많은 현대인들이 그렇게 생각하는 것처럼 말입니다.

농부인 그는 봄철에 씨를 뿌린 후에 농사가 잘 될 것 같은 예감이 들자, 현재의 곳간으로는 다 채울 수 없다고 판단하고서 일찌감치 곳간을 넓히는 개조작업에 착수했습니다. 그의 예상은 적중했고, 그 해 가을 풍성한 소출을 거둬들였습니다. 그리고 넓혀놓은 곳간 가득히 곡식을 쌓아놓고 자기의 영혼을 향해서 이런 독백을 합니다.

'내 영혼아, 여러 해 쓸 물건을 네가 많이 쌓아두었으니 평안히 쉬고, 먹고, 마시고 즐기자.' 자, 지금 그가 누구를 향해서, 무엇을 향해서 말하고 있습니까? 자기의 영혼을 향해서, '내 영혼아' 그랬습니다. '내 영혼아, 여러 해 쓸 물건을 많이 쌓아 두었으니 그것으로 먹고 마시자.'

자, 영혼이 무엇을 먹고 마시고 삽니까? 그는 육체의 양식으로 인간의 영혼까지 행복할 수 있다고 잘못 판단한 것입니다. '내 영혼아, 여러 해 쓸 물건을 많이 쌓아 두었으니 평안히 먹고 마시고 즐기자.' 그것은 육체를 위한 양식입니다. 육체를 위한 양식이 반드시 영혼의 행복을 보장할 수는 없습니다. 인간은 본질적으로 육체만으로 지어진 존재가 아니기 때문입니다. 흙으로만 만들어진 존재가 아니잖아요. 하나님의 생기가 들어가서 인간을 인간 되게 했다는 말입니다. 인간은 영적인 존재입니다. 그래서 영적인 양식을 필요로 합니다. 또 인간은 영적인 존재이기 때문에 영이신 하나님을 예배하는 데서 진정한 만족을 얻습니다.

하나님은 영이시니

자, 하나님의 본질적인 형상 가운데 하나는 뭡니까? 하나님은 어떤 존재이십니까? 요한복음 4장 24절에서 예수님은 하나님의 본질을 설명하시면서 "하나님은 영이시니"라고 말씀하셨습니다. 하나님은 영적 존재라는 말입니다.

따라서 영적 존재이신 하나님을 닮아 인간도 영적 존재로 지음을 받았기 때문에 영이신 하나님께 접근하기 위한 영적인 방법이 필요합니다. 그것이 바로 예배요, 기도인 것입니다. 우리는 기도를 통해서 영적인 하나님과 교통합니다. 하나님과 의사소통을 할 수가 있습니다.

기도의 궁극적인 목적은 무엇입니까? 예배의 궁극적인 목적은 무엇입니까? 그것은 기도를 통해서 하나님의 임재를 경험하고, 더 나아가 하나님과 연합하는 것입니다. 예배의 궁극적인 목적은 하나님과의 연합에 있습니다.

우리는 예배를 통해서 하나님의 임재를 경험합니다. 우리 가운데 임하셔서 우리를 만져주시고 우리와 함께하시는 하나님을 경험합니다. 그러면서 하나님과 하나 됨을 경험합니다. 그러니까 예배, 혹은 기도는 다 영이신 하나님과 교통할 수 있는 교통의 방법입니다. 또 그것을 통해서 우리는 영적인 만족을 얻습니다. 영적인 행복을 얻습니다. 왜냐하면 인간이 영적인 존재로 지음받은, 영성적 존재이기 때문에 그렇습니다.

인간, 영적인 존재

인간은 누구입니까? **첫째로, 인간은 영적인 존재, 즉 영성을 가진 존재입니다.** 따라서 인간은 결코 육체적인 것만으로 만족할 수 없습니다. 육체적인 것은 매우 필요합니다. 성경은 결코 그 현실성을 부정하지 않습니다. 떡이 필요하다는 것을 부인하지 않았습니다. 우리에게 먹을 것, 입을 것이 필요하다는 것을 주님은 결코 부인하지 않으셨습니다.

그러나 그것이 전부라고 주님은 말씀하지 않으셨습니다. 모든 것을 가지고도 불행한 사람들을 우리는 주변에서 얼마든지 볼 수 있습니다. 영적 존재인 인간의 영혼은 하나님을 찾아 만날 때까지는, 그리고 하나님 안에 거함을 누리기 전까지는 결코 행복할 수가 없습니다. 왜냐구요? 인간이 영적 존재인 것을 믿으시기 바랍니다.

인간, 도덕적인 존재

인간은 누구입니까? **둘째로, 창세기의 선언에 의하면, 인간은 도덕적인 존재입니다.** "여호와 하나님이 그 사람을 이끌어 에덴동산에 두사 그것을 다스리며 지키게 하시고"(2:15).

하나님이 인간을 만드신 다음에 인간에게 처음 주신 일 가운데 하나는 무엇입니까? 그것은 에덴동산을 잘 다스리는 일이었습니다.

다스린다는 것은 책임 있는 행동을 요구합니다. 잘 다스리기 위해서는 책임 있는 행동을 해야 됩니다. 책임질 수 없는 사람에게 무엇을 맡겨놓으면 일이 안되죠. 이 다스리는 기능을 감당하는 데 있어 제일 중요한 전제는 책임의 문제입니다. 다스릴 수 있는 존재로 우리를 지어주셨다는 것은 다시 말해, 우리가 책임을 가진 존재로 지음을 받았다는 것입니다. 저는 이것이 바로 도덕성이라고 생각합니다. 이 도덕성의 핵심은 우리가 책임을 질 수 있는 존재로 지음을 받았다는 사실입니다.

창세기 1장 28절 말씀을 한 번 더 보겠습니다. "하나님이 그들에게 복을 주시며 그들에게 이르시되 생육하고 번성하여 땅에 충만하라 땅을 정복하라 바다의 고기와 공중의 새와 땅에 움직이는 모든 생물을 다스리라 하시니라."

하나님이 인간을 지으실 때 무엇을 할 수 있는 존재로 지으셨습니까? 다스릴 수 있는 존재로 지으셨습니다. 다스림이란 말의 영어 단어는 '도미니언'(dominion)입니다. 이 말은 '도미니'(dominie)라는 단어에서 나온 것인데, 주인이란 뜻입니다. 라틴어로도 주님을 말할 때 '도미네'라고 말합니다. 주인이란 뜻입니다.

'다스린다'는 말을 다른 말로 하면, '주인노릇한다'는 말입니다. 우리가 가끔 어떤 사람을 말할 때, "저 사람은 주인의식이 없어"라고 말하곤 하죠. 우리 사회가 제대로 되려면 사람들이 주인의식을 가져야 한다고 말하기도 합니다. 집에서는 집안을 깨끗하게 관리하고 잘 다스립니다. 왜 그렇습니까? 주인의식이 있기 때문에, 즉 내가 주인이니까 집안을 잘 다스립니다.

그런데 그런 사람이 공공장소에 오면, 특히 한국사람들은 깨끗하게 잘 치우지 않습니다. 교회 와서도 막 버리고 다닙니다. 아이들이 어지럽혀도 그냥 놔두고 말에요. 주인의식이 없어서입니다. 여러분이 책임져야 할 장소라고 생각한다면 그렇게 하겠습니까? 주인의식의 문제입니다.

하나님은 인간을 지으실 때 주인노릇하라고 지으셨습니다. 물론 궁극적인 주인은 하나님이시지만, 그 하나님의 주권 아래서 작은 주인 역할을 하도록 저와 여러분을 지어주신 것입니다. 우리 삶의 궁극적 주인이신 하나님께서 이 세상을 우리에게 맡기신 것입니다. 에덴동산만 맡기신 것이 아니라 이 모든 환경을 맡기셨습니다. 우리는 심지어 풀 한 포기에 대해서도 책임이 있습니다. 하나님이 우리에게 잘 관리하라고 맡기신 거니까요. 아름다운 지구를 만들어 유익과 축복을 나눌 수 있도록 맡겨주신 것입니다.

이것이 바로 주인의식입니다. 도덕성의 핵심은 바로 이 주인의식이고, 이 주인의식을 다른 말로 하면, 바로 책임의식, 즉 책임성이라고 말할 수 있습니다.

창세기 2장에서 하나님께서는 이 문제를 또 어떻게 말씀하고 계십니까? 에덴동산을 잘 다스리고 지키라고 말씀하시면서 하나님이 처음 사람 아담과 하와에게 한 가지 금지하신 것이 있었습니다. "선악을 알게 하는 나무의 실과는 먹지 말라 네가 먹는 날에는 정녕 죽으리라 하시니라"(17절).

우리가 처음 믿을 때, 또 믿지 않는 사람들을 만날 때, 아직도 다뤄야 할 질문 가운데 하나가 바로 이 질문이죠? "따 먹을 것을 다 아시면서 선악과는 왜 만들어 놓으셨느냐?" 저는 이 선악을 알게 하는 나무의 정체가 우리에게 묻고 있는 가장 중요한 질문은 '하나님이 왜 선악을 알게 하는 나무의 열매를 만들어 놓았을까요?' 라고 생각합니다.

저는 이것을 도덕성과 관련하지 않고는 풀 수 없는 질문이라고 생각합니다. 성경에서 처음으로 하나님이 하지 말라는 말씀을 하신 것입니다. "이 나무의 열매는 따 먹지 말라."

이것은 결국 그 나무의 열매에만 국한된 문제가 아니라고 생각합니다. 하나님이 인간을 지으시면서 이렇게 말씀하고 계시는 거예요. "내가 너희들에게 무한한 자유를 주고, 또 이 세상을 가꾸고 관리할 수 있는 놀라운 능력을 주었다고 해서 너희들이 모든 것을 마음대로 다 할 수 있는 것은 아니다. 하지 말아야 할 것도 있다." 그 상징이 바로 선악과 나무의 사건이라고 생각합니다. 하지 말아야 할 일이 있다는 말입니다.

이 관문에 통과하지 않으면 인간의 삶이 얼마나 허무해질 것인지 하나님은 아셨습니다. 이것이 바로 도덕성의 핵심입니다. 하나님의 도덕성의 반영인 율법은 결국 두 가지로 요약될 수 있죠? 수없이 많은 계명들이 있고, 대표적인 십계명이 있지만 결국 그것은 두 가지의 명령으로 요약됩니다.

이 두 가지가 결국 무엇입니까? '하라, 그 다음에는 하지 말라' 입니다. "다 할 수 있는 것은 아니다. 하지 말아야 할 것도 있다. 내가 너희들에게 무한한 자유와 놀라운 능력을 주었다고 해서 너희들이 모든 것을 다 할 수 있는 것은 아니다. 하지 말아야 할 일도 있느니라."

바로 선악을 알게 하는 나무 열매의 사건에서 우리는 도덕성의 핵심 되는, 하나님의 마음을 읽어낼 수 있습니다. 비단 그 열매만의 문제가 아니라, '살인하지 말라, 간음하지 말라, 도적질하지 말라' 등 이 땅에서 하지 말아야 할 많은 것이 있습니다. 그것을 통해서 인간의 도덕성이 만들어지고, 인간의 거룩함이 만들어지는 것입니다.

우리가 하나님을 닮은 현저한 특성 중 하나가 바로 이 도덕성입니다. 하나님의 형상 중 하나가 도덕성이에요. 하나님이 거룩하신 분인 것처럼 하나님은 저와 여러분을 거룩한 존재로 지어주셨습니다. 그러나 거기서 끝나지 않습니다. 하나님은 어떻게 말씀하십니까? "내가 거룩하니 너희도 거룩할지어다"(벧전 1:16)라고 말씀하십니다.

이 하나님의 도덕성에 대한 기대에 부응하는 삶을 살아갈 때 비로소 우리가 하나님처럼 거룩한 존재가 되고, 하나님처럼 진실한 존재가 되며, 또 하나님처럼 정결한 존재가 되고, 하나님처럼 책임질 수 있는 존재가 되는 것입니다.

성경이 가장 싫어하는 인간상 중에 하나가 뭔 줄 아십니까? 단순히 죄짓는 사람이 아니라 책임지지 못하는 사람입니다.

신명기 25장에 보면, 매우 흥미로운 사건 하나가 있습니다. 룻기에도 비슷한 스토리가 등장하는대요. 예를 들어, 형제가 여럿 있는 집안에서 장남이 죽어 그 아내가 혼자 사는 여인이 되었을 경우, 모세오경의 율법에 의하면, 누가 그녀를 데리고 살아야 합니까? 그 동생이 데리고 살도록 되어 있었습니다.

언젠가 한번 가정예배를 드리다가 이 말씀을 대하게 되었는데, 제 막내 동생이 깜짝 놀라면서 "아유, 끔찍해. 형수하고 어떻게 살아?" 그러더라구요. 그런데 우리가 그렇게만 보면 안됩니다. 옛날에는 여인들이 혼자 되면 사회적으로 생존할 수 있는 방법이 없었습니다. 여성의 권익이 보호받지 못했으니까요. 그러니 일차적으로 홀로 된 여인을 누가 책임져야 합니까? 남편의 형제들이 책임져야 한다는 것입니다. 그런 맥락에서 이 사건을 봐야 됩니다.

성경은 그것을 강제하지는 않았습니다. 무엇을 강제하면 인간이 책임적 존재가 될 수 없으니까요. 그러니까 싫으면 그만두는 거죠. 그런데 어떤 사람이 형수를 책임질 수 없다고, 형수하고 같이 살지 않겠다고 말하면 어떻게 했습니까? 장로 앞에서, 그 도시의 제일 대표적인 지도자 앞에 가서 그 사람의 신발을 벗겼습니다. 신발을 벗긴 다음에 그 사람의 집 앞에다 작은 간판을 써 붙입니다. '신 벗기운 자의 집' 이라고요. 무슨 뜻입니까? '책임지기를 거부한 사람' 이라는 뜻입니다.

이 땅에서 보면 얼마나 많은 사람들이 책임지지 못하는 인생을 살고 있습니까? 자기 말에 대해서 책임지지 못하고, 자기 행동에 대해서 책임지지 못하고, 약속에 대해서 책임지지 못하고 말입니다. "나는 내 삶이 다할 때까지 부하거나 가난하거나 병들거나 건강하거나 내 옆에 있는 여인을 아내로 맞아들여, 하나님 앞에서 내 정결을 지키며 그 여인에 대한 내 책임을 다하겠습니다." 그랬으면 책임을 져야죠. 결혼의 언약에 대한 책임을 다해야죠. 그런데 얼마나 많은 사람들이 오늘 책임을 지지 못하는 인생을 살고 있습니까? 하나님이 제일 싫어하시는 인간상입니다.

하나님이 처음 인간을 지으셨을 때, 인간을 어떤 존재로 지으셨습니까? 도덕적인 존재로 지으셨습니다. 그리고 이 도덕성의 핵심은 바로 책임이라고 할 수 있는 것입니다. 저와 여러분이 주 앞에 책임을 다하는 한평생을 살아가시기를 주님의 이름으로 축복합니다.

죄가 이 세상을 참 많이도 망가뜨리는데 하나님이 이 세상에 아직도 최후의 선언을 하지 않으시는 이유는, 그가 만드신 세상에 대해서 책임을 다하시기 위해서입니다. 예수님을 통해서 우리를 구속하시고, 성령님을 통해서 감동하시고, 회개를 촉구하시고. 하나님이 책임지시기 위해서 이 세상 속에 역사하시는 것입니다. 우리가 그 하나님의 자녀라면 우리 삶에 대해서 책임을 다하는 존재이기를 주의 이름으로 축복합니다.

이 책임의 문제는 두 가지 양상으로 다시 나누어집니다. 왜 책임을 다하지 못합니까? 욕심 때문에 그렇습니다. 여러 가지 원인이 있지만 결국 욕망의 문제입니다.

어떤 사람은 자기 욕심을 따라 살아갑니다. 이기적인 욕심을 따라 살다 보면 책임을 회피하게 되지요. 그러나 어떤 사람들은 그런 욕망을 다스립니다. 하나님이 원하시는 삶이 그것입니다. 욕망을 다스리는 삶 말이에요.

욕심이 없는 사람은 없습니다. 그러나 중요한 것은 자기 욕심을 다스려야 하는 것입니다. 세상을 다스리기에 앞서서, 만물을 다스리기에 앞서서 먼저 자기를 다스려야 합니다. 자기 욕심을 다스려야 합니다. 성적인 욕망도 다스리고, 물질에 대한 욕심도 다스리고, 자기를 다스려서 책임을 다할 때, 하나님이 기뻐하시는 사람의 모습으로 주 앞에 설 것을 믿습니다.

인간, 사회적인 존재

세번째로, 창세기의 증언에 의하면, 인간은 사회적 존재입니다.

"인간은 사회적 동물"이라고 학교 다닐 때 배우셨죠? 누가 말했습니까? 아리스토텔레스가 말했습니다. 그러나 인간이 사회적 존재이기에 앞서서 인간이 사회적 존재가 될 수 있었던 원인은 우리가 믿고 있는 하나님이 사회적 존재이기 때문에 그렇습니다.

다시 한 번 창세기 1장 26절을 보십시오. "하나님이 가라사대 우리의 형상을 따라 우리의 모양대로 우리가 사람을 만들고 그로 바다의 고기와 공중의 새와 육축과 온 땅과 땅에 기는 모든 것을 다스리게 하자 하시고."

이 구절은 쉽게 설명할 수 있는 구절이 아닙니다. 특별히 성경학자들은 여기서 '우리' 라는 단어가 무엇을 의미하는지 고민스럽습니다. 하나님이 복수개념으로 언급되었기 때문이죠. "우리의 형상을 따라 우리의 모양대로 우리가 사람을 만들고." 이 구절에 관해서는 세 가지 학설이 있습니다.

첫번째로, '천사 동역설', '천사 협동설' 이라는 것이 있습니다. 이것은, 하나님이 세상을 창조하실 때 그분이 부리시던 영적인 존재들인 천사들에게 "천사야, 우리가 함께 사람을 만들자"라고 하셨기 때문에 '우리' 라는 표현이 쓰여졌다는 것입니다. 이것이 천사 동역설 혹은 천사 협동설입니다.

또 어떤 학자들은 '우리' 라는 복수 인칭대명사를 설명하면서 소위 '하나님의 위엄설' 을 말하는데, 이것은 히브리 사람들이 엄청난 존재의 위대한 능력을 표현할 때는 단수로 표현하지 않고 복수로 표현했다는 사실에서 기인한 것입니다. 그래서 '물들이 많다' 라고 물을 복수로 표현했는데, 그것은 거대한 물, 또는 그 물의 권위와 영광을 말하는 것입니다. 다시 말해, 하나님이 워낙 위엄 있고 권세 있는 분이어서 그 하나님의 존재를 복수로 표현했다는 것입니다. 이것을 하나님의 위엄설이라고 말합니다.

그러나 이 구절에 관한, 가장 전통적인 학설은 소위 삼위일체설입니다. 저는 이것이 맞다고 생각합니다. 왜냐하면 첫번째 설의 경우, 하나님이 천사와 동역해서 '우리' 라는 표현을 썼다면, 천사도 하나님의 형상을 따라 지음받았다고 말해야 됩니다.

그러나 우리 인간만이 가질 수 있는 독특성 중의 하나가 바로 하나님의 형상대로 지음을 받은 것인데, 이 독특성을 과연 천사에게도 부여할 수 있느냐라는 또 다른 신학적인 물음이 제기됩니다.

저는 아직도 가장 오래된 삼위일체설이 본문에 대한 가장 건강한 해석이라고 생각합니다. 하나님은 본래 홀로 존재하신 것이 아닙니다. 하나님은 어떻게 존재하셨습니까? 즉 성부와 성자와 성령, 아버지와 아들과 성령으로 존재하셨습니다. 그러나 각각 그 인격은 분명히 구별됩니다.

한국교회에서는 너무나 일체를 강조한 나머지 삼위가 덜 강조되었습니다. 너무 하나라는 것을, 즉 한 분이라는 것을 강조하다 보니까 아버지와 아들이 다른 인격이라는 것을 우리가 잊어버릴 때가 있습니다.

예수님이 이 땅에서 기도하실 때, "아버지여, 할 수 있거든 이 잔을 내게서 옮기시옵소서"라고 하셨는데, 그렇다면 자기가 자기에게 기도한 겁니까? 아닙니다. 아버지는 아버지고, 아들은 아들, 성령님은 성령님이십니다. 그 인격은 분명히 구별되어 있습니다.

그럼에도 불구하고 삼위 되시는 하나님이 각각 추구한 목적이 같고, 뜻도 같습니다. 결과적으로 존재에 있어서 하나라고 말할 수 밖에 없다는 결론이 삼위일체이지 그 삼위의 인격의 구별성을 부인하면 안됩니다. 아버지는 아버지고 아들은 아들이십니다.

어느 날, 아버지 하나님과 아들 하나님이 이런 이야기를 하셨을 거예요. "자, 우리가 사람을 좀 만들어보자." "어떤 사람을 만들기 원하십니까? 아버지." "글쎄, 아들아! 너도 좀 생각을 해봐라." 이렇게 아버지와 아들과 성령님이 영원 이전에 인간의 창조에 관한 대화를 나누었을 겁니다. "우리의 모습을 닮은 인간을 만들면 어떻겠니?" "아버지, 참 좋은 생각이네요."

이런 삼위 하나님의 대화 가운데 어느 날 드디어 인간에 대한 설계가 끝났고, 하나님은 만물을 창조하는 가운데 만물 가운데서도 가장 독특한, 유일한 존재로 하나님의 형상을 닮은 인간을 만들기로 결정하신 것입니다. "우리의 모양대로 우리가 사람을 만들자." 그래서 인간이 지어진 것입니다.

이것이 지나친 상상이 아니라는 성경적인 근거가 있습니다. "태초에 말씀이 계시니라 이 말씀이 하나님과 함께 계셨으니 이 말씀은 곧 하나님이시니라"(요 1:1).

여기서 말씀은 누구를 가리킵니까? 예수님을 가리키는 거예요. 요한복음 1장 14절을 보면, "말씀이 육신이 되어 우리 가운데 거하시매"라고 기록되어 있습니다. 육신을 입고 오신 하나님, 즉 성자 하나님이십니다. 그러니까 요한복음 1장 1절은 이런 얘기입니다. "태초에 말씀이신 예수님이 계시니라. 그 말씀이신 예수님이 아버지 하나님과 함께 계셨으니."

"함께 계셨으니"에서 '함께'라는 전치사가 영어로는 '위드'(with)로 되어 있지만, 어떤 학자들은 '투워드'(toward)가 더 정확한 번역이라고 생각합니다. 헬라어에서는 '프로스'(*πρός*)라는 단어가 쓰였는데, 이것은 서로가 서로를 향해서 움직이고 있는 모습, 그냥 같이 있는 것이 아니라 서로 움직이며 대화하고 교제하는 모습을 나타내는 단어입니다. 아버지 하나님과 아들 하나님이 태초 이전부터 교제하셨습니다.

무슨 얘깁니까? 인간을 지으실 때 하나님이 홀로 계신 것이 아니라 성부와 성자와 성령으로 존재하셨던 것처럼, 인간 역시 홀로 존재하는 존재가 아닌 더불어 함께 존재하는 존재로 지으셨다는 사실입니다. 이것을 우리는 인간의 사회성이라고 말할 수 있습니다.

사람이 독처하는 것이 좋지 못하니

이제 창세기 2장으로 넘어가 보겠습니다. 창세기 2장은 1장을 다시 풀어서 설명하고 있는 것입니다. 자, 어떻게 하나님이 인간을 지으셨습니까? "여호와 하나님이 가라사대 사람이 독처하는 것이 좋지 못하니 내가 그를 위하여 돕는 배필을 지으리라 하시니라"(18절).

사람이 독처하는 것이 좋지 못하니 어떻게 하시겠다구요? 돕는 배필을 지으리라고 하셨습니다. 홀로 존재하는 것이 아니라 더불어 함께 존재할 수 있는 존재로 지으신 것입니다. 그래서 우리를 부부가 되게 하시고, 가정을 만들게 하시고, 또 다른 이웃들과 관계하면서 살아갈 수 있는 존재로 지으신 것입니다.

재미있게도 그것이 한문에도 나타나 있습니다. 전 한문에도 하나님의 어떤 일반 계시성이 반영되지 않았을까 싶습니다. 인간(人間)이라고 말할 때, 우선 간(間)이 무슨 간 자죠? 사이 간 자입니다. 사람은 홀로 존재할 수 없고, 더불어 존재하는 존재임을 뜻하는 것입니다. 또 사람 인(人)자도 작대기가 하나가 아니라 뭡니까? 둘이 함께 버팀목을 하면서 더불어 존재할 수밖에 없는 존재임을 뜻합니다. 이것이 하나님이 인간을 만드신 모습입니다. 사람은 결코 혼자 살 수가 없습니다. 더불어 사는 것을 배워야 합니다. 그래서 기독교는 공동체의 종교입니다.

기독교 신앙의 가장 위험한 적은 개인주의적 성향입니다. '나는 그냥 혼자만 믿겠다.' 이건 절대 아닙니다. 하나님이 사회적 존재인 것처럼 인간도 사회적 존재로 지음을 받았습니다. 우리가 하나님을 닮아가려면 공동체의 삶을 익히지 않으면 안되는 것입니다.

우리 교회가 셀 교회를 강조하는 이유 중 하나도 공동체를 배우기 위해서입니다. 혼자 교회 나왔다가 혼자 가는 사람, 이런 사람은 공동체를 경험하지 못합니다. 서로 세워주는 것, 서로 용납하는 것, 서로 사랑하는 것을 배우지 못하면 우리는 결코 하나님의 뜻을 이루어낼 수 없습니다.

저는 하나님이 인간을 사회적 존재로 지은 이유가 두 가지라고 생각합니다. 성경 전체를 공부할 때, 이 두 가지가 명확하게 드러나는데, 하나님은 관계 속에서 사랑을 배우도록 하셨습니다. 하나님이 사랑이신 것처럼 말입니다. 그런데 하나님도 사랑하기 위해서는 대상이 있어야 하잖아요. 창세 이전에 아버지와 아들과 성령이 존재했다는 것은 서로 사랑하며 존재하신 것입니다. 관계가 있어야 사랑하죠.

벽을 향해서 "나는 너를 사랑한다"고 고백할 수 있습니까? 사랑할 수 있는 구체적인, 인격적인 대상이 있어야 합니다. 그래야만 사랑을 할 수 있습니다. 관계라는 것은 사랑의 통로입니다. 그 관계 속에서 사랑을 경험하는 것입니다.

또 하나, 더 중요한 것은 이 관계 속에서 하나님의 뜻을 이루어 내는 것입니다. 우리를 이 땅에 인간으로 지어주신 하나님의 뜻을 이루어 내는 것입니다. 우리가 공동체 안에서 사랑하는 것을 배우고, 또 공동체 속에서 연합하여 하나님의 뜻을 이루어 드리도록 주께서 저와 여러분을 사회적 존재로 지으셨다면, 이제 우리는 그 공동체 안에 머물며 삶을 나눌 준비가 되어 있는지요. 그렇게 사는 모습을 보면 주께서 이렇게 말씀하실 것입니다. "형제가 서로 연합하여 동거함이 어찌 그리 선하고 아름다운고"(시 133:1). 그 때 우리는 하나님을 닮아가는 것입니다. 이 축복이 우리 삶의 여정에 함께하시기를 주의 이름으로 축복합니다.

묵상과 기도

아버지 하나님, 우리가 다시 창세기 1-2장에 나타난 하나님의 형상을 통해서 내가 어떤 존재로, 내가 누구로 지음을 받았는가에 대해서 살펴보았습니다. 하나님, 우리가 정말 영성을 가진 존재, 도덕성을 가진 존재, 그리고 사회성을 가진 존재로 지음을 받았다면, 우리를 처음 지어주셨을 때 하나님이 설계하고 기대하신 것처럼 정말 영적인 존재로 살게 하시고, 도덕적인 존재로 살게 하시며, 사회적인, 공동체적 존재로 살아갈 줄 아는 주의 백성들이 되게 해주시옵소서. 예수님의 이름으로 기도합니다. 아멘.

노동과 안식

3

창세기 2:1-3

천지와 만물이 다 이루니라 하나님의 지으시던 일이 일곱째 날이 이를 때에 마치니 그 지으시던 일이 다하므로 일곱째 날에 안식하시니라 하나님이 일곱째 날을 복 주사 거룩하게 하셨으니 이는 하나님이 그 창조하시며 만드시던 모든 일을 마치시고 이 날에 안식하셨음이더라. (창 2:1-3)

노동과 안식의 리듬, 하나님의 디자인

여러분, 명절에 좀 쉬셨는지 모르겠습니다. 쉬지 못하셨다고요? 명절은 쉬는 날인데 어찌하여 쉬지 못하셨습니까? 우리는 명절에 항상 쉼을 기대하지만 늘 명절을 지나고 나면 누적된 피곤을 안고 만나기 마련입니다. 저는 늘 명절 때가 되면 유대인의 명절에서 우리가 좀 교훈을 얻어야 하지 않을까 하는 생각을 하게 됩니다.

유대인의 명절은 철저하게 그 초점이 쉼에 있습니다. 정말 사람을 쉬게 하는 데 그 명절의 진정한 초점이 있다는 것을 알게 됩니다. 유대인의 대표적인 일곱 명절을 기록하고 있는 레위기 23장을 보아도 명절의 초점이 어디에 있었는지를 우리는 짐작할 수 있습니다.

예를 들어, 레위기 23장 5-7절을 보면, 유월절 규례의 언약이 시작되고 있습니다. "정월 십사일 저녁은 여호와의 유월절이요 이 달 십오일은 여호와의 무교절이니 칠 일 동안 너희는 무교병을 먹을 것이요 그 첫날에는 너희가 성회로 모이고," 그 다음에 뭐라고 했습니까? "아무 노동도 하지 말지며."

또 8절에 보면, "너희는 칠 일 동안 여호와께 화제를 드릴 것이요 제칠일에도 성회로 모이고", 또 그 다음에 뭐라고 했습니까? "아무 노동도 하지 말지니라." 처음과 마지막이 무엇을 강조하고 있습니까? 철저하게 안식할 것을 강조하고 있습니다.

일곱 명절 가운데서 마지막 명절이라고 할 수 있는 초막절에 대해서도 34절부터 기록되고 있습니다. "이스라엘 자손에게 고하여 이르라 칠월 십오일은 초막절이니 여호와를 위하여 칠 일 동안 지킬 것이라 첫날에는 성회가 있을지니 너희는", 뭐라고 그랬습니까? "아무 노동도 하지 말지며" 이렇게 시작됩니다.

또 36절에 보면, "칠 일 동안에 너희는 화제를 여호와께 드릴 것이요 제팔일에도 너희에게 성회가 될 것이며 화제를 여호와께 드릴지니 이는 거룩한 대회라 너희는 아무 노동도 하지 말지니라."

철저하게 이스라엘 명절의 초점은 문자 그대로 철두철미한 안식에 있었음을 볼 수 있습니다. 그리고 이런 안식은 비단 명절 때뿐만 아니라 안식일마다 실천할 것이 율법을 통해서 강조된 것을 우리는 잘 알고 있습니다.

저는 안식일이 언제냐라는 논쟁은 그렇게 중요하다고 생각지 않습니다. 구약시대에는 물론 제칠일 안식일이란 토요 안식이 매우 중요한 개념으로 강조된 것이 사실이지만 신약시대, 새로운 언약시대에는 이러한 율법의 규례에서 훨씬 더 자유하게 모든 날의 중요성이 강조되고 있는 것을 볼 수 있습니다.

그러나 저는 안식의 정신만은 새로운 시대를 살고 있는 우리에게도 여전히 중요하다고 생각합니다. 우리가 안식의 참된 의미를 이해하기 위해서는 이 안식을 노동이라는 개념과 연관시킬 때 비로소 가능하다고 생각합니다.

저는 노동과 안식의 리듬이야말로 우리 삶의 부요함을 위한 하나님의 가장 아름다운 디자인이라고 생각합니다. 이 두 리듬 속에서 우리는 진정한 안식의 의미가 무엇인가를 창출해 낼 수 있습니다.

첫번째 안식의 사건을 보여주고 있는 본문의 기사에 근거하면, 우리는 적어도 안식을 노동과 관련해서 두 가지 의미로 정의할 수 있습니다.

노동의 성취를 누리기 위한 안식

첫째로, 안식은 노동의 성취를 누리기 위한 것입니다.

다시 본문을 읽어보면, 하나님 자신이 안식의 모범을 보이셨을 때, 하나님은 왜 안식하셨습니까? 본문에서 특별히 안식이란 단어와 더불어 강조되고 있는 것은 어떤 단어입니까? '이루었다', '마쳤다' 라는 단어입니다.

1절에 보면, "천지와 만물이 다 이루니라" 고 했습니다. 2절에는 "하나님이 지으시던 일이 일곱째 날이 이를 때에 마치니", "그 지으시던 일이 다하므로." 이루었다, 마쳤다라는 개념이 계속적으로 강조되고 있는 것을 우리는 볼 수 있습니다.

안식 그러면 우리가 이 단어와 관련해서 얼른 머릿속에 떠올리게 되는 단어가 있는데, 그것은 피곤이란 단어일 것입니다. 그러나 성경에서 안식의 개념을 강조할 때는 안식과 더불어 '이루었다' 라는 단어가 강조되고 있습니다. 일을 마쳤다는 것입니다.

히브리어 '칼라' 라는 단어 속에는 피곤의 개념이 전혀 들어 있지 않습니다. 그것은 주어진 과제를 완성했기 때문에 '그분이 쉬셨다' 라는 개념입니다. 여기서 우리는, 안식은 노동의 책임을 다한 사람에게만 주어지는 선물이라는 것을 알 수 있습니다. 진정한 안식은 내게 주어진 노동의 과제나 책임을 다한 연후에 비로소 누릴 수 있는 것, 곧 하나님의 은총의 선물이라는 것을 알 수 있습니다.

레오나르도 다빈치가 남긴 유명한 말 가운데 이런 말이 있습니다. "하루를 잘 보낸 사람이 편안한 침상을 맞이할 수 있는 것처럼 평안한 일생을 보낸 사람만이 평안한 죽음을 맞이할 수 있다." 하루의 과제를 잘 마친 사람에게 그 날 밤 진정한 안식이 향유될 수 있는 것처럼, 일생의 책임을 다한 사람에게 그 삶을 완성하는 죽음이 비로소 참된 의미의 안식일 수 있다는 얘기가 될 것입니다.

책임을 다하지 못하고 쉬면, 쉬어집니까? 찜찜하시죠? 책임을 다한 사람에게 비로소 주어지는 완벽한 선물, 그것이 바로 안식입니다. 그래서 우리는 안식 이전에 먼저 노동에 대한 책임을 강조하지 않으면 안됩니다. 책임이 강조되지 않고 안식만 강조하는 사회는 불건강한 사회입니다.

요즘 주 5일제 근무가 우리 한국사회의 이슈가 되고, 원하든 원치 않든 이미 부분적으로 시행되는 현실이고 보면, 이제 일 주일에 이틀을 쉬는 문화가 우리에게 곧 정착될 것입니다. 이렇게 쉼을 강조하는, 안식의 문화를 강조하는 것은 좋은 현상이지만, 안식에 앞서서 강조되어야 할 노동에 대한 근면한 책임의 윤리가 이 사회 속에서 약화된다면, 우리 사회는 그것 때문에 퇴보할 수도 있다는 가능성을 동시에 생각해야 합니다.

예수님은 "아버지께서 이제까지 일하시니 나도 일한다"(요 5:17)고 말씀하셨습니다. 그리고 주님은 그에게 주어진 시간들을 얼마나 창조적으로 활용하며 최선을 다하면서 일하시는 모습을 보여주었습니까? 동시에 그분은 그 바쁜 일과 중에서도 창조적 안식의 여유를 갖고 사신 것을 그의 생애 속에서 우리는 발견할 수 있습니다.

쉼이나 즐거움보다도 훨씬 더 중요한 것은, 우리가 먼저 일에 대한 책임을 다할 수 있어야 한다는 것입니다. 우리가 책임을 다하기 전에 먹고 마시고 즐거워하는 것은 그리스도인의 윤리적 삶의 모습이 아닙니다.

막스 베버(Max Weber)라는 유명한 사회 과학자는 근대 자본주의 문화의 근간에는 소위 프로테스탄트의 노동윤리가 가장 중요한 역할을 했다는 사실을 지적합니다. 자본주의 사회가 악도 많지만 또 좋은 일도 많이 했습니다. 자본주의를 통해서 경제적 부요가 생산되고, 훨씬 더 풍요한 사회를 누릴 수 있게 된 것은 사실입니다. 기독교 신앙, 복음적 신앙이 있는 곳에서는 항상 노동이 강조되었습니다.

우리가 먹을 수 있는, 쉴 수 있는 자유를 갖기 위해서는 먼저 노동의 근면한 책임이 강조되지 않으면 안됩니다. 노동의 책임을 다한 후에 비로소 누릴 수 있는 선물이 바로 안식입니다. 또 그 안식을 통해서 우리가 누릴 수 있는 가장 중요한 것은 그 동안 우리가 일해 온 성취를 돌아보는 것입니다. 하나님의 도우심으로 우리가 어떤 과정을 통해서 어떤 일들을 성취해 왔는지 돌아볼 수 있는 창조적인 여유를 안식을 통해서 누릴 수 있는 것입니다.

창세기 1장에 나타난 만물창조의 과정을 보면, 한 날 한 날 하나님의 창조가 끝날 때마다 거기에 반드시 붙어다니는 하나님의 소감이 있었습니다. "보시기에 좋았더라" 입니다. 하나의 창조과정이 끝난 다음에 하나님은 그것을 보고 즐거워하셨습니다.

그리고 여섯째 날 마침내 인간의 창조로 하나님의 창조의 모든 사역이 마무리되고 난 후의 하나님의 소감을 성경은 어떻게 기록합니까? "하나님이 보시기에 심히 좋았더라." 그냥 좋은 정도가 아니라 심히 좋았다고 하셨습니다. 즐거워할 수 있는 여유를 갖는다는 것은 너무나 소중한 것입니다.

그래서 제가 늘 설교할 때 하는 말입니다만 제일 불쌍한 분이 어떤 분이냐 하면 죽어라 일만 하다가 죽어버리는 분들이에요. 즐거워할 수 있는 여유를 가져야 합니다. 그러나 즐거움을 갖기 위해선 또 열심히 일해야 합니다. 이 두 가지가 함께 강조되어야 합니다.

그 동안 일해 온 과정을 하나님 안에서 돌아보면서 "하나님, 좋으네요. 감사하네요"라고 고백하는 것, 그것이 바로 안식입니다. 그래서 안식이라는 것은 노동의 성취를 누리기 위한 선물이라고 말할 수 있습니다.

새로운 노동을 준비하기 위한 안식

둘째로, 안식은 다시 시작될 노동을 준비하기 위한 것입니다. 성경적 안식이라는 것은 다시 시작될 새로운 노동을 준비하기 위한 하나님의 믿음, 우리에게 주신 믿음이 바로 안식의 사건입니다.

창세기 2장 3절 "이 날에 안식하셨음이더라"가 성경의 끝이 아니라는 것입니다. 4절이 있고, 또 5절이 있습니다. 성경의 역사는 계속됩니다. 성경의 구속의 역사는 그 다음에 계속됩니다.

하나님의 안식은 안식을 위한 안식이 아닙니다. 하나님은 안식을 통해서 그 다음 일들을 준비하셨습니다. 하나님의 구속의 섭리는, 구속의 역사는, 또 세상을 섭리하는 섭리의 역사는 그 후에 계속되었습니다. 바로 안식을 통해 얻은 충전된 에너지와 힘을 가지고 하나님께서는 다시 세상을 돌아보시고 만물을 구속하시는 역사를 계속하시고 있는 모습을 볼 수 있습니다. 저는 그것이 바로 하나님께서 저와 여러분들에게 안식을 주신 또 하나의 중요한 의미라고 생각합니다.

그런 의미에서 하나님께도 안식이 필요했다고 말할 수 있습니다. 하나님께도 안식이 필요했다면 여러분과 저에게는 얼마나 더 안식이 필요하겠습니까? 출애굽기 31장 17절을 보면, "이는 나와 이스라엘 자손 사이에 영원한 표징이며 나 여호와가 엿새 동안에 천지를 창조하고 제칠일에 쉬어 평안하였음이니라 하라"라고 기록되어 있습니다.

엄격하게 말해, 안식은 시내산 언약의 한 부분입니다. 시내산 언약을 통해서 하나님과 인간 사이에 맺어진 언약으로 주어진 것입니다. 그러나 이 언약은 하나님의 창조사건에 근거하고 있습니다. 하나님께서 엿새 동안 창조하시고 제칠일에 쉬셨으므로 우리도 쉰다는 것입니다.

최초에 쉬시던 하나님의 모습을 기록한 출애굽기 31장 17절의 마지막 표현이 매우 인상적입니다. "제칠일에 쉬어 평안하였음이니라 하라."

쉼의 결과로써 참된 평안을 누리셨다는 것입니다. 어떤 영어번역에 보면, "하나님이 쉬셨다"(he rested), 다음에 "하나님이 새로워졌다, 충전되었다"(and was refreshed)고 되어 있습니다. 하나님이 쉼의 결과로써 새롭게 충전되신 것입니다. 그래서 온전한 평안을 회복하신 것입니다.

평화라는 말을 히브리어로는 보통 어떻게 말합니까? 히브리 사람들이 서로 인사를 주고받을 때 어떻게 인사하죠? "샬롬!" 그런데 이 '샬롬' 이라는 말을 평화라고 번역하는 것은 아주 피상적인 번역입니다. 그 뜻을 다 나타낼 수가 없습니다.

사실 히브리어 '샬롬' 은 그냥 정서적으로 평안하다는 정도가 아니라 우리 삶의 모든 질서가 건강하고 아름답게 최고의 상태를 유지하는 상태로의 회복을 의미하는 단어입니다. 그런데 하나님이 안식을 통해서 평안을 다시 회복하셨다고 성경은 기록하고 있습니다.

또 복음서에서 보면, 예수님도 종종 하던 일을 제쳐놓고 제자들을 쉼의 자리로 초청하시는 모습을 볼 수 있습니다. 그렇다면 중요한 것은 '어떻게 쉴 것인가?' 하는 문제입니다.

앞으로 본격적으로 주 5일 근무제가 되어 이틀을 쉬게 되면 우리 한국사람들 가운데는 어떻게 쉴지 모르는 현상이 일어날 것입니다. 어떻게 쉴 것인가? 저는 이 때야말로 안식일의 정신을 회복할 때라고 생각합니다.

마침 안식에 대한 좋은 책 하나가 번역되었는데, 마르바 던(Marva J. Dawn)이라는 분이 쓴 「안식」(*Keeping the Sabbath Wholly*, IVP 역간)이라는 책입니다. 이 책은 비교적 유태인들의 안식으로부터 시작해서 청교도들의 안식, 오늘 우리가 지키고 있는 안식의 전통을 역사적으로 연구하면서, 율법주의에 얽매이지 않고 건강하게 현대의 삶 속에서 안식을 회복하는 방법들을 잘 제안해 주고 있습니다. 제가 그분의 제안들을 참고하면서 우리 시대에 어떻게 안식을 누릴 것인지 몇 가지 요소를 제안하고 싶습니다.

미완성 그대로 받아들이기

첫번째 요소로, 안식일은 미완성 그대로 일을 중단하는 것에서부터 시작해야 합니다. 우리가 일을 하다 보면 다 하지 못할 때가 많이 있습니다. 그것 때문에 쉬지 못합니다. 저는 이미 여러분에게 주어진 과제에 대한 책임을 다하는 노력이 매우 중요하다는 것을 강조했습니다. 그렇지만 우리 인간이 아무리 열심히 해도 우리 삶의 영역에서 다하지 못한 일들은 항상 남아 있게 마련입니다. 그 미완성을 받아들이는 것은 매우 중요합니다.

마르바 던이 이 책에서 지적한 것 가운데 제게 매우 공감이 되었던 말 하나는 "사람들이 왜 쉬지 못하는가? 하나님이 되고자 하기 때문이다"라는 것이었습니다. 그리고 나서 마르바 던은 안식을 이렇게 정의했습니다. "안식이란 하나님 되기를 그치는 것이다." 굉장히 통찰력 있는 말입니다. 우리가 무슨 하나님이라고 이 세상 모든 일을 다 책임집니까? 어떻게 집안의 모든 일을 다 책임집니까? 하나님이 되고자 하기 때문에 쉬지 못하는 것입니다.

우리는 주어진 책임을 다하려고 부단한 노력을 해야 하지만 그럼에도 다하지 못한 미완성은 미완성 그대로 받아들일 줄도 알아야 한다는 말입니다. 이런 사람이 안식을 할 수 있다는 것입니다.

사실 우리가 다 할 수 없었기 때문에 주님이 오신 것입니다. 주께서 십자가에서 우리 대신 모든 것을 짊어지시고 죽으심으로 우리를 안식의 자리로 초청하신 것을 믿는 사람들이라면, 우리가 일단 다 하지 못한 것을 그칠 수도 있는 결단이 필요합니다. 잠시 접어둘 수 있는 결단이 우리에게는 매우 중요하다고 생각합니다.

참고로 유태인들은 어떻게 안식일을 지킵니까? 유태인들의 안식일은 금요일 저녁과 함께 시작됩니다. 성경적인 모본을 따르고 있다고 생각해요. 하나님이 창조하실 때도 보면 저녁으로 시작하잖아요. 그래서 저녁이 시작되어서 하루가 시작되는 모습을 볼 수 있습니다.

금요일 저녁, 하루 해가 저물면 안식일이 시작됩니다. 제일 먼저 하는 일은 두 개의 촛불을 밝히는 것입니다. 이걸 히브리 사람들은 키두시 의식이라고 말합니다. 하나님이 거룩하게 구별하셨다라는 '카도시' 라는 단어에서 이 단어가 나왔다고 생각합니다마는 어쨌든 이걸 키두시 의식이라고 부릅니다.

두 개의 촛불은 안식일과 관련된 두 개의 명령을 대표하는 것이라고 합니다. 한 촛불은 안식일 자체를 지키라는 명령이고, 또 하나는 기억하라는 것입니다.

우선 기억하라는 것은 이미 하나님이 우리 가운데서 일하신, 모든 일들을 기억하면서 감사하기 위한 날의 시작을 의미합니다. 하루종일 도와주시고, 한 주간을 도와주신 그분의 은혜, 인자하심, 자비, 사랑을 기억하면서 촛불을 밝히는 것입니다.

또 하나, 지키라는 것은 안식일 그 자체를 지키는 것뿐만 아니라 그것을 통해서 앞으로 주어질 하나님의 새로운 삶의 과제들을 지키겠다는 각오를 담아서 두 개의 촛불을 밝힙니다. 그러면서 기도를 합니다. "하나님, 안식일을 우리에게 주셔서 축복과 기쁨에 가득 찬 삶을 바라보게 해주시니 감사합니다." 이런 의미의 기도를 함으로써 안식일을 시작합니다.

그 다음에 테이블에 쭉 둘러앉은 가족들과 함께 찬양을 부릅니다. 찬양의 중요한 내용은 기쁨의 천사를 초청하는 것입니다. 그래서 안식일은 아무것도 안 하고 쉬는 날이 아니라 기쁨의 날입니다. 정말 마음 속에 하나님이 주신 기쁨의 에너지가 회복되는 날입니다.

그 다음에 서로 돌아보면서 가족끼리 축복의 말을 건넵니다. 남편이 아내를 축복하고, 아내가 남편을 축복하고, 부모가 자녀들을 축복합니다. 그 다음에 그들이 이미 준비해 놓은 음식들을 먹습니다.

그러니까 명절날 그 즉시로 음식을 준비하는 게 아니라 미리 준비해 놓고, 당일에는 준비해 놓은 음식들을 편하게 즐기는 것입니다. 오랜 시간 앉아서 음식을 먹으면서 가족들이 대화를 하는 것입니다. 안식일 저녁이 그렇게 시작되는 것입니다. 그래서 이것은 우리의 미완성을 받아들이면서 일단 모든 일에서부터 해방되는 것입니다. 그렇게 하면서 안식일이 시작되는 것입니다.

영적인 쉼 얻기

두번째 요소는, 영적인 쉼을 얻는 것입니다. 안식일 저녁 하룻밤을 잘 자고 새벽기도회 안 해도 괜찮습니다. 그래서 우리 교회는 주일 새벽기도회를 안 합니다. 푹 주무시라고요. 그 다음에 유대인들은 지금도 그렇고 과거에도 그랬고 회당으로 갑니다. 혹은 성전으로 갑니다. 가서 하나님을 경배합니다.

저는 예배가 영적인 쉼을 얻는 가장 좋은 방법이라고 생각합니다. 성전은 이스라엘 백성들에게 있어서 영혼의 집이었습니다. 그들의 영혼이 쉴 수 있는 집, 진정한 쉼을 주는 집. 사람들은 언제부터인가 진정한 쉼을 잃어버렸습니다. 그래서 인간은 쉼을 잃어버린 존재, 안식이 없는 존재가 되어버렸습니다.

그런데 우리가 어떻게 쉼을 회복할 수 있습니까? 하나님의 백성들에게 있어서 쉼을 회복하는 가장 중요한 방법은 하나님을 찬양하고 주님을 경배하는 것입니다. 바로 그것을 위해서 주님이 이 날을 구별시켜 주신 것입니다.

본문에 보면, "일곱째 날을 복 주사 거룩하게 하셨으니"라고 기록되어 있습니다. 여기서 '홀리 데이'(holy day, 거룩한 날)라는 말이 나온 거죠? 홀리 데이에서 어떤 단어가 나온지 아세요? '할러데이'(holiday, 휴일, 공휴일)라는 말이 나왔습니다. 그런데 휴일은 그냥 쉬는 날이 아닙니다. 본래 홀리 데이입니다. 그런데 오늘날은 holy day에서 holy는 없어지고 그냥 노는 것만 남았습니다.

하나님을 경배함이 쉼입니다. 이스라엘 백성들은 이 날 회당 같은 데 가서 토라를 읽는 것을 가장 중요한 일로 여겼습니다. 하나님의 말씀을 읽고 기도했습니다.

그들 예배의 가장 중요한 목표 또한 오늘날 그리스도인들의 예배와 다를 것이 없었습니다. 예배의 본질에 있어서 가장 중요한 것은 하나님의 임재를 경험하는 것입니다. 왜냐하면 하나님의 안식일이기 때문입니다.

유명한 성 어거스틴(Augustine)의 말을 기억합니다. "우리의 영혼이 당신의 품안에 돌아가 쉴 때까지 나에게는 결코 평안함이 없었나이다." 하나님이 우리의 안식이십니다. 그래서 하나님을 경배하며 하나님의 임재를 체험합니다. 그리고 하나님 안에서 모든 짐을 내려놓습니다. 그것이 영적 쉼입니다. 그래서 진정한 영적 쉼을 얻어야 합니다.

공동체 돌아보기

세번째 요소는, 공동체를 돌아보는 것입니다. 물론 엄격한 유대인들은 안식일을 지나치게 율법주의적인 경향으로 잘못 발전시켜 왔습니다. 그러나 건강한 그리스도인들은 언제나 역사 가운데서 안식일의 진정한 회복을 위해 노력해 왔습니다. 그들이 발견한 것 중 하나가 안식일날 공동체를 돌아보는 것입니다. 공동체의 일원들과 더불어 짐을 나누는 것이야말로 안식일에 해야 할 중요한 일들 가운데 하나라는 것입니다.

예수님 당시, 바리새인들은 병든 사람, 고통받는 사람들을 돌아보는 것을, 안식일을 깨뜨리는 것으로 이해했지만 예수님의 이해는 달랐습니다. 예수님은 안식일날 병자를 고치는 것을 기꺼이 감당하셨습니다.

사실 안식일 정신의 절정은 희년에 있습니다. 7×7=49. 49년이 지나면 희년이 오지요? 이 희년의 핵심이 뭡니까? 회복입니다. 완벽한 회복입니다. 그래서 노예도 풀려나 자유를 얻고, 땅도 완전한 휴식을 주어 주인에게로 돌아갑니다. 모든 것이 원상태로 회복됩니다. 병든 것도 사실 정상이 아닌 것이죠.

회복을 돕는 것, 이건 안식일에 할 수 있는 좋은 일입니다. 안식일의 정신을 깨뜨리지 않고 안식일에 할 수 있는 좋은 일, 이것은 병들고 아파하는 사람들을 돌아보는 것입니다.

공동체를 돌아보는 일, 이웃의 아픔을 함께 나누어 질 때, 그들의 짐을 덜어줄 때 내 짐도 함께 덜게 됩니다. 이웃과 함께 짐을 나누다 보면 가벼움을 느끼게 됩니다. 우리가 안식일에 할 수 있는 좋은 일 중 하나는 바로 공동체를 돌아보는 일이라고 생각합니다.

개인적 휴식 갖기

그리고 좀더 시간이 주어진다면, 네번째 요소로는 개인적으로 휴식하는 것입니다. 말 그대로 개인적으로 휴식하는 방법은 사람마다 다를 수 있습니다. 휴식의 방법에 따라서 어떤 사람에게는 휴식인 것이 어떤 사람에게는 휴식이 아닐 수도 있습니다.

예를 들어, 정신노동을 많이 하는 사람들에게는 어떤 것이 휴식일까요? 땀흘리며 집 앞 텃밭을 일군다든지, 정원의 흙을 만지는 것이 휴식일 수 있습니다. 반대로 육체노동을 하는 사람들에게는 앉아서 조용히 책을 읽는 것이 안식일 수 있습니다. 그래서 전 안식의 방법을 규정하는 것은 율법적이라고 생각합니다.

안식의 방법은 사람마다 다릅니다. 산책을 할 수도 있고, 집 주변의 자연을 돌아볼 수도 있을 것이며, 또 조용히 해가 지는 석양녘을 지켜볼 수도 있을 것입니다. 또 간단한 놀이도 가능하다고 생각합니다.

우리가 안식일을 자꾸만 소극적으로 안 한다는 개념으로만 주장해 왔기 때문에 무엇을 안 할 것인가에 초점이 맞추어져 있는데, 진정한 안식을 위해서는 무엇을 할 것인가도 생각해 봐야 합니다. 그런데 노는 것도 많이 놀면 노동이 됩니다. 그러니까 적당히 놀아야 합니다.

그래서 마르바 던은 이런 이야기를 합니다. 자기는 수영을 좋아해서 주일에도 수영을 하는데, 그 때는 수영장에서 막 걸어다닌대요. 그렇게 하면서 마음의 안식을 유지하기 위해 애를 쓴다는 것입니다. 중요한 것은 휴식을 통해서 하나님과 자신의 관계가 완전히 회복되도록 도모하는 것입니다. 그리고 하나님이 우리에게 주신 주변의 아름다움을 바라볼 수 있는 여유를 회복하는 것입니다.

안식일 마무리하기

전통적인 유대인들은 안식일을 시작할 때 무엇을 한다고 했습니까? 촛불을 밝히고 촛불 앞에서 기도하는 것으로 안식일을 시작합니다. 그리고 촛불을 끄는 것으로 안식일을 종료합니다. 그것을 '하브달라' 라고 하는데, 촛불을 끄는 의식을 가르켜 하는 말입니다. 처음에 켤 때는 키두시 의식이라고 했죠?

그런데 마지막 촛불을 끄기 전에 침묵기도를 합니다. 다시 하루를 돌이켜보고 또 잠시 밝아올 내일을 생각하면서 조용한 침묵기도를 합니다. 그러면서 너무 늦지 않도록 일찌감치 안식일을 종료합니다.

촛불을 끈 다음에 그들은 잠시 안식 속에 그대로 앉아 있을 수가 있습니다. 침묵 속에 그대로 독거합니다. 그 날 하나님이 주셨던 쉼을 자기 육체로, 영혼으로 충분히 받아들이는 것입니다. 그리고 일찌감치 잠자리에 든다면 월요일은 결코 고통스럽지 않을 것입니다.

하나님이 주신 새로운 날을 맞기 위한, 충전된 에너지와 충전된 기쁨을 가지고 우리가 삶의 장으로 나아갈 때, 우리의 한 주간은 얼마나 놀라운 창조의 시간들이 될 수 있을까요?

저는 이런 명절에 우리가 그리스도인으로서 우리 삶의 문화를 바꿔보기 위해 어떻게 안식할 것인가를 좀 생각해 보았으면 좋겠습니다. 오늘 저의 이런 제안이 여러분의 삶을 부요케 하며, 또 하나님의 안식을 우리 삶에 적용하는 시작이 될 수 있기를 주의 이름으로 축복합니다.

묵상과 기도

안식의 주 되신 하나님, 쉼을 잃어버리고 살아가는 인생이 주의 말씀을 받고 기도 안에서 마음의 짐을 내려놓고 주님을 경험할 때, 다시 내 마음 속에 들려주시는 주의 음성이, 또 내게 다가오시고 나를 에워싸는 주님의 임재가 내게 정녕 평안이요, 안식임을 고백하나이다. 내 영혼의 주인이요, 구세주이신 주님이 내 안에 계셔서 주와 더불어 늘 동행하며 주를 찬양하며 살아갈 수 있는 이 특권을 주신 주님을 찬양합니다.

저를 하나님의 백성으로 삼아주시고 하나님의 말씀 안에서 날마다 새롭게 해주시니 얼마나 감사한지요. 한평생 주의 은혜 안에 거하기를 즐겨 하며, 주님을 찬양하며 살아가는 백성이 되게 하옵소서. 예수님의 이름으로 기도합니다. 아멘.

4

인간 타락의 단계

창세기 3:1-6

여호와 하나님의 지으신 들짐승 중에 뱀이 가장 간교하더라 뱀이 여자에게 물어 가로되 하나님이 참으로 너희더러 동산 모든 나무의 실과를 먹지 말라 하시더냐 여자가 뱀에게 말하되 동산 나무의 실과를 우리가 먹을 수 있으나 동산 중앙에 있는 나무의 실과는 하나님의 말씀에 너희는 먹지도 말고 만지지도 말라 너희가 죽을까 하노라 하셨느니라 뱀이 여자에게 이르되 너희가 결코 죽지 아니하리라 너희가 그것을 먹는 날에는 너희 눈이 밝아 하나님과 같이 되어 선악을 알 줄을 하나님이 아심이니라 여자가 그 나무를 본즉 먹음직도 하고 보암직도 하고 지혜롭게 할 만큼 탐스럽기도 한 나무인지라 여자가 그 실과를 따먹고 자기와 함께한 남편에게도 주매 그도 먹은지라. (창 3:1-6)

인간 타락의 역사성

창세기 3장은 역사의 처음에 인간이 어떻게 타락했는지 그 전형적인 모습을 보여주고 있습니다.

3장 1절에 보면, 뱀으로 상징된 사탄의 출현으로 인간의 타락이 시작되는 것을 알 수 있습니다. "여호와 하나님의 지으신 들짐승 중에 뱀이 가장 간교하더라 뱀이 여자에게 물어 가로되." 이렇게 인간 타락의 장면을 보도하기 시작합니다.

그러나 성경은 이 뱀이 누구이며 어떻게 존재했는가를 밝히는 데는 관심을 갖지 않습니다. 성경 기자의 일차적 관심은 인간 타락의 과정과 그 결과를 보여주고자 하는 것이기 때문입니다.

그러나 뱀이라는 존재, 혹은 뱀과 관련된 선악과 나무의 문제는 우리가 어떻게 이것을 해석하느냐에 따라 창세기 3장과 인간 타락의 문제를 바르게 해석하는 데 중요한 열쇠가 됩니다.

소위 자유주의 신학자들은 그 동안 이 뱀을 우화적인 존재로 해석하려고 시도해 왔습니다. 뱀뿐만 아니라 에덴동산이나 선악을 알게 하는 나무 열매도 다 이솝우화에 나오는 이야기 정도로 해석하고자 시도해 왔습니다.

이것은 성경의 메시지를 쉽게 수용하게 하는 장점이 있을지는 모르지만 이런 해석의 최대 난점은 인간 타락의 역사성을 부인하게 되는 결과를 초래합니다.

만약 우리가 인간 타락의 사건을 이솝우화에 나오는 정도의 그런 이야기에 불과한 것으로 여긴다면, 타락 사건의 역사성을 부인하게 되는 것입니다. '이것은 우화적이고, 신화적인 하나의 사건에 불과하다' 라고 말입니다.

또 타락에 빠진 인간을 구원하기 위해서 하나님이 예수 그리스도를 보내셨고, 그가 우리 허물과 죄를 담당하시고 십자가에서 죽으셨다는 구속의 사건도 그 역사성이 부인되는 결과를 초래할 수 있습니다.

하지만 우리가 좀더 엄격하게 창세기 기사를 접근해서 연구해 보면, 창세기 기자는 창세기 사건 자체의 상징성을 어느 정도 허용하기는 하지만 철저하게 문자적이고 역사적인 기술방법으로 기술하고 있음을 쉽게 파악할 수 있습니다.

예를 들면, 창세기 2장 10-14절에 보면, 에덴동산과 에덴동산에서부터 나오는 강들에 대한 묘사가 나옵니다. "강이 에덴에서 발원하여 동산을 적시고 거기서부터 갈라져 네 근원이 되었으니 첫째의 이름은 비손이라 금이 있는 하윌라 온 땅에 둘렸으며 그 땅의 금은 정금이요 그곳에는 베델리엄과 호마노도 있으며 둘째 강의 이름은 기혼이라 구스 온 땅에 둘렸고 셋째 강의 이름은 힛데겔이라 앗수르 동편으로 흐르며 넷째 강은 유브라데더라."

만일 창세기 기자가 이솝우화의 어떤 이야기를 기록하는 작가의 마음으로 창세기를 기록했다면 에덴동산에 대한 묘사, 또 에덴동산에서부터 갈라져 나온 네 개의 강 기류를 기록할 때 이렇게 정확성을 기할 필요가 있었다고 생각하십니까?

그냥 "옛날에 뱀이 하나 있었는데요" 뭐 이런 식으로 기록하지 않았겠습니까? 그러나 에덴동산에서 흘러나오는 이 강들의 기류를 기록할 때 얼마나 정밀을 기하고자 하는 역사적, 문자적 의도를 가지고 이 말씀을 기술하고 있는가를 보십시오. 이 강들을 우리가 다 역사적으로 확인하는 것은 어렵지만 적어도 한 강은 그 때부터 지금까지 그대로 그 강의 이름을 유지하고 있습니다. 아마 여러분이 아는 강 이름이 하나 있을 거예요. 어떤 강이죠? 유프라테스 강입니다. 돌머리가 아닌 이상 학창시절 지리시간에 배운 유프라테스 강에 대한 기억은 아마 남아 있을 것입니다.

사실 힛데겔이나 기혼 강 같은 것도 고고학자들이 이미 역사적인 근원을 추적해서 확인해 놓았습니다. 상당히 역사적인 방법으로 그리고 문자적인 방법으로 창세기 기사가 기록되고 있다는 사실을 우리가 간과해서는 안됩니다. 그냥 뱀 사건 하나 가지고 '이거 혹시 우화 아니야?' 라고 생각하면 안됩니다.

옛 뱀 곧 마귀, 사탄

자, 그렇다면 오늘 우리가 본문에서 생각하게 될 뱀도, 또 선악을 알게 하는 나무의 사건도 일단은 문자적으로 존재했던 것으로 보는 데서부터 창세기 3장에 대한 해석학적 접근을 시도해야 옳습니다. 그러면 이 뱀은 도대체 어떤 존재였을까요?

우리는 요한계시록의 기자를 통해서 그 해답을 얻게 됩니다. 요한계시록 12장 9절을 보십시오. "큰 용이 내어쫓기니 옛 뱀 곧 마귀라고도 하고 사단이라고도 하는 온 천하를 꾀는 자라 땅으로 내어쫓기니 그의 사자들도 저와 함께 내어쫓기니라."

사도 요한은 뱀의 본래 정체가 뭐라고 했습니까? "마귀라고도 하고 사단이라고도 하는 온 천하를 꾀는 자라 땅으로 내어쫓기니 그의 사자들도." 그러니까 마귀는 또 거느리고 있는 다른 존재들이 있다는 얘기죠? 그들과 함께 역사하고 있는 모습을 보여주는 것입니다.

또 비슷한 내용이 요한계시록 20장 2절에 기록되어 있는데, 이 뱀의 배후에서 활동하던 존재의 역사 속에서의 마지막 종말을 기록하고 있습니다. "용을 잡으니 곧 옛 뱀이요 마귀요 사단이라 잡아 일천 년 동안 결박하여."

네, 이것이 사탄의 최후의 운명입니다. 그가 결박되어 불못에 던지움으로써 그의 존재가 소멸되는 장면을 성경은 보여주고 있습니다. 그래서 그의 근원, 옛 뱀의 본래의 근원은 사탄이고 마귀인 것을 알 수 있습니다.

바로 사탄이라고도 하고 마귀라고도 하는 이 존재가 바로 한 뱀을 이용해서 처음 사람 아담과 하와에게 접근한 것입니다. 그런데 창세기 3장 1절 원문에 보면, 그 뱀은 그냥 뱀이 아니라 정관사가 붙어 있습니다. 그 뱀(the serpent)이라고 했습니다.

그 뱀은 바로 마귀와 사탄이 특별히 이용했던 한 뱀입니다. 그 뱀을 이용해서 처음 사람에게 접근할 수 있었다는 것입니다. 왜 하필이면 마귀가 뱀을 이용했을까요? 아마 이 뱀이 본래는 하나님이 지으신 피조물 가운데서 가장 아름답고 지혜로운 피조물이었기 때문일 것입니다.

우리는 3장 1절에서 그 흔적을 볼 수 있습니다. 여호와 하나님이 지으신 들짐승 중에서 뱀이 어떻다고 했습니까? "가장 간교하더라." 우리말 번역은 '간교' 라는 말을 사용했는데, 히브리어로는 '아룸' 이란 단어가 사용되었습니다. 루폴드 같은 신학자는 '간교' 라는 말보다는 원문에 더 가까운 번역이 영어의 '클레버' (clever, 아주 지혜로운)란 단어라고 말합니다.

하나님의 심판이 떨어진 후 뱀은 땅을 기게 됩니다. 그러니까 타락 이전엔 뱀이 걸어다녔을 가능성이 있습니다. 만약 인간이 타락하지 않았다면 아마도 여인들이 가장 좋아하는 애완용 동물이 바로 뱀이었을 가능성이 많습니다. 여자들이 시장다닐 때 장바구니에다가 항상 뱀을 하나씩 집어넣고 다니면서 친하게 지냈을 가능성도 충분히 있습니다. 생각만 해도 환상적이지 않습니까?

그런데 왜 그렇게 뱀을 징그럽고 무섭게 생각하고 피하게 되었을까요? 타락의 결과입니다. 물론 뱀을 사용했다고 하더라도 본래 이 사탄과 마귀의 기원이 누구냐, 그 존재의 기원은 도대체 어디서부터 온 것이냐는 물음은 아직도 남습니다.

그러나 창세기 기자의 일차적 관심은 마귀의 기원을 밝히는 데 있지 않습니다. 창세기는 이미 사탄 혹은 마귀가 존재하고 있었다는 것을 전제하고 그가 어떻게 인간 타락에 영향을 끼쳤는가를 가르치고자 시도합니다.

'사탄의 기원이 뭐냐?' 하는 것은 나중에 구속사나 교리공부를 할 때, 좀더 자연스럽게 접근해서 연구하게 될 것입니다.

성경은 사탄의 기원을 밝히는 데 관심을 갖지 않고, 이미 존재한 사탄이 뱀을 통해서 인간의 타락에 어떤 영향을 끼쳐 왔는가를 보여 주는 데 초점을 두고 있습니다.

자, 그렇다면 사탄의 영향으로 처음 인간이 어떤 단계로 타락하고 있습니까? 여기서 우리는 인간이 어떻게 타락하는지 그 전형적인 모습을, 혹은 단계를 볼 수 있습니다. 본문에서 우리는 인간 타락의 네 단계를 볼 수 있습니다.

"하나님이 참으로 너희더러"

첫번째 단계는 하나님의 말씀을 의심하는 것입니다. 인간이 타락할 때 맨 처음 그 마음 속에서 이루어지는 작업은 하나님의 말씀을 의심하는 것입니다. 사탄이 그 일을 하게 합니다. 1절을 다시 읽어보면, "여호와 하나님의 지으신 들짐승 중에 뱀이 가장 간교하더라 뱀이 여자에게 물어 가로되." 뭐라고 물었습니까? "하나님이 참으로 너희더러 동산 모든 나무의 실과를 먹지 말라 하시더냐." 다시 읽으면 "하나님이 참으로 너희더러 동산 모든 나무의 실과를 먹지 말라 하시더냐?" 이렇게 물음표로 읽는 것이 옳습니다.

여기서 우리는 마귀의 목표 하나를 쉽게 알 수 있습니다. 사탄의 목표 중 하나는 궁극적으로 우리가 믿고 있는 하나님, 그 하나님의 이미지를 아주 잔인하게 그리고자 하는 것입니다.

뭐라고 했습니까? "하나님이 참으로 동산 모든 나무의 실과를 먹지 말라 하시더냐." 하나님이 동산 모든 나무의 실과를 먹지 말라고 말씀하신 일이 있습니까? 절대로 그렇게 말씀하신 적이 없습니다. 2장 16-17절을 보십시오. "여호와 하나님이 그 사람에게 명하여 가라사대 동산 각종 나무의 실과는 네가 임의로 먹되 선악을 알게 하는 나무의 실과는 먹지 말라 네가 먹는 날에는 정녕 죽으리라 하시니라."

사실 하나님의 본래 의도는 뭐였습니까? 동산 나무의 모든 실과를 많이 만들어놓으시고 마음대로 먹고 즐기게 하는 것이었습니다.

그런데 사탄은 우리에게 접근해서 하나님을 어떻게 생각하게 만듭니까? "동산 모든 나무의 실과를 다 먹지 말라고 그러지 않더냐?" 우리로 하여금 우리의 모든 일에 사사건건 나서시면서 아무것도 못하도록 간섭하시는 하나님으로 생각하게 합니다. 하나님을 잔인한 이미지로 그려내려고 시도한 것을 볼 수 있습니다. 그렇게 해서 우리 안에 있는 하나님에 대한, 혹은 하나님의 말씀에 대한 거룩한 경외심을 빼앗아가려고 시도하고 있는 것을 볼 수 있습니다.

사탄은 아주 지혜로운 존재입니다. 첫사람 아담과 하와 중에서 마귀가 누구에게 먼저 접근했습니까? 여자에게입니다. 저는 거기에도 의도가 있다고 생각합니다. 왜냐하면 사탄이 간파하기에 아담과 하와 중에서 하와가 훨씬 공략하기 쉬운 존재라고 생각했을 것입니다. 왜 그랬을까요? 여자가 약하기 때문입니까? 그 때문은 아니고 본래 "선악을 알게 하는 나무의 열매는 네가 먹지 말라 먹는 날에는 정녕 죽으리라"는 말씀을 누구에게 주셨죠? 아담에게 주셨습니다. 아담은 직접 그 말씀을 하나님께 들었습니다. 하와는 아마도 간접적으로 들었을 것입니다. 한 다리 건너면 좀더 그 말씀에 대한 진지함이 약화될 수 있는 가능성이 있잖아요. 그러니까 사탄이 하와 쪽을 노린 것입니다.

사탄은 약점을 노리는 존재입니다. 그래서 바울 사도가 에베소서에서 "마귀로 너희를 틈타지 못하게 하라"고 했습니다. 마귀는 틈을 노립니다. 그래서 우리가 약점을 보여주는 순간 기막히게 그 약점을 간파하고 우리에게 접근해 옵니다. 궁극적으로 하나님의 말씀을 의심케 하는 것입니다. “하나님이 참으로 너희더러 동산 모든 나무의 실과를 먹지 말라 하시더냐”(3:1).

우리가 하나님의 말씀을 붙잡고 있는 한 결코 타락할 수 없다는 것을 사탄은 누구보다도 잘 알고 있습니다. 그래서 우리 마음이 말씀에서 떠나지 않는 한, 우리를 공략할 수 없다는 것을 안 사탄은 먼저 말씀의 권위에 대한 공격을 시도합니다.

지나간 인류역사를 통해서, 또 교회사를 통해서 볼 때, 사탄의 가장 치열한 공격은 교회 바깥에서 있었던 것이 아닙니다. 교회 안에서 소위 신학자들을 동원하고 성경을 조금 아는 사람들을 통해서 하나님의 말씀의 권위, 즉 성경의 권위를 공격하는 데서부터 사탄의 역사는 계속되어 왔습니다.

하나님의 말씀을 굳게 붙잡고 있는 한, 우리는 죄 속에 빠질 수가 없습니다. 또 오늘 한 개인이 타락할 때에도 사탄은 슬며시 다가와 하나님의 말씀에 대한 우리의 신뢰를 흔들어놓기 시작합니다. 그 다음에 우리를 타락시킬 수 있거든요. 그래서 하나님의 말씀을 의심하게 합니다.

“죽을까 하노라”

두번째 단계는, 하나님의 말씀을 왜곡시키는 것입니다. 첫번째 단계와 두번째 단계는 거의 동시적으로 일어날 수도 있습니다. 말씀을 의심케 하고 동시에 말씀을 왜곡시켜 버립니다.

에덴동산의 비극은 여인이 사탄에게 반응을 하는 데서부터 시작됩니다. 1절을 보면, 일단 뱀을 통해서 사탄이 여자에게 접근했습니다. 그리고 말을 걸었습니다. "하나님이 참으로 너희더러 동산 모든 나무의 실과를 먹지 말라 하시더냐."

"여자가 뱀에게 말하되"(2절). 여자가 반응을 시작했습니다. 여러분, 죄를 이기는, 타락을 예방하는 가장 좋은 방법이 뭔 줄 아십니까? 죄를 지을 일에 아예 반응을 하지 않는 것입니다. 쳐다보지도 말고 그냥 지나가면 됩니다. 쓰윽 한번 쳐다보고 째려보기 시작할 때부터 비극은 시작됩니다.

처음 사람은 반응을 시작하면서부터 서서히 하나님이 본래 주셨던 말씀을 왜곡하기 시작합니다. 3절에서 그 왜곡의 양상을 볼 수 있습니다. "동산 중앙에 있는 나무의 실과는 하나님의 말씀에 너희는 먹지도 말고 만지지도 말라 너희가 죽을까 하노라 하셨느니라." 하나님이 본래 하신 말씀과 많이 달라졌죠? 덧붙인 것이 있고, 뺀 것이 있고, 아예 변경시킨 것이 있습니다.

우선 더한 것은 뭡니까? "만지지도 말라." 하나님은 그런 말씀을 하신 적이 없습니다. 좋은 것 근처에는 가지도 못하게 하시는 하나님으로 사탄이 하나님의 이미지를 왜곡시키는 것입니다.

그 다음에 또 뺀 게 있죠? 하나님이 본래 하신 말씀을 빼버려서 말씀을 약화시킨 측면이 있습니다. 2장에 보면, "정녕 죽으리라"고 말씀하셨는데, '정녕' 이란 중요한 강조부사를 빼먹었습니다.

그 다음엔 변경시킨 것이 있습니다. 하나님은 "죽으리라"고 말씀하셨는데, 여인은 어떻게 말합니까? "죽을까 하노라." 이렇게 변경시켰습니다. 덧붙이고, 빼고, 변경시면서 사탄의 수작에 말려 들어가는 모습을 보십시오.

지금도 마찬가지입니다. 사람들이 이렇게 사탄의 수작에 말려 들어가 죄를 지을 수 있는 수순에 들어가기 시작합니다. 인간은 먼저 자기를 합리화시키지 않고는 죄를 지을 수 없습니다. 그래서 자기 합리화를 시도합니다.

심리학에서는 인간의 마음 속에 일어나고 있는 치열한 원리 가운데 하나가 '방위기제' (defense mechanism)라고 말합니다. 사람은 어떤 일을 하기 전에 자기 방위기제를 사용해서 자기를 합리화합니다. 죄를 지어도 편안히 짓고, 타락해도 좀더 편안히 타락하기 위해서 먼저 자기 합리화를 시도합니다.

그런데 하나님의 말씀을 있는 그대로 붙들고는 죄를 지을 수가 없잖아요. 그러니까 서서히 말씀을 놓는 것입니다. 말씀을 왜곡시키는 것입니다. 그래서 '뭐, 성경, 이렇게 볼 수도 있지뭐. 꼭 그렇게 살아야 할 이유가 어디 있어' 하며 서서히 자기를 합리화시킨 다음에 타락할 준비를 시도하는 것입니다. 오랜 시간 동안 그 과정을 겪을 수도 있고, 혹은 단숨에 인간의 의식 속에서 이런 변화를 사탄이 초래할 가능성이 충분히 있습니다. 따라서 우리는 죄에 관한 한, 그리고 타락에 관한 한, 그 기회를 아예 거부하는 것이 중요합니다.

시편 1편에 복 있는 사람은 첫째, 악인의 꾀를 좇지 아니하며 둘째, 죄인의 길에 서지도 아니하며 셋째, 오만한 자의 자리에 앉지도 아니한다고 했습니다. 우리가 이 말씀을 들을 때 늘 강조되는 얘기지만 여기에 사용된 동사가 점진적 병행법을 사용하고 있습니다.

우선, 제일 먼저 나오는 동사가 뭡니까? '악인의 꾀를 좇는다' 는 말입니다. 그 다음에 '죄인의 길에 선다' , 그 다음에 '오만한 자의 자리에 앉는다' 는 것입니다. 걷다보면 서게 되고, 서 있다 보면 털썩 주저앉아 버리고 맙니다. 처음에 아예 걷지 말아야 됩니다. 악인의 꾀를 좇아서 걷지 말아야 됩니다. 아예 함께 걷는 것 자체를 거부해야 된단 말입니다.

그래서 바울 사도는 그의 목회서신, 특별히 디모데에게 보내는 편지 가운데서 우리가 피할 것과 함께할 것을 분별하는 것이 경건생활의 지혜라고 말하고 있습니다. "또한 네가 청년의 정욕을 피하고 주를 깨끗한 마음으로 부르는 자들과 함께 의와 믿음과 사랑과 화평을 좇으라"(딤후 2:22).

우리가 의와 믿음과 사랑과 화평을 좇기 위해서는 먼저 강조된 두 가지 전제가 있습니다. 첫째, '피하라' 입니다. 뭘 피하라고 했습니까? 정욕을 피하라고 했습니다. 죄지을 일, 죄지을 마음, 죄지을 사고, 죄지을 상황, 죄지을 사건, 그 자체를 피하는 것이 중요합니다. 두번째는 뭐라고 했습니까? '함께하라.' 누구와 함께하라고 했습니까? 주를 깨끗한 마음으로 부르는 사람들, 나에게 신앙적인 유익을 줄 수 있는, 신앙적인 자극을 줄 수 있는, 신앙적인 격려를 줄 수 있는, 나를 일으켜 세울 수 있는 긍정적인 사람들, 순결한 사람들과 함께하라는 말입니다.

사탄은 우리를 타락시키기 위해서 먼저 하나님의 말씀을 서서히 떠나가게 합니다. 그 말씀을 의심하게 하고 그 다음에 그 말씀을 왜곡하게 합니다. 있는 그대로 그 말씀을 받기보다는 말씀을 서서히 왜곡하게 만듭니다. 그러면 반드시 세번째 단계로 가게 됩니다.

"결코 죽지 아니하리라"

세번째 단계는, 하나님의 말씀을 부인하는 것입니다. 3장 4절을 보십시오. "뱀이 여자에게 이르되 너희가 결코 죽지 아니하리라." 창세기 2장에서 하나님은 본래 어떻게 말씀하셨습니까? "정녕 죽으리라." 그런데 사탄은 어떻게 말합니까? "결코 죽지 아니하리라" 고 하나님의 말씀을 부인합니다. 처음에는 "하나님이 정말 그렇게 말씀하시더냐" 하면서 수작을 걸다가 이제는 여인이 자기 손 안에 들어왔다는 것을 파악한 나머지 아주 담대하게 여인에게 선포하기에 이른 것입니다. 처음부터 이렇게 나왔다면 "야 사탄아, 거짓말 마" 이랬을 텐데 말입니다.

마침내 사탄이 여자에게 이르되 "너희가 결코 죽지 아니하리라" (4절)고 담대하게 거짓말을 진리로 포장해서 선포했습니다. 그래서 요한복음 8장 44절에 보면, 예수님이 사탄의 정체를 폭로하시면서 이렇게 말씀하셨습니다. "사단이 본래 거짓의 아비가 되었음이라."

여러분, 우리가 학교 다닐 때, '발명의 아버지 에디슨,' '교향악의 아버지 하이든,' 뭐 이런 거 많이 배우지 않았습니까? 제가 문교부 교과서 편찬위원이라면 거기에 반드시 집어넣을 게 하나 있습니다. '거짓의 아버지 사탄, 마귀' 입니다.

사탄은 오늘날도 과학의 이름으로 우리에게 접근해서 거짓말을 시도합니다. 과학 그러면 우리는 따져보지도 않고 믿습니다. '진화론이 과학이다.' 진화론의 논리는 한번도 과학으로 증명된 일이 없는 가설입니다. 그런데 '과학이다' 그러니까 무조건 믿습니다.

우리는 과학의 이름으로 거짓말을 믿고, 철학의 이름으로 거짓말을 믿고, 예술의 이름으로 거짓말을 믿고, 로맨스의 이름으로 거짓말을 믿습니다. "그렇게 로맨스를 추구해 봐. 인생이 행복할 수 있어." 바람이 불기 시작합니다. 그리고 그것은 우리에게 아름다움을 가져다주는 대신에 비극을 가져다줍니다.

사탄은 항상 이러한 거짓말로써 오히려 그것을 다른 이름으로 믿도록 만듭니다. 이것이 사탄의 전략입니다. 바울은 사탄의 전략을 고린도후서 11장 3절에서 이렇게 폭로합니다. "뱀이 그 간계로 이와를 미혹케 한 것같이 너희 마음이 그리스도를 향하는 진실함과 깨끗함에서 떠나 부패할까 두려워하노라."

뱀이 처음 여자 하와를 미혹했던 것처럼 지금도 사탄은 저와 여러분이 그리스도를 향한 마음에서 떠나도록 미혹합니다.

고린도후서 11장 14절에서 바울은 또 이렇게 사탄의 전략을 폭로합니다. "이것이 이상한 일이 아니라 사탄도 자기를 광명의 천사로 가장하나니."

사탄이 "나는 사탄이야" 그러고 찾아오면 "사탄아 물러가라" 그럴 텐데, 사탄은 그렇게 찾아오지 않습니다. 과학의 이름으로, 철학의 이름으로, 예술의 이름으로 찾아옵니다. 아주 황홀한 이름으로 찾아옵니다.

사탄은 전략가입니다. 사탄에게 박사학위를 부여한다면, 우리는 사탄에게 심리학 박사를 부여해야 옳습니다. 사람의 마음을 기막히게 간파하고 접근해 오기 때문입니다. 그래서 우리로 하여금 하나님의 말씀을 마침내 정면으로 부인하게 하는 결론을 초래합니다.

처음에 사탄은 하나님의 선하심을 부인하게 만들었습니다. "하나님이 참으로 이 열매를 하나도 먹지 말라고 그러시더냐." 하나님이 선하지 않은 하나님이신 것처럼 말했습니다. 그 다음엔 "너희는 결코 죽지 않아. 하나님은 죽으리라고 했지만 너희는 죽지 않아" 하고 하나님의 참 되심을 부인했습니다.

처음엔 하나님의 선하심을 부인하고, 그 다음엔 하나님의 진실하심을 부인하게 된 것입니다. 하나님은 '정녕 죽으리라', 사탄은 '안 죽어.' 그럼 둘 중 하나는 거짓말 아니겠어요? 우리는 압니다. 그 결과로 우리에게 죽음이 왔다는 것을.

육체적 죽음뿐만 아니라 영적인 죽음도 우리에게 찾아왔습니다. 주님의 말이 진리였습니다. 사탄이 그 진리를 의심하게 만든 것입니다. 하나님의 진리 되심과 참 되심을 부인하고 하나님의 선하심을 부인하게 된 것입니다. 마침내 하나님의 말씀을 부인했습니다.

"그도 먹은지라"

마지막 네번째 단계는, 하나님의 말씀에 불순종하는 것입니다. 창세기 3장 6절 마지막에 보면, 뭐라고 기록되었습니까? "그도 먹은지라."

먹지 말라고 한 것을 드디어 먹었습니다. 그래서 누군가가 이런 얘기를 했습니다. "여자는 유혹에 약하고 남자는 여자에 약하다"라고 말입니다. 진리 같습니다.

그들은 아마 먹으면서도 이런 생각을 했을 것입니다. '설마 죽기야 하겠어!' 그들이 불순종의 행위를 하기 전에, 이미 그들을 지배했던 것은 불신입니다. 이미 하나님을 신뢰하지 못한 것입니다.

그래서 인간의 죄악의 뿌리는, 즉 원죄의 뿌리는 불신이라고 생각합니다. 불순종보다도 더 앞서는 것이 불신입니다. 그는 하나님의 선하심을, 하나님의 진실하심을 믿지 못했고 마침내 그 열매를 따 먹었습니다.

이 때 인간을 타락시키기 위해서 마귀가 사용했던 결정적인 세 가지 무기를 주목해 볼 필요가 있습니다. 선악의 나무 열매를 보았을 때 어떻게 느꼈다고 했습니까? "먹음직도 하고 보암직도 하고 지혜롭게 할 만큼 탐스러웠다"(3:6)고 했습니다.

이것이 마귀가 가장 잘 사용하는 세 가지 무기입니다. 지금도 마귀는 똑같은 무기를 사용합니다. 그래서 요한일서 2장에 보면, "이 세상이나 세상에 있는 것들을 사랑치 말라… 이는 세상에 있는 모든 것이 육신의 정욕과 안목의 정욕과 이생의 자랑이니"라고 말씀하고 있습니다.

'먹고 싶다' -육신의 정욕, '아! 보기에 좋구나' -안목의 정욕, 또 '내가 이걸 따 먹으면 하나님이 될 거야' - 이생의 자랑 곧 자기를 하나님의 자리에 놓고 싶어하는 욕망입니다. 이것들이 사탄의 세 가지 무기입니다.

여러분 기억하셔야 합니다. 첫 아담이 타락한 그 자리에서 인간을 구원하시기 위해 오셨던 둘째 아담이요, 마지막 아담이신 예수님도 마귀의 이 세 가지 시험에 직면하셨습니다. 광야에서 굶주리실 때 사탄이 와서 어떻게 접근했습니까? "이 돌들에게 명하여 떡덩이가 되게 하라"(눅 4:3). 배고픈 사람에게 떡 얘길 하니까 얼마나 절실한 육신의 정욕입니까?

또 천하만국의 모든 영광을 보여주면서 "절만 해, 다 줄게." 이건 뭡니까? 안목의 정욕입니다.

성전 꼭대기에 데리고 올라가서 "뛰어내려. 네 발이 땅에 닿기 전에 천사가 네 발을 딱 들어 올리면 내일 아침 신문에 나, 유명해져. 넌 굉장한 존재가 돼. 알아? 네가 하나님이 돼." 이것은 이생의 자랑입니다.

예수님은 이 모든 사탄의 미혹 앞에 어떻게 직면하셨습니까? 어떻게 승리하셨습니까? 예수님이 뭐라고 말씀하셨죠? "사람이 떡으로만 살 것이 아니요"라고 처음에 말씀하신 것이 아닙니다. 그보다 앞서서 하신 말씀이 있습니다. "기록되었으되." 이것이 굉장히 중요한 겁니다. 사탄이 유혹하자 예수님은 제일 먼저 무엇을 생각하셨습니까? 신명기에 기록된 하나님의 말씀을 생각하셨습니다. 그리고 그 말씀을 붙들고 승리하셨습니다. "사탄아 물러가라."

하나님의 말씀을 붙잡아라

결론을 맺습니다. 처음 인간의 타락은 어떻게 시작되었습니까? 말씀을 떠나는 데서부터 시작되었습니다. 타락은 하나님의 말씀을 떠나는 데서부터 시작됩니다. 그러나 우리가 이 타락의 유혹을 극복하고 인생의 장에서 승리를 누리기 위해서는 그 때나 지금이나 마찬가지입니다. 그것은 하나님의 말씀을 붙잡는 것에서 시작됩니다.

그래서 시편 기자는 이렇게 말합니다. "청년이 무엇으로 그 행실을 깨끗케 하리이까 주의 말씀을 따라 삼갈 것이니이다"(시 119:9).

내가 말씀과 얼마나 가까이 있느냐, 말씀을 얼마나 묵상하느냐,

말씀을 얼마나 암송하느냐, 또 말씀을 얼마나 삶 속에 부단히 적용하기 위해서 애를 쓰느냐 하는 것은 그리스도인의 신앙생활의 성패를 결정합니다. 또 말씀을 떠나서는 아무것도 기대할 수가 없습니다.

그래서 시편 기자는 계속해서 이렇게 말합니다. "내가 주께 범죄치 아니하려 하여 주의 말씀을 내 마음에 두었나이다"(시 119:11). 타락은 하나님의 말씀을 떠나는 데서 시작되고 승리는 하나님의 말씀을 붙잡는 데서 시작됩니다.

태초에 에덴동산에서 인간에게 접근했던 사탄의 역사는 오늘 우리에게도 동일하게 다가옵니다. 방심하지 마시고 승리하십시다.

묵상과 기도

하나님! 오늘 우리는 처음 인간의 타락사건을 통해서 다시 한 번 오늘 우리가 왜 타락하는지를 경고받았습니다. 이것을 말씀으로만 지나치지 말게 하시고 나를 위한 말씀으로 붙잡을 수 있도록 도와주시옵소서. 그리고 이 말씀을 붙들고 이 죄악 많은 세상에서 거룩한 승리의 걸음을 걷는 당신의 백성들이 되게 해주옵소서. 우리의 자녀들 역시 말씀의 표준을 떠나지 않고 말씀을 붙들고 승리하는 자녀들이 되게 해주옵소서. 예수님의 이름으로 기도합니다. 아멘.

5

인간 타락의 결과

창세기 3:7-19

이에 그들의 눈이 밝아 자기들의 몸이 벗은 줄을 알고 무화과나무 잎을 엮어 치마를 하였더라 그들이 날이 서늘할 때에 동산에 거니시는 여호와 하나님의 음성을 듣고 아담과 그 아내가 여호와 하나님의 낯을 피하여 동산 나무 사이에 숨은지라 여호와 하나님이 아담을 부르시며 그에게 이르시되 네가 어디 있느냐 가로되 내가 동산에서 하나님의 소리를 듣고 내가 벗었으므로 두려워하여 숨었나이다 가라사대 누가 너의 벗었음을 네게 고하였느냐 내가 너더러 먹지 말라 명한 그 나무 실과를 네가 먹었느냐 아담이 가로되 하나님이 주셔서 나와 함께하게 하신 여자 그가 그 나무 실과를 내게 주므로 내가 먹었나이다 여호와 하나님이 여자에게 이르시되 네가 어찌하여 이렇게 하였느냐 여자가 가로되 뱀이 나를 꾀므로 내가 먹었나이다 여호와 하나님이 뱀에게 이르시되 네가 이렇게 하였으니 네가 모든 육축과 들의 모든 짐승보다 더욱 저주를 받아 배로 다니고 종신토록 흙을 먹을지니라 내가 너로 여자와 원수가 되게 하고 너의 후손도 여자의 후손과 원수가 되게 하리니 여자의 후손은 네 머리를 상하게 할 것이요 너는 그의 발꿈치를 상하게 할 것이니라 하시고 또 여자에게 이르시되 내가 네게 잉태하는 고통을 크게 더하리니 네가 수고하고 자식을 낳을 것이며 너는 남편을 사모하고 남편은 너를 다스릴 것이니라 하시고 아담에게 이르시되 네가 네 아내의 말을 듣고 내가 너더러 먹지 말라 한 나무 실과를 먹었은즉 땅은 너로 인하여 저주를 받고 너는 종신토록 수고하여야 그 소산을 먹으리라 땅이 네게 가시덤불과 엉겅퀴를 낼 것이라 너의 먹을 것은 밭의 채소인즉 네가 얼굴에 땀이 흘러야 식물을 먹고 필경은 흙으로 돌아가리니 그 속에서 네가 취함을 입었음이라 너는 흙이니 흙으로 돌아갈 것이니라 하시니라. (창 3:7-19)

앞장에서 우리는 인간 타락의 단계를 살펴보았습니다. 그리고 이어지는 본문을 통해서는 인간이 범죄하고 타락할 때 어떤 결과에 직면하게 되는지를 배우게 됩니다. 우리가 결과를 미리 아는 것은 매우 중요합니다. 그것은 예방과 극복을 위한 최선의 준비라고 할 수 있습니다. 우리는 이것을 태초에 에덴동산에서 일어났던 한 사건으로만 보아서는 안됩니다.

언젠가 제가 히틀러의 협조자로서 수많은 유태인들을 죽이는 일에 매우 중요한 역할을 했던 아이히만의 재판의 역사에 관해서 읽은 기억이 있습니다.

한 유태인 기자가 아이히만의 재판과정을 오랫동안 계속 취조하고 있었습니다. 한번은 그 유태인 기자가 재판과정을 바라보다가 깊은 한숨을 내쉬면서 고통스러워하자 그것을 지켜보던 옆사람이 이렇게 말했다고 합니다. "아직도 히틀러와 아이히만에 대한 당신 속의 깊은 분노가 풀어지지 않았군요. 그래서 그렇게 한숨을 내쉽니까?"

그 때 이 유태인 기자가 아주 뜻밖의 이야기를 했다고 합니다. "그것은 단순한 분노의 문제가 아닙니다. 저는 저 아이히만을 보면 볼수록 저 사람이 저렇게도 평범한 사람이었다는 사실 앞에 놀라지 않을 수 없습니다. 저는 저 사람 안에서 지금 내 모습을 보고 있습니다."

처음에는 당연히 죽어 심판을 받아 마땅한 히틀러의 잔당이라고 생각했을 것입니다. 그러나 재판과정을 지켜보면서 그의 입술에서 튀어나오는 얘기나 그의 고통과 불안, 초조의 모습을 보면서 수많은 유태인들을 죽이는 일에 결정자였던 그 사람 안에서 너무도 평범한 인간, 더 나아가 그 사람 안에 있는 그 평범한 악이 바로 자신 속에도 존재하고 있는 악인 것을 그는 발견할 수밖에 없었다는 것입니다. 그렇습니다. 아담에게서 우리는 나를 발견해야 합니다. 하와 속에서 우리는 나 자신을 발견할 필요가 있습니다.

타락의 심리적 결과, 두려움

아담과 하와의 타락, 처음 사람들의 타락이 가져온 결과는 도대체 무엇일까요? 본문에서 우리는 세 가지의 뚜렷한 결과를 볼 수 있습니다.

첫째는 심리적 결과입니다. 우리는 본문에 나타난 타락의 심리적 결과로 특별히 세 가지를 지적할 수 있습니다. 첫째는 두려움이고, 둘째는 도피이고, 셋째는 책임전가가 뚜렷하게 나타나 있습니다. 인간이 타락하여 죄 속에 빠졌을 때 심리적으로 반드시 안을 수밖에 없는 첫번째 결과는 두려움입니다.

창세기 3장 10절을 보십시오. "가로되 내가 동산에서 하나님의 소리를 듣고 내가 벗었으므로 두려워하여 숨었나이다." 아담의 고백입니다.

이 두려움은 수치 감정이 섞인 그런 두려움이었을 것입니다. 다시 말해, 자신의 수치가 드러나는 것을 두려워하는 것입니다. 좀더 깊이 파헤쳐서 말씀한다면, 그는 자기가 범한 죄에 대한 결과가 드러나는 것을 두려워하고 있었을 것입니다.

두려움은 타락한 인간의 가장 보편적인 실존의 모습이 되고 말았습니다. 우리가 예수 믿고 구원받은 후, 하나님 앞으로 나아가면서 하나님께 가장 많이 듣는 말씀이 있다면 두려워하지 말라는 말씀입니다.

공산권이 열리기 전에 공산권을 대상으로 전도하던 목사님 가운데 리처드 범브랜드라는 목사님이 있었는데, 그분이 공산권에 성경과 문서를 유입하다가 체포되어 감옥에 간 일이 있었습니다. 그런데 마침 포켓성경이 하나 있어 감옥 안에서 계속 성경만 읽었답니다.

그런 그에게 가장 큰 위로가 되었던 메시지가 하나 있었는데, 그게 바로 예전에는 평범하게 지나쳤던 두려워하지 말라는 말씀이었습니다. 그래서 '아, 하늘과 땅을 창조하신 나의 하나님이 내게 두려워하지 말라고 말씀하시는구나' 라고 생각했답니다. 그리고 그 말씀이 그에게 얼마나 큰 용기를 주었는지 모른답니다. 그래서 성경에 두려워하지 말라는 말씀이 몇 번이나 나오는지 일일이 줄을 치면서 세어 봤답니다. 그랬더니 365번이 나왔답니다. 정확한지는 모르겠지만요. 어떤 책에 보니까 정확하다는 말도 있습니다. 여러분도 여유 있을 때 한 번 세어 보시기 바랍니다.

그래서 리처드 범브랜드 목사님이 감옥 안에서 무릎을 치며 소리를 질렀다고 합니다. '그래, 맞아. 나의 하나님은 일 년 365일 날마다 나에게 말씀하신다. 두려워하지 말라고.' 두려움은 인간이 범죄하고 타락했기 때문에 피할 수 없이 우리 삶의 장에 찾아온 결과입니다.

타락의 심리적 결과, 도피

인간 타락의 심리적 결과 가운데 두번째는 도피입니다. "그들이 날이 서늘할 때에 동산에 거니시는 여호와 하나님의 음성을 듣고 아담과 그 아내가 여호와 하나님의 낯을 피하여 동산 나무 사이에 숨은지라" (3:8).

범죄하자마자, 그들의 삶 가운데 나타난 첫번째 변화가 뭐라고 했습니까? 여호와 하나님의 낯을 피하기 시작했습니다. 하나님과의 관계에 뭔가 이상이 생긴 거예요. 그러니까 하나님을 피하기 시작합니다. 하나님의 음성이 들리지 않는 곳으로 갑니다. 예수쟁이들이 없는 곳으로, 교회당 종소리가 들리지 않는 곳으로 자꾸만 도피하고 싶어집니다. 하나님이 부담스러운 존재가 된 것입니다.

저는 이것이 이미 하나님께서 경고하신 경고의 성취라고 생각합니다. 경고 가운데 하나가 뭐였습니까? "네가 이것을 먹는 날에는 정녕 죽으리라." 그 죽음은 실제적, 육체적 죽음일 수도 있지만 영적인 죽음을 포함하는 것입니다. 불신앙하고 불순종하는 그 순간 이미 영적으로 죽은 것입니다.

영적으로 죽었다는 것은 무엇을 말합니까? 죽음의 성경적 의미는 뭐라고 했습니까? 분리, 즉 관계의 단절입니다. 벌써 하나님과의 관계가 단절되기 시작하는 것입니다. 하나님과의 관계가 자연스럽지 않고, 편안하지 않습니다. 그래서 하나님으로부터 도피합니다. 10절에 그 현상이 반복되고 있습니다. "가로되 내가 동산에서 하나님의 소리를 듣고 내가 벗었으므로 두려워하여 숨었나이다."

우리 가운데 지나치게 열심히 일하는 사람, 즉 일 중독에 걸린 사람이 있죠? 일은 열심히 해야 되지만, 그렇다고 일 중독은 바람직하지 않습니다. 그런데 흔히 일 중독에 걸린 사람들의 심리분석을 해보면, 그 이유 중 하나가 도피하기 위해서 그런 사람도 있습니다. 마누라로부터 도피하기 위해서 직장에서 일에 몰두하는 남편들도 있습니다.

일 중독도 일종의 도피현상 가운데 하나라고 할 수 있습니다. 우리가 때로는 두려워하고 있으면서 두려움을 부인하는 경우가 있습니다. 굉장히 두려운데, 두려움을 부인하는 것, 그것도 일종의 도피현상입니다. 두려워하고 있다는 사실 그 자체를 인정하지 않으려고 하는 것도 이미 그의 실존이 하나님으로부터 도피하고 있는 모습을 보여주는 것입니다.

타락의 심리적 결과, 책임전가

세번째는 책임전가입니다. 우리가 죄 속에 빠졌을 때, 타락했을 때, 피할 수 없이 동반되는 심리적 결과 가운데 하나는 책임전가입니다. 12절 이하에서 우리가 그것을 볼 수 있습니다. "아담이 가로되 하나님이 주셔서 나와 함께하게 하신 여자 그가 그 나무 실과를 내게 주므로 내가 먹었나이다." 쉽게 말하면 무슨 얘기입니까? 여자 때문에 이렇게 됐다는 말 아닙니까?

그러나 여기서 끝나지 않습니다. 하나님이 이번엔 여자에게 물으셨습니다. "하나님이 여자에게 이르시되 네가 어찌하여 이렇게 하였느냐"(13절). 여자는 또 어떻게 대답했습니까? "뱀이 나를 꾀므로 내가 먹었나이다"(13절).

사람이 죄 속에 빠지고 고통 가운데 있을 때 그 원망이 처리되지 않고 계속 증폭되다 보면 최후에 가서 걸고 넘어지는 것이 뭔 줄 알아요? 하나님입니다. 하나님이 그렇게 했다고 생각합니다.

본문에서도 보면, 그냥 여자 때문에 그랬다고 말하는 것이 아니라 "하나님이 주신 저 여자 때문에"라고 말하고 있습니다. '어쩌자고 저 여자를 내게 주셔서 나로 하여금 이런 삶을 살게 만드시나요?' 하는 책임전가입니다.

이 책임전가와 함께 피할 수 없이 일어나는 현상 가운데 하나는 인간관계의 왜곡입니다. 부자연스럽고 아주 불건강한 관계가 초래되기 시작합니다.

자, 그것이 나중에 어떤 현상으로 발전하는가를 보십시오. 16절을 보면, 하나님이 그 여인을 향한 심판의 선언 가운데서 이렇게 말씀하십니다. "또 여자에게 이르시되 내가 네게 잉태하는 고통을 크게 더하리니 네가 수고하고 자식을 낳을 것이며." 그 다음에 "너는 남편을 사모하고"라는 말이 나옵니다. 이 말은 해석이 쉽지 않은 말입니다. 무슨 뜻입니까? 여자는 남편을 숙명적으로 그리워하면서 살아야 한다는 말입니까? 그런 로맨스가 담긴 말이 아닙니다. 여기서 '사모하고'라는 단어는 영어 번역에 '디자이어'(desire, 갈급해하다, 원하다)로 되어 있지만, 원래 히브리어로는 '테스콰'(Tesqua)라는 단어가 쓰여져 있습니다.

그런데 이 단어를 좀 연구해 보면, 이 소원이 나쁜 소원입니다.

좋은 소원이 아닙니다. 그릇된 동기가 뒷받침된 소원입니다. 그러니까 잘못된 것을 원하는 것, 뭐 그런 의미의 단어가 여기에 쓰여집니다.

똑같은 단어가 창세기 4장 7절에서도 사용되고 있습니다. "네가 선을 행하면 어찌 낯을 들지 못하겠느냐 선을 행치 아니하면 죄가 문에 엎드리느니라 죄의 소원은 네게 있으나 너는 죄를 다스릴지니라."

죄의 소원이라는 말이 나오지요? 이게 똑같은 단어입니다. '테스콰', 죄의 소원. 그릇된 동기가 뒷받침된 소원. 그러니까 여인과 남편 사이의 관계가 이미 뒤틀려 있는 모습을 하나님이 결과적으로 선언하신 것으로 볼 수 있습니다.

그 다음에 "남편은 너를 다스릴 것이니라." 이것도 정상적인 것이 아닙니다. 부부 사이에, 남자와 여자 사이에 서로가 서로를 이용하고 착취하는 매우 불건강한 관계가 이미 싹트기 시작한 것입니다. 죄의 결과입니다.

지금도 부부 사이에 죄가 개입하면 그 관계가 자연스럽지 못하잖아요. 쳐다보는 것도 자연스럽지 않습니다. 남편이 죄를 짓고 오면 부인의 눈을 자꾸 피하잖아요. 부자연스러워집니다. 불건강해져요. 관계가 왜곡되기 시작합니다. 즉 역기능적인 인간관계가 형성되기 시작합니다. 그것은 태초부터 그랬습니다. 그래서 자꾸만 책임전가합니다. 그래야 조금이라도 자기 마음이 위로를 받을까 하는 생각 때문에 그렇겠지요.

죄가 있는 곳에, 타락이 있는 곳에 필연적으로 동반된 심리적인 결과 세 가지는 두려움, 도피, 책임전가입니다.

타락의 육체적 결과

두번째로, 육체적 결과가 따라왔습니다. 육체적인 결과가 뭡니까? 여인에게는 어떤 결과가 찾아왔습니까? 해산의 고통이 찾아왔습니다. 우리는 쉽게 이렇게 말하지만 성경은 그렇게 말하지 않습니다. 16절을 보십시오. "또 여자에게 이르시되 내가 네게 잉태하는 고통을." 해산의 고통이 아니라 잉태하는 고통이라고 했습니다.

여기에 신학자들의 고민이 있습니다. '잉태하는 데 무슨 고통이 있나? 해산에는 고통이 있지만 잉태에 무슨 고통이 있단 말인가?' 우리는 별로 생각하지도 않는 것을 가지고 막 고민하는 것이 신학자들의 일입니다.

대부분의 신학자들은 여기서 잉태라는 것이 잉태의 그 순간만을 말하는 것이 아니라, 잉태에서 해산에 이르는 긴 과정 전체를 내포한 의미일 것이라고 해석합니다. 그러니까 잉태에서 해산에 이르기까지의 긴 고통을 말하는 것입니다.

만약 인간이 타락하지 않았더라면 잉태나, 해산에 이르는 이 모든 과정이 전혀 고통스럽지 않았을까요? 그렇게 주장하는 사람도 있습니다. 인간이 타락하지 않았더라면 여자들이 아마 '하하하' 웃으면서 아이를 출산했을 것이라고 말입니다.

그런데 저는 그렇게 생각하지 않습니다. 좀더 자세히 본문을 보면, 아마 타락하지 않았어도 어떤 고통은 수반되었을 가능성이 있습니다. 16절을 자세히 보십시오. "또 여자에게 이르시되 내가 네게 잉태하는 고통을" 뭐라고 그랬습니까? "크게 더하리니"라고 했습니다.

아마 그 전에도 고통은 있었을 것입니다. 그러나 그 고통은 감당할 만한 고통이었을 것입니다. 그러나 지금 해산에 이르는 긴 과정에서 겪는 참으로 감당하기 어려운 고통은 죄와 타락의 결과일 가능성이 있습니다.

자, 그러면 아담에게, 즉 남자에게 왔던 죄의 육체적 결과는 무엇이었습니까? 그것은 노동의 고통이라고 할 수 있습니다. 그러면 노동 그 자체가 고통인가요? 인간이 타락하지 않았다면, 노동이 주어지지 않았을까요? 그렇지는 않습니다.

창세기 2장 15절에 보면, 인간이 타락하기 전에도 이미 노동이 존재했습니다. "여호와 하나님이 그 사람을 이끌어 에덴동산에 두사 그것을 다스리며 지키게 하시고."

창조된 인간을 하나님이 에덴동산에 두시고 그들에게 과제를 주셨습니다. 어떤 과제를 주셨습니까? 에덴동산을 다스리고 지키는 일입니다. 다스리고 지킨다는 것은 경작한다는 말입니다. 에덴동산을 잘 가꾸고 경작하는 일, 그것이 바로 노동입니다. 타락 전에도 노동은 있었습니다.

그러면 타락이 가져온 변화는 무엇입니까? 성경학자들은 이것을 이렇게 설명합니다. 즐거워야 할 노동이 고통스러운 노동이 되었다구요. 그러니까 일하면서 "아유, 짜증나. 짜증나!" 그럴 때 우리가 해야 할 말이 있습니다. "타락의 결과야, 타락의 결과야!" 이렇게 생각하시면 되는 것입니다. 그것이 인간 타락의 결과입니다. 그래서 우리가 즐겁게 감당해야 할 일이 아주 고통스러운 노동이 된 것입니다.

그러므로 우리가 정말 구원받은 자라면, 구원받은 후에 일어나야 할 중대한 변화 중 하나는 노동에 대한 생각이 변해야 하는 것입니다. 구원은 회복입니다. 그러므로 타락 이전으로 돌아가야 합니다. 어떻게요? 일할 때 즐겁게 일하는 것으로 말입니다. "하나님, 일을 주셔서 감사합니다." 찬양하면서, 즐거워하면서, 감사하면서 일하는 모습은 바로 구원받은, 회복되고 있는 새로운 피조물의 삶의 모습이라고 할 수 있습니다. 그 모습을 회복할 수 있기를 바랍니다.

여인에게, 남자에게 찾아왔던 육체적 결과는 모두 죽음입니다. 육체적 죽음이에요. 흙으로 돌아가는 죽음입니다. 그러나 그 이전에 이미 수고와 함께 죽음이 시작되고 있었다고 보는 것이 옳습니다. 종교개혁자 존 칼빈은 이 부분을 주해하면서 이렇게 말했습니다. "그렇다. 고통은 죽음의 시작이다. 우리는 고통하면서 죽어간다. 수고하면서 죽어간다. 그리고 수고의 끝에 마침내 죽는다. 이것이 인생이다." 이것이 인생입니다.

타락의 환경적 결과

세번째로, 환경적 결과가 있습니다. 18절을 다시 한 번 보십시오. "땅이 네게 가시덤불과 엉겅퀴를 낼 것이라 너의 먹을 것은 밭의 채소인즉." 땅이 가시덤불과 엉겅퀴를 낸다는 것은 비틀어진 모습 아닙니까? 이건 정상적인 모습이 아닙니다. 자연 속에도 파괴가 들어왔습니다. 인간이 타락했을 때 인간을 심판하신 하나님이 인간과 더불어 인간을 둘러싸고 있는 환경 속에도 부분적으로 심판을 가하셨습니다.

자연은 아직도 아름답습니다. 그러나 자연이 아름답기만 한 것은 아닙니다. 이것은 피상적 관찰입니다. 자연 안에 얼마나 많은 재앙의 요소들이 있습니까? 자연 때문에 얼마나 많은 사람들이 죽음과 재앙과 비극을 지금도 경험하고 있습니까? 아니, 자연의 내부 안에도 인간의 죄악의 결과들이 심각하게 노출되고 있습니다.

로마서 8장 22-23절에서 바울도 이렇게 말합니다. "피조물이 다 이제까지 함께 탄식하며 함께 고통하는 것을 우리가 아나니 이뿐 아니라 또한 우리 곧 성령의 처음 익은 열매를 받은 우리까지도 속으로 탄식하여 양자 될 것 곧 우리 몸의 구속을 기다리느니라."

무교회주의자이긴 했지만 아주 탁월한 성경학자였던 일본의 우찌무라 간조 선생은 이런 자연의 타락현상을 그분이 쓴 「로마서 강해」에서 이렇게 적나라하게 묘사하고 있습니다.

> "사람들은 자연의 아름다움을 말한다. 천연의 미를 말한다. 하지만 미는 그 표면으로 그친다. 그 이면에 들어가면 천연은, 자연은, 미가 아니라 추함이다. 조화가 아니라 혼란이다. 평화가 아니라 전쟁이다.
>
> 여름 야산에 백화가 피기를 다투는 양상은 아름다워 보이지만 청춘 그 벌레들은 얼마나 살벌하며 얼마나 패괴가 연출되고 있는 것인가를 참으로 안다면 시인의 마음은 찬미하기보다 공포에 떨고 그의 찬미의 노래는 끊겨버릴 것이다.
>
> 뱀은 개구리를 잡아 삼키려 하고, 개구리는 벌레를 잡아 먹으려 하며, 벌레는 서로를 죽이려 하고 있지 아니한가. 뱀을 노리는 독수리가 있다. 독수리를 노리는 다른 새가 있다. 꾀꼬리의 소리는 아름답다 해도 뱀은 그 둥지에 침입하여 그 알을 삼키려 하고, 매는 그 새끼와 어미 새를 엿보며 둥지 속의 단란함을 깨

뜨리려 하지 아니하는가. 여름의 숲이 결코 에덴동산이 아님을 우리는 쉽게 간파할 수 있다.

수중에서도 마찬가지이다. 연못에 몇 마리의 칠성 장어가 있으면, 다른 어류는 복부에 구멍이 뚫리고, 피를 빨리고, 쓰러져 그 자취를 끊기에 이르지 아니하는가. 정어리라든가 날치, 꽁치는 고래나 돌고래의 먹이가 되어 없어지는데, 고래나 돌고래에게는 또한 이들을 공격하는 범고래가 있어서 그것을 두려워함이 아주 심각하지 아니한가.

고양이가 쥐를 가지고 조롱하는 것이라든가 족제비가 닭을 습격하는 모습은 무정하기 그지없고 잔인하기 그지없다. 꽃 피는 벚꽃은 아름답지만 그 새잎을 잡아먹는 벌레는 보기에 소름이 끼치고 송을 먹는 청귀뚜라미며, 벼를 말라 죽게 하는 미균은 이루 셀 수가 없지 않은가.

실로 귀를 땅에 대고 들어보라. 자연의 신음소리가 들리지 않는가. '가로되 아프다, 나는 아프다, 나는 고통스럽다, 인자여 빨리 오소서. 나를 구원하소서. 나는 이 패괴의 썩어짐의 종노릇함을 감당할 수가 없도다. 오, 그대와 함께 하나님의 아들들의 영광스러운 자유에 들어가기를 원하노라. 천연은, 자연은 인생과 함께 저주받고 그와 함께 속박되어 그와 함께 해방과 구원을 기다리고 있도다.'"

자연 속에서 벌어지고 있는 저주받은 모습을 얼마나 실감나게 잘 묘사했습니까?

회복의 영광

결론을 맺자면, 타락한 인간은 네 가지의 관계가 왜곡될 수밖에 없습니다. 하나님과의 관계, 이웃과의 관계, 자신과의 관계, 자신을 둘러싼 자연과의 관계가 왜곡된 삶을 살게 됩니다.

그렇다면 구원받은 인생의 모습은 어떨까요? 다음 장에서 이런 타락에서의 구원의 여명이 어떻게 시작되는지를 보게 될 것입니다. 그러나 일단 우리는 이 타락 속에서 우리가 보아야 할 구원받은 인간의 모습을 거꾸로 유추해 볼 수 있습니다. 우리가 만약 이런 죄와 저주와 타락에서 구원받은 사람들이라면 우리를 둘러싼 네 가지의 왜곡된 관계를 바로잡아야 합니다.

하나님과의 관계가 자연스러워야 합니다. 하나님을 찬양하고 싶어져야 하고, 하나님을 섬기고 싶고, 하나님께 마음을 드리고 싶어져야 합니다. 이것이 회복된 인간의 모습입니다. 또 나를 둘러싼 이웃과의 관계에서 이웃을 품고 싶어야 하고, 치료하고 싶어야 하며, 축복하고 싶어야 합니다. 이것이 회복된 인간의 이웃에 대한 모습일 것입니다.

또 자신과의 관계에서도 자신을 정죄하고 자신을 학대하기보다 하나님이 만드신 자기 모습 그대로를 수용하면서 고통 속에서도 삶의 의미를 깨닫고 즐거워하는 삶의 모습을 회복하는 자아의 모습, 이것이 구원받은 인생의 모습이어야 할 것입니다.

한걸음 더 나아가 자신을 둘러싸고 있는 환경 속에도 하나님의 뜻이 이루어질 수 있도록, 하나님의 영광이 회복되도록, 환경을 소중히 아끼고 보존하며 환경의 회복을 위해서 삶을 사는 모습, 이것이 마땅히 구원받은 그리스도인들의 삶의 모습이 되어야 할 줄로 믿습니다. 이 타락의 추함을 바라보면서 회복의 영광을 함께 바라보는 성도 여러분이 되시기를 주의 이름으로 축복합니다.

묵상과 기도

죄는 추악한 것입니다. 죄는 나와 하나님 사이의 관계를 깨뜨리고, 부부관계를 깨뜨리고, 이웃과의 관계를 깨뜨리고, 자신과의 관계도 깨뜨립니다. 하나님, 우리를 구원해 주신 것 감사합니다. 구원받은 사람답게 회복을 위해서 살아가는 우리 인생이 되도록 도와주시옵소서.

아버지 하나님, 늘 주신 말씀을 붙들고 살아가는 저희 삶이 되도록 도와주시옵소서. 우리를 둘러싼 모든 관계 속에서 하나님의 뜻을 이루며 주의 영광을 선포하면서 살아가는 주의 백성들이 되도록 성령으로 역사하시고 인도해 주시옵소서. 예수님의 이름으로 기도합니다. 아멘.

태초에 약속이 있었다

6

창세기 3:20-24

아담이 그 아내를 하와라 이름하였으니 그는 모든 산 자의 어미가 됨이더라 여호와 하나님이 아담과 그 아내를 위하여 가죽옷을 지어 입히시니라 여호와 하나님이 가라사대 보라 이 사람이 선악을 아는 일에 우리 중 하나같이 되었으니 그가 그 손을 들어 생명나무 실과도 따먹고 영생할까 하노라 하시고 여호와 하나님이 에덴동산에서 그 사람을 내어보내어 그의 근본된 토지를 갈게 하시니라 이같이 하나님이 그 사람을 쫓아내시고 에덴동산 동편에 그룹들과 두루 도는 화염검을 두어 생명나무의 길을 지키게 하시니라. (3:20-24)

저는 스물일곱 살이 되던 해에 미국 유학을 떠나면서 명자라는 이름을 가진 여자와 약혼을 했습니다. 약혼을 하고, 미국으로 떠나갔습니다. 그 때 두 가지 생각이 있었습니다. 하나는 '도망가지 못하도록 붙들어 두자' 는 생각이었고, 또 하나는 '내 마음 나도 몰라 변할 가능성이 있으니까 내 마음을 붙들어 두자' 는 생각이었습니다. 만약 그렇게 하지 않으면 몇 년 후에 금발의 여인를 데리고 귀국할 것 같은 이상한 예감 같은 것이 있었습니다.

미국 유학 첫 삼 년을 지내는 동안 저는 실제로 약속이라는 것이 내 삶에서 얼마나 큰 영향을 미치는지를 실감할 수 있었습니다. 약혼과 결혼 사이의 기간이 상당히 길었고 시, 공간적 거리감이 있었지만, 약속이 내 삶에 막대한 영향을 미치고 있음을 느낄 수 있었습니다. 특별히 도움이 되었던 몇 가지가 있었는데, 첫째는 제 삶에 안정감을 주었고, 둘째는 제 자신을 절제하도록 만들었습니다. 제 행동을 컨트롤하고 금발의 여인에게로 눈길이 갈 때마다 차단시키는 그런 영향을 준 것입니다. 셋째는 저에게 소망을 주었습니다. 재회의 기대와 삼 년 후의 삶에 대한 어떤 구체적인 기대 말입니다.

약속의 열쇠

존 번연(John Bunyan)의 「천로역정」(*Pilgrim's Progress*)을 읽어보면, 크리스천이 길을 잘못 들어서 의심의 성 안으로 들어가게 됩니다. 성 안에 체포된 크리스천은 이제 절망의 감옥에 갇히게 됩니다. 거기에는 아무런 미래가 없어 보였습니다. 모든 것은 캄캄한 어둠이었습니다. 미래가 보이지 않는 곳에서 그는 자살의 유혹을 받기 시작합니다. 조금도 나아질 것 같지 않은 상황이라면 여기서 '내 삶을 끝내는 것도 좋지 않을까' 하는 생각을 크리스천이 하기 시작합니다.

그런데 다행히 크리스천 옆에는 그곳까지 함께 동행할 수 있었던 소망 씨란 친구가 한 사람 있었습니다. 소망 씨가 계속 크리스천에게 말합니다. "자살을 생각하기 전에 지금까지 삶 가운데서 어려움에 처할 때마다, 위기에 빠질 때마다 구출해 주셨던 너의 하나님의 도움을 생각해 보라. 그분이 여기서도 너를 도울 수 있는 무언가를 예비시켜 놓지 않았겠는가" 라고 말입니다.

이런 소망 씨의 격려를 받는 순간 갑자기 크리스천은 자기가 잊어버리고 있었던 것들을 생각합니다. '아! 이런 위기를 대비해서 주님이 나한테 이것을 주신 거야' 하고 자기 가슴 속에 감춰 두었던 열쇠 하나를 생각해 냅니다. 그것은 약속이라는 열쇠였습니다. 그래서 그는 가슴을 더듬어 그 약속의 열쇠를 꽉 붙잡습니다. 그리고 그 약속의 열쇠를 꺼내 절망의 감옥 문을 열어보니 스스로 열리는 것이었습니다. 그 앞에는 성에서 빠져 나가는 길이 있었고, 새로운 세상이 크리스천을 기다리고 있었습니다.

이것은 물론 우화적인 이야기지만 우리에게 주는 교훈은 큽니다. 인생을 살다가 미래가 차단당한 듯한 절망의 자리에 서게 될 때, 우리 그리스도인들이 해야 할 가장 중요한 것은 무엇일까요? 하나님의 약속을 붙잡는 것입니다. "하나님이 내게 주신 약속은 아직도 유효하다. 그리고 약속의 말씀을 붙들고 나아가는 사람들에게 새로운 세상, 새로운 날은 반드시 올 것이다"라고 믿는 것입니다.

창세기 3장은 태초에 있었던 인류 타락의 현장을 보여줍니다. 그러나 우리는 이 타락의 현장에서 인류에게 죽음을 선언하신 하나님이 동시에 구원을 약속하시는 모습을 볼 수 있습니다. 이것은 태초의 약속이었습니다. 이 태초의 약속을 증언하고 있는 본문을 우리는 세 가지로 요약할 수 있습니다.

태초의 언덕에서부터 약속된 구원

첫째로, 구원을 약속하십니다. 3장 15절 말씀을 보십시오. "내가 너로 여자와 원수가 되게 하고 너의 후손도 여자의 후손과 원수가 되게 하리니 여자의 후손은 네 머리를 상하게 할 것이요 너는 그의 발꿈치를 상하게 할 것이니라 하시고."

우리는 이 구절을 가리켜서 최초의 복음 혹은 원복음(first gospel 혹은 original gospel)이라고 말합니다. 독일 사람들은 '프로토 에반겔리움' (protoevangelium)이라는 말을 쓰기도 합니다.

타락의 현장에도 복음이 있었습니다. 인간이 타락하고 사망이 인간을 찾아온 이 절망의 순간에 동시에 하나님은 복음을 주셨습니다. 창세기 3장 15절에 나타난 이 복음의 핵심은 여자의 후손입니다. 그로부터 소망이 옵니다. 어떻게 여자의 후손이 약속되고 있는가 잘 읽어보십시오. 물론 이 말씀은 일차적으로 하나님께서 뱀의 모습으로 나타났던 사탄을 향해서 선포하신 말씀입니다. "내가 너로 여자와 원수가 되게 하고 너의 후손도" 그 다음에 뭐라고 했습니까? "여자의 후손과 원수가 되게 하리니" 그 다음에 "여자의 후손은 네 머리를 상하게 할 것이요 너는 그 발꿈치를 상하게 할 것이니라."

창세기 3장 이후의 역사는 뱀의 후손과 여자의 후손 사이의 갈등이라고 할 수 있습니다. 4장에 가서는 가인과 아벨의 갈등이 소개되고 있습니다. 하나님 편에서 사는 사람과 마귀 편에서 사는 사람 사이의 갈등인 것입니다. 그러나 여기서 말하는 여자의 후손은 많은 무리를 가르키는 것이 아니라 한 개인을 말하고 있다고 보는 것이 더 합당합니다.

엄격히 말해, 우리 모두는 남녀 합작의 후손입니다. 그러나 역사 가운데 오직 한 분, 남자의 힘을 빌리지 않고 태어나신 분이 계십니다. 누구죠? 예수 그리스도이십니다.

예수께서 어느 날 역사와 시간 속에 메시야로, 구세주로 찾아오시는 이 장면을 성경이 얼마나 인상깊게 설명하고 있는가를 한번 보십시오. "때가 차매 하나님이 그 아들을 보내사 여자에게서 나게 하시고 율법 아래 나게 하신 것은"(갈 4:4).

"때가 차매", 하나님의 때, 구세주를 보내셔야만 했던 때, 인류의 구원을 위해서 하나님이 가장 결정적인 행동을 하셔야 했던 그 때, 하나님의 섭리의 때가 차매 그 아들을 보내셨습니다. 그런데 하나님의 아들을 누구에게서 나게 하셨다고 강조했습니까? "여자에게서 나게 하시고." 원문에는 "그 여자에게서 나게 하시고" 입니다. 창세기 3장 15절 말씀의 성취를 선포하는 그런 장면이라고 할 수 있습니다.

그런데 여자의 후손이 뱀의 머리를 어떻게 한다고 했습니까? 상하게 한다고 했습니다. 뱀의 어디를 상하게 한다구요? 머리를 상하게 한다는 것입니다. 그것은 여자의 후손이신 그리스도가, 메시야가 사탄에게 결정적 타격을 입히는 것을 말합니다.

머리가 제일 중요합니다. 제가 미국에 갔다가 탈북선교하시는 선교사님 한 분이 중국에서 붙잡혀 감옥에서 두들겨 맞으신 얘기를 들었는데, 캄캄한 방에 수십 명을 몰아넣고 몽둥이로 아무 데나 닥치는 대로 수십 명의 공안들이 무조건 팬다는 것이었습니다. 두들겨 팰 때 이분이 제일 먼저 어디를 가렸을까요? 머립니다. 머리가 가장 중요하잖아요. 머리만 보호되면 일단 살 수가 있습니다. 머리는 우리 신체의 가장 중요한 부위가 아니겠습니까?

물론, 사탄도 그리스도께 어떤 피해를 입힐 것인지 예언되어 있습니다. 뱀이 그의 발꿈치를 상하게 한다고 했습니다. 그렇지만 그것은 머리가 아니라 발꿈치입니다. 즉 부분적으로 타격을 입히는 것입니다.

십자가의 죽음은 사탄을 통해서 예수께서 입으신 부분적인 피해입니다. 확실히 거기서 그분은 고통을 당하셨습니다. 그러나 사탄이 몰랐던 것이 있습니다. 그것은 십자가가 오히려 하나님의 승리요, 구원의 완성이라는 사실을 그들은 몰랐습니다. 알았더라면 예수님을 십자가에 못박지 않았을 것입니다.

여기에 사탄이 따라갈 수 없는 하나님의 놀라우신 지혜가 있습니다. 이 장면을 바울 사도는 고린도전서 2장 7절에서 아주 인상적으로 묘사하고 있습니다. "오직 비밀한 가운데 있는 하나님의 지혜를 말하는 것이니 곧 감취었던 것인데 하나님이 우리의 영광을 위하사 만세 전에 미리 정하신 것이라."

십자가의 섭리, 십자가의 구원계획은 바로 만세 전부터 예비된 하나님의 영원한 지혜라는 말입니다. 그리고 8절에서 이렇게 선포했습니다. "이 지혜는 이 세대의 관원이 하나도 알지 못하였나니 만일 알았더면 영광의 주를 십자가에 못박지 아니하였으리라."

아마 사탄은 예수님이 십자가에 매달리셨을 때 너무너무 기뻐서 춤을 추고 웃었을 것입니다. "이제 예수는 끝났다" 하고 말입니다. 그러나 예수 그리스도를 거기에 매다신 하나님께서는 저 높은 하늘에서 사탄의 웃는 장면을 보시고 어떻게 대응하셨을까요? 하나님은 사탄을 비웃으셨을 것입니다. 시편 2편 4절에 보면, "하늘에 계신 자가 웃으심이여 주께서 저희를 비웃으시리로다" 라는 표현이 있는데, 아마 그렇게 하셨을 것입니다.

십자가에 죽으심으로 말미암아 오히려 구속의 값이 치러졌고, 사람들이 십자가에서 흘리신 피로 말미암아 그들의 죄사함을 받고 주님 앞에 나올 수 있는 새롭고도 영원한 구원의 길이 활짝 열렸습니다. 그것을 말하고 있는 거예요.

사탄이 이걸 알았더라면 예수님을 십자가에 못박지 않았겠죠. 로마 병정들이 십자가가 기독교의 승리요, 그리스도의 승리인 것을 알았더라면 예수님을 십자가에 못박았겠습니까? 그들은 몰랐습니다. 그런 의미에서 십자가는 하나님의 지혜입니다.

바로 이런 십자가를 통한 인류구속의 계획이 이미 창세기 3장에서부터 증언되고 있습니다. 태초의 언덕에서부터, 인간이 타락하고 사망이 선포된 바로 그 순간부터 하나님은 이미 구원을 약속하셨습니다. 십자가를 통한 그리스도의 구원을 약속하셨습니다.

가죽옷 사건으로 설명된 구원

둘째로, 구원을 설명하십니다. 바로 십자가상에서 우리를 위하여 죽으시고 부활하신 그리스도를 통해서 저와 여러분이 경험하게 될 구원이 어떤 것인가를 구체적으로 설명해 주셨습니다. 그것이 바로 가죽옷 사건입니다. "여호와 하나님이 아담과 그 아내를 위하여 가죽옷을 지어 입히시니라"(3:21).

첫사람 아담과 하와가 범죄했을 때, 인간에게 찾아온 첫번째 현상 중 하나는 부끄러움이었습니다. 죄를 범한 그들은 부끄러움을 느끼기 시작했습니다. 그러자 그들은 부끄러움을 가리기 위해서 어떤 옷을 해 입었습니까? "이에 그들의 눈이 밝아 자기들의 몸이 벗은 줄을 알고 무화과나무 잎을 엮어 치마를 하였더라"(3:7).

인류 최초의 드레스는 에덴동산에서 만들어진 무화과 드레스였습니다. 그들이 부끄러움을 가리기 위해 연구를 한 것입니다. 그런데 무화과 드레스가 오래 가지 못한단 말이에요. 태양빛이 나면 이파리가 시들면서 다시 부끄러움이 드러나고, 또 드러나고 했을 것입니다.

무화과 옷은 구원을 위한 인간적인 노력의 상징입니다. 우리가 자기 죄를 은폐하기 위해서, 죄를 가리고 하나님 앞에 나가기 위해서 온갖 노력과 최선을 다하지만 결코 그것으로 자기의 죄를 은폐하거나 죄 문제를 해결할 수 없는, 인간의 불완전한 노력의 상징이 바로 무화과 드레스입니다.

바로 이 사건을 가지고 나중에 이사야 선지자는 인간의 행위가 인간의 구원을 이룰 수 없다는 사실을 창세기 3장에서 빌려 온 언어를 가지고 설명을 합니다. 어떻게 설명하고 있습니까? "그 짠 것으로는 옷을 이룰 수 없을 것이요 그 행위로는 자기를 가리울 수 없을 것이며 그 행위는 죄악의 행위라 그 손에는 강포한 행습이 있으며" (사 59:6).

이것은 사람이 스스로 만든 것으로는 결코 자신의 죄나 부끄러운 것을 은폐할 수 있는 옷을 만들 수 없다는 것입니다. 그 행위로 자기를 가리울 수 없다는 인간 행위의 불충분성, 혹은 부적절성을 보여주는 구체적인 그림이 되었습니다.

그래서 하나님께서 어떻게 하셨습니까? 무화과 드레스 대신에 가죽옷을 만들었습니다. 가죽옷은 아담과 하와가 생각해 낸 옷이 아닙니다. 누가 생각해 낸 옷입니까? 하나님이 생각해 낸 옷입니다.

창세기 3장 21절의 주어는 하나님이십니다. 그것이 중요합니다. "여호와 하나님이 아담과 그 아내를 위하여 가죽옷을 지어 입히시니라."

여기서 우리가 전제해야 할 중요한 것이 있습니다. 가죽옷이 만들어져 아담과 하와에게 선물로 제공되기 위해서는 무엇이 전제되어야 합니까? 짐승이 죽어야 합니다. 희생이 전제가 됩니다. 짐승의 희생을 담보로 가죽옷이 만들어져 선물로 주어진 것입니다.

이것이 또 십자가의 그림이 아닙니까? 우리는 창세기 3장 21절을 통해서 요한복음 3장 16절을 엿볼 수 있습니다. "여호와 하나님이 아담과 그 아내를 이처럼 사랑하사 짐승의 희생을 통하여 가죽옷을 준비하셨으니 이 가죽옷을 받아 입고 그 안에서 비로소 그들은 안식하였더라." 창세기 3장 21절에서 우리는 요한복음 3장 16절의 이미지를 벌써 읽을 수가 있습니다.

그래서 가죽옷은 하나님이 준비하신 희생을 담보로 값없이 선물로 주어집니다. 마치 예수 그리스도의 십자가의 희생을 통해서 구원이 값없이 우리에게 선물로 제공된 것처럼 말입니다. 하나님이 인류에게 베푸실 구원이 어떤 것인가를 이 사건을 통해서 설명하고 있는 것입니다.

구원의 역사

셋째로, 구원을 준비하십니다. 그는 구원을 약속하셨고, 구원을 설명하셨으며, 더 나아가 구원을 준비하셨습니다. 그것이 창세기 3장 24절의 내용입니다. "이같이 하나님이 그 사람을 쫓아내시고 에덴동산 동편에 그룹들과 두루 도는 화염검을 두어 생명나무의 길을 지키게 하시니라."

아니, 하나님이 구원을 약속하시고 구원을 설명까지 해주셨다면 왜 첫사람이 생명나무로 가는 길을 차단시키셨을까요? 거기 나가서 생명나무 열매를 먹으면 얼마나 좋을까요? 그러나 우리가 여기서 기억해야 할 것은, 하나님이 구원을 약속하시고 구원을 설명하셨지만, 구원은 아직 이루어지지 않고 있었습니다. 구원이 이뤄지지 않은 채로, 다시 말하면 죄 문제가 해결되지 않은 채로 가서 생명나무 열매를 먹으면 죄 있는 모습 그대로 영원히 살게 됩니다. 그것은 저주입니다. 그들이 죄 문제를 해결하지 못한 채로 살게 되면 그것이 바로 저주인 것입니다.

우리 말에 수즉다욕(壽卽多慾)이란 말이 있습니다. '수'는 오래 산다는 말입니다. 오래 살면 그만큼 욕되는 일이 많다는 말입니다. 비참한 모습으로 오래 산다는 것은 축복이 아니라 저주입니다. 더군다나 비참한 모습으로 영원히 산다고 생각해 보십시오. 그것은 영원한 저주입니다.

여기서 하나님이 생명나무로 가는 길을 막고 가지 못하게 하신 것은 먼저, 죄 문제를 해결하고 구원을 준비한 다음에 그들이 용서받은 존재로 영생의 열매를 먹음으로써 하나님 앞에 그 영원을 하나님의 백성답게 즐기도록 하려는 하나님의 경륜이었던 것입니다.

동시에 창세기 3장의 마지막 선언과 함께 하나님은 구체적으로 구원의 역사를 준비하는 행동을 시작하십니다. 창세기 3장이 타락의 역사를 말하는 장이라면, 창세기 4장부터 요한계시록 마지막 장까지는 하나님의 구원의 역사의 전개입니다.

엄격히 말해, 타락 이전의 역사는 역사 이전의 역사입니다. 본격적인 역사는 창세기 4장부터입니다. 창세기 4장부터 인류의 역사가 전개됩니다. 그런데 인간의 역사를 한마디로 말하면, 그것은 구원의 역사라고 할 수 있습니다.

역사를 바라보는 데는 많은 관점이 있습니다. 역사 기록은 편견이 없는 객관적인 기록이어야 한다고 우리는 말하지만, 모든 역사의 기술에는 편견이 없을 수 없습니다. 역사를 기술하는 사람의 생각이 역사를 해석하는 일에 작용될 수밖에 없는 것입니다.

지배자가 역사를 쓰면 지배자의 입장에서 역사를 기술하게 되고, 지배를 받는 사람의 입장에서 역사를 기술하게 되면 그의 입장에서 역사를 쓰게 되는 것입니다. 그래서 이 관점이라는 것이 매우 중요합니다. 어떤 관점에서 역사를 기록하느냐가 말입니다.

우리가 성경의 역사를 보다 객관적으로 볼 수 있는 기준이 있다면, 그것은 구속의 관점에서 보아야 한다는 것이 신학자들의 견해입니다. 역사에 대한 하나님의 가장 중요한 관심은 구원입니다.

그래서 성경의 역사를 가리켜서 신학자들은 구속사라고 말합니다. 이 구속사적 관점에서 인류의 역사를 바라보는 것은 매우 중요합니다. 창세기 3장이 지나고 나서 바로 하나님의 구속사적인 액션이 시작됩니다. 구원의 역사를 위한 하나님의 준비가 바로 시작되는 것입니다. 그는 구원을 약속하셨고, 구원을 설명하셨으며, 이제 구원을 준비하는 행동을 시작하십니다.

사랑하는 여러분, 우리 인간이 범죄한 현실 속에서 살아가고 있지만, 이런 인생의 길에서 구원의 주님을 만나 구원을 체험하고, 또 구원의 완성의 약속을 기다리면서 살아가는 존재가 되었다는 것은 얼마나 행복한 일입니까? 그것이 행복으로 느껴지십니까?

이스라엘 백성들을 향한 모세의 저 유명한 권면을 기억하십니까? 신명기 33장 29절에 보면, 가나안 땅을 앞두고 약속의 땅에 들어갈 것을 바라보면서 모세가 이스라엘 백성들에게 이렇게 말하는 장면이 나옵니다. "이스라엘이여 너는 행복자로다 여호와의 구원을 너같이 얻은 백성이 누구뇨."

구원은 아직 완성되지 않았습니다. 가나안 땅에 들어가야 합니다. 그러나 그들이 애굽 땅에서 나왔을 때 이미 하나님의 구원의 역사는 시작되었습니다. 광야 길이 힘들긴 했지만 분명하게 약속된 가나안 땅, 그 땅을 바라보면서 또 지금까지 함께하셨던 하나님의 구원의 손길을 기억하면서 모세가 주었던 "이스라엘이여 너는 행복자로다 여호와의 구원을 너같이 얻은 백성이 누구뇨"라는 이 말씀을 우리 개인에게 다 적용해 볼 수 있습니다. 또 우리가 사랑하는 사람들에게 적용할 수 있습니다. 우리 주변사람들이 삶을 살다가 힘들어하고 어려워할 때 우리가 이 말씀으로 권면할 수 있습니다. "집사님, 집사님은 행복한 사람이에요. 하나님의 구원을 집사님처럼 경험한 사람이 어디 있겠습니까? 자매님, 자매님은 행복한 사람이에요. 하나님의 구원을 자매님처럼 얻은 사람이 어디 있겠습니까?"

광야 길이 결코 쉽지는 않았습니다. 그렇지만 이미 구원의 역사 속에 들어가 있고, 또 구원의 완성을 내다보고 있는 그 시점에서 주었던 말씀, "그래도 당신은 행복해요. 하나님의 구원을 얻었기 때문입니다."

저는 1세기의 그리스도인들이 신앙 때문에 많은 핍박과 환난을 당했음에도 불구하고 그들이 당당한 삶을 살아갈 수 있었던 중요한 이유는 바로 이 하나님의 구원의 약속을 꽉 붙들고 살았기 때문이라고 믿습니다.

우리는 그것을 히브리서 10장에서 볼 수 있습니다. "전날에 너희가 빛을 받은 후에 고난의 큰 싸움에 참은 것을 생각하라 혹 비방과 환난으로써 사람에게 구경거리가 되고 혹 이런 형편에 있는 자들로 사귀는 자 되었으니"(32-33절).

초대 그리스도인들이 당했던 비방과 환난을 짐작할 수가 있죠? "너희가 갇힌 자를 동정하고 너희 산업을 빼앗기는 것도 기쁘게 당한 것은"(34절). 신앙 때문에 직업을 빼앗겼지만 그것을 기쁘게 당했던 이유는 뭐라고 했습니까? "더 낫고 영구한 산업이 있는 줄 앎이라 그러므로 너희 담대함을 버리지 말라 이것이 큰 상을 얻느니라 너희에게 인내가 필요함은 너희가 하나님의 뜻을 행한 후에 약속을 받기 위함이라"(34-36절). 하나님의 약속이 그들을 기다리고 있었기 때문입니다. "잠시 잠깐 후면 오실 이가 오시리니 지체하지 아니하시리라 오직 나의 의인은 믿음으로 말미암아 살리라"(37절). 무엇으로 말미암아 산다고 했습니까? "믿음으로 말미암아" 산다고 했습니다. 날마다 약속을 붙들고 믿음으로 사는 거예요. "또한 뒤로 물러가면 내 마음이 저를 기뻐하지 아니하리라 하셨느니라 우리는 뒤로 물러가 침륜에 빠질 자가 아니요 오직 영혼을 구원함에 이르는 믿음을 가진 자니라"(37-38절).

이 구원의 약속을 붙들고 살 때 우리는 세상의 비바람과 회오리를 두려워할 필요가 없습니다. 우리는 여유 있게 당당하게, 이 세상을 살아갈 수 있다는 사실을 초대 그리스도인들의 삶에서 배울 수 있습니다.

영국의 청교도 장군 가운데 크롬웰이라는 독특한 믿음의 사람이 있었습니다. 그런데 그가 신앙적인 삶을 사는 데 큰 도움이 되었던 것은 비서 겸 참모 역할을 하던 부관 참모였다고 합니다.

한번은 그가 격동기의 나라의 여러 가지 일들을 걱정하면서 며칠 동안 밤잠을 이루지 못하고 기도를 하고 있었습니다. 그것이 너무 걱정이 되었던 부관이 "각하, 기도하는 것도 좋지만 잠을 좀 주무셔야죠. 쉬셔야죠" 하니까 크롬웰이 역정을 내었다고 합니다. "잠을 자다니! 지금 잠을 잘 형편인가!" 그런데 이 부관이 "각하, 참 죄송하지만 한 말씀 드리겠습니다. 각하는 하나님이 세상의 역사를 다스리고 있다는 성경말씀을, 성경의 약속을 믿으시는지요?", "아! 그거야 믿지." "그렇다면 그분에게 좀 맡기고 주무시면 안되겠습니까?"

그 한마디 말이 그렇게 도움이 되었답니다. "그렇다면 그분에게 맡기고 좀 주무시면 안되겠습니까?" 역사를 다스리시는 그분, 또 역사 속에 하나님의 백성들을 향한 놀라운 약속을 예비하고 계신 그분, 우리가 그분을 참으로 믿는다면 그분의 약속을 믿고 좀 주무시면 안되겠습니까? 좀 여유 있게 살면 안되겠습니까?

그렇습니다. 태초의 약속은 지금도 유효합니다. 그 약속의 말씀을 붙들고 인생의 나머지 길을 당당하게, 여유 있게 살아가는 저와 여러분이 되길 주의 이름으로 축복합니다.

묵상과 기도

세상이 험하고 때로는 회오리 바람이 거세지만 태초부터 우리를 위해 구원의 놀라운 약속을 주신 하나님! 그 약속을 바라보고, 믿고, 오늘 내 삶의 장에서 만나는 거센 도전과 시련을 믿음으로 맞서서 여유 있게, 당당하게 살아가는 하나님의 사람이 되게 해주옵소서. 약속의 말씀을 붙들고 살게 해주옵소서. 약속의 열쇠를 붙들고 오늘의 삶의 장에서 일어날 수 있도록 도와주시옵소서. 예수님의 이름으로 기도합니다. 아멘.

하나님이 받으시는 제사

7

창세기 4:1-8

아담이 그 아내 하와와 동침하매 하와가 잉태하여 가인을 낳고 이르되 내가 여호와로 말미암아 득남하였다 하니라 그가 또 가인의 아우 아벨을 낳았는데 아벨은 양치는 자이었고 가인은 농사하는 자이었더라 세월이 지난 후에 가인은 땅의 소산으로 제물을 삼아 여호와께 드렸고 아벨은 자기도 양의 첫새끼와 그 기름으로 드렸더니 여호와께서 아벨과 그 제물은 열납하셨으나 가인과 그 제물은 열납하지 아니하신지라 가인이 심히 분하여 안색이 변하니 여호와께서 가인에게 이르시되 네가 분하여 함은 어찜이며 안색이 변함은 어찜이뇨 네가 선을 행하면 어찌 낯을 들지 못하겠느냐 선을 행치 아니하면 죄가 문에 엎드리느니라 죄의 소원은 네게 있으나 너는 죄를 다스릴지니라 가인이 그 아우 아벨에게 고하니라 그 후 그들이 들에 있을 때에 가인이 그 아우 아벨을 쳐죽이니라. (창 4:1-8)

창세기 3장은 인류 역사에 죄가 처음으로 들어오는 모습을 보여주고 있습니다. 그런데 이 죄라는 것은 그냥 그대로 있지를 않습니다. 죄의 속성 가운데 하나는 반드시 자라난다는 것입니다. "욕심이 잉태한즉 죄를 낳고 죄가 장성한다"고 했습니다.

창세기 3장에 보면, 첫사람이 범죄하자마자 하나님과의 관계가 끊어집니다. 하나님을 피하기 시작합니다. "내가 두려워하여 숨었나이다." 하나님과의 관계가 단절되고 있는 모습을 보여주고 있습니다. 뿐만 아니라, 하나님께서 첫 남편과 아내로 지었던 아담과 하와의 부부관계가 벌써 이간되는 모습을 보여주고 있습니다. 죄를 범하자마자 죄에 대한 책임을 서로에게 전가시키고 있는 아담과 하와의 모습을 볼 수 있는 것입니다.

그런데 4장에 와서는 부부관계뿐만 아니라 형제와 형제 사이의 관계가 단절되는 모습을 보여줍니다. 또 형제 사이의 불화와 단절로 말미암아 믿음의 백성과 불신앙의 백성이 나뉘어지는 비극이 초래되기 시작합니다. 그리고 그것은 하나님께 제사를 드리는 사건을 둘러싸고 전개됩니다.

자, 비슷한 환경에서 한 사람은 농사를 짓는 사람이었기 때문에 땅의 소산으로 제물을 드렸고, 또 한 사람은 양을 치는 사람이었기 때문에 양의 새끼로 제물을 드렸습니다. 그런데 하나님께서는 아벨의 제사는 받으시고 가인의 제사는 거절하셨습니다. 어떤 차이가 있단 말입니까?

그 동안 가장 보편적으로, 소위 복음주의권 교회 안에서 존재해 왔던 해석은, 아벨은 피의 제사를 드렸기 때문에 하나님이 받으셨고, 가인은 피의 제사를 안 드렸기 때문에 하나님이 거절하셨다는 것이었습니다.

그런데 저는 이 해석이 공평하지도 않고 정확한 해석도 아니라고 생각합니다. 아니, 농사짓는 사람이 곡식으로 제물을 드린 것이 잘못일까요? 또 구약성경에 보면, 하나님이 꼭 피의 제사만 받으신 것은 아닙니다. 레위기 2장 1절 이하에 보면, 여러 제사 가운데 '소제'가 있습니다. 이 소제는 곡식으로 드리는 제사입니다. 이 제사를 명하신 분도 하나님이시고, 또 하나님은 곡식으로 드리는 제사도 기쁘게 받으셨습니다. 그러니까 제물의 유형 자체가 하나님이 받으실 수 없었던 제물이었다고 말하는 것은 옳지 않습니다.

그러면 도대체 왜 하나님이 가인의 제사는 거절하시고 아벨의 제사는 받으셨을까요? 이 질문은 우리의 예배가 하나님께서 받으시는 예배가 되고, 또 우리 인생이 하나님이 받으시기에 합당한 인생이 되는 데 있어 반드시 대답되어야 할 중요한 질문이라고 생각합니다.

처음 것을 기쁘게 받으시는 하나님

첫째로, 아벨이 드렸던 제사, 즉 아벨의 제물은 가장 신성한 첫째 것으로 드렸다는 것을 주목해야 합니다. "아벨은 자기도 양의 첫새끼와 그 기름으로 드렸더니 여호와께서 아벨과 그 제물은 열납하셨으나"(4:4).

아벨은 양의 첫새끼를 드렸다고 했습니다. 가인도 땅의 소산으로 첫번째 것을 드릴 수 있었겠죠. 그러나 가인이 드렸던 제물에 대해서는 성경이 그런 설명을 하지 않습니다. 유독 아벨의 제물에 대해서만 그가 "양의 첫새끼를 드렸다" 고 기록하고 있습니다.

출애굽기 13장을 보면, 하나님이 요구하시는 제물의 원칙을 이미 율법에 기록해 놓으신 것을 볼 수 있습니다. "이스라엘 자손 중에 사람이나 짐승이나 무론하고 초태생은 다 거룩히 구별하여 내게 돌리라 이는 내 것이니라 하시니라" (2절).

하나님이 첫번째 것에 대해서는 "거룩히 구별하여 내게 돌리라" 고 하셨습니다. 하나님은 첫번째 것을 좋아하는 분이십니다. 또 12절에 보면, "너는 무릇 초태생과 네게 있는 생축의 초태생을 다 구별하여 여호와께 돌리라 수컷은 여호와의 것이니라" 고 기록되어 있습니다. 그 다음 13절에도 "나귀의 첫새끼는 다 어린 양으로 대속할 것이요 그렇지 아니하려면 그 목을 꺾을 것이며 너의 아들 중 모든 장자 된 자는 다 대속할지니라."

잠언에도 "네 재물과 네 소산물의 처음 익은 열매로 여호와를 공경하라" 는 말씀이 있습니다. 처음 것을 하나님이 기뻐 받으시는 이유, 처음 것을 구별하라고 요구하시는 이유가 어디 있습니까?

처음 것의 가장 중요한 특성은 흠이 없다는 것입니다. 쓰기 전에 드리는 것, 남은 것을 드리는 것이 아니라 준비된 첫번째 인생을 드릴 것을 요구하시는 하나님의 마음을 우리가 읽을 수 있지 않습니까?

전통 가운데는 갱신되어야 할 것이 있는가 하면 보존되어야 할 것이 있습니다. 저는 그 옛날 우리 신앙의 선배들이 헌금을 드릴 때면, 토요일에 미리 깨끗한 돈을 준비해 자신도 드리고, 자녀들에게도 그렇게 드리도록 훈련시켰던 아름다운 신앙의 전통을 기억합니다. 이런 것은 시대가 달라져도 좀 보존되었으면 좋겠습니다.

가장 좋은 것을 기쁘게 받으시는 하나님

둘째로, 아벨의 제물 가운데 성경이 강조하는 또 하나의 특성은, 아벨이 "기름으로 드렸다"고 말합니다. "아벨은 자기도 양의 첫 새끼와 그 기름으로 드렸으니." 아마 오늘날엔 이 말씀이 실감이 안 날 것입니다. 오늘날처럼 영양을 과다하게 섭취하는 시대에 살고 있는 우리에게는 기름이 좋은 것이라는 말이 전혀 실감이 안 날지 모릅니다.

제가 어렸을 때만 해도 고기를 먹게 되면, 그건 고기가 아니라 괴기였습니다. 고기 구경을 하도 못하다 보니까 괴이한 괴기가 등장을 하게 되면, 그 중에서도 저희 아버님이 제일 좋아하셨던 것이 기름입니다. 기름을 너무너무 좋아하셨습니다. 그런데 그 좋아하던 것을 본인이 안 드시고 저에게 주셨던 것을 기억합니다. 그 결과로 지금도 저에게 기름이 남아 있습니다.

우리가 사무엘상을 보면 아주 흥미있는 사건이 하나 나오는데, 그것은 좀 불량한 제사장의 아들들이 제물을 가지고 장난을 치는 모습입니다. "기름을 태우기 전에도 제사장의 사환이 와서 제사드리는 사람에게 이르기를 제사장에게 구워 드릴 고기를 내라 그가 네게 삶은 고기를 원치 아니하고 날것을 원하신다 하다가 그 사람이 이르기를 반드시 먼저 기름을 태운 후에 네 마음에 원하는 대로 취하라" (삼상 2:15-16).

기름은 먼저 태워서 하나님께 바치도록 되어 있었습니다. 그래서 가장 좋은 것을 바친다는 하나의 상징으로 쓰여졌던 모습을 볼 수 있습니다. 그런데 아벨이 바로 그 기름으로 드렸다고 성경은 기록합니다.

물론 피의 제사, 피 사상도 중요하긴 하지만, 본문에서 명확하게 기록하고 있는 사실은 "아벨은 자기도 양의 첫새끼와 그 기름으로 드렸더니 여호와께서 아벨과 그 제물은 열납하셨다"는 것입니다.

삶 자체를 기쁘게 받으시는 하나님

그런데 주목해야 할 중요한 것이 하나 더 있습니다. **셋째로, 하나님이 아벨의 제사를 받으셨던 무엇보다 중요한 이유는, 아벨이 자기 자신을 드릴 수 있었다는 사실입니다.**

4절을 주목해서 보면, 아벨은 자기도 양의 첫새끼와 기름으로 드렸더니 여호와께서 그냥 제물만 받으셨다고 그러지 않았습니다. 하나님이 아벨의 제물만 받으신 것이 아니라 4절 하반부에 보면, 여호와께서 "아벨과 그 제물은 열납하셨으나"라고 되어 있습니다. 제물을 언급하기에 앞서서 하나님이 먼저 아벨을 받으셨다고 하셨습니다.

가인에 대해서도 동일한 방식으로 기록되고 있습니다. 5절에 보면, 하나님이 가인의 제물만 받지 않으신 것이 아니라 "가인과 그 제물은 열납하지 아니하셨다"고 했습니다. 그리고 7절에 보면, 분노하는 가인에게 "네가 선을 행하면 어찌 낯을 들지 못하겠느냐"

라고 하나님이 책망하시는 모습을 볼 수 있습니다.

그 제물 자체에 피가 있느냐 없느냐만 언급하시는 것이 아니라 오히려 "너는 선을 행치 않고 살고 있다"라는 그의 삶의 잘못된 것을 하나님이 꾸짖고 있는 모습을 볼 수 있습니다.

저는, 아벨은 무엇보다도 제물만 드린 것이 아니라 자기 삶을 제물과 더불어 하나님 앞에 드렸다고 생각합니다. 하나님은 그것을 기쁘게 받으신 것입니다.

오늘 우리가 예배시간에 헌금 드릴 때도 헌금만 드리는 것이 아닙니다. 우리가 예배한다는 것은 자기 삶을 들고 하나님 앞에 나와서 '하나님! 이 시간에 내 삶을 주 앞에 바칩니다. 그리고 나라는 존재를 주님 앞에 드립니다. 하나님의 은혜로 지나간 며칠도 살아왔습니다. 내 삶은 하나님의 은혜에 빚지고 있습니다. 주의 은혜로 살아왔던 내 삶과 나 자신을 주 앞에 바칩니다' 하고 그것을 형상화하는 중요한 사건이 바로 헌금사건이라고 저는 생각합니다.

헌금만 드리는 것이 아닙니다. 헌금을 통해서 자신을 드리는 것입니다. 저는 이것이야말로 헌금정신의 가장 중요한 핵심이라고 생각합니다.

고린도후서 8장에 이것에 대한 분명한 교훈이 나와 있습니다. 여기에 보면, 소위 마게도냐 교인들이 예루살렘교회 지역이 기근이 들어 고생한다는 소식을 듣고 헌금을 했습니다. 자신들도 어려운 가운데서 최선을 다해 헌금을 했습니다. 그런데 바울이 그것을 칭찬하고 감사하면서 그들의 헌금정신을 이렇게 인정해 주었습니다. "우리의 바라던 것뿐 아니라 저희가 먼저 자신을 주께 드리고 또 하나님 뜻을 좇아 우리에게 주었도다"(고후 8:5).

헌금만 한 것이 아니라 먼저 무엇을 주었다고 했습니까? 자신을 드렸습니다. 그것이 헌금입니다.

사실인지 모르겠지만 리빙스턴을 둘러싼 이런 일화가 있습니다. 데이빗 리빙스턴 선교사가 어렸을 때 그가 다니던 교회에서 선교대회가 열렸습니다. 그리고 헌금시간이 되었습니다. 그런데 헌금을 낼 것이 없었던 모양입니다. 이 소년이 한참 동안 당혹스러운 표정을 짓더니 잠시 후에 헌금위원들이 헌금을 가지고 앞으로 나오니까 막 따라나오더랍니다. 그래서 "너 왜 따라나오니?" 하고 물으니까 "저를 드릴려구요. 드릴 게 없어 저를 바칠려구요" 하더랍니다.

사실인지, 꾸며낸 얘기인지 확인한 바는 없습니다만 이 얘기가 주는 교훈만은 분명합니다. 헌금은 자신을 드리는 것입니다. 단순히 물질을 드리는 것이 아니라, 그 속에 하나님을 향한 사랑과 헌신을 담아서 드리는 것입니다. 아벨은 늘 주 앞에 이렇게 살기를 즐겨했고, 제사를 드리는 시간이 왔을 때, 제물을 통해서 자신을 드렸습니다. 하나님이 그런 아벨을 받으시고 또 그의 제물을 받으신 사건이 바로 본문의 사건이라고 할 수 있습니다.

믿음의 제사를 기쁘게 받으시는 하나님

네번째로, 하나님이 아벨의 제사를 받으셨던 이유는 무엇보다도 아벨이 믿음의 제사를 드렸기 때문입니다. 이것이 제일 중요합니다. 그가 첫 새끼를 드릴 수 있었던 것도, 그가 그 좋은 기름을 드릴 수 있었던 것도, 또 자신을 드린다고 고백할 수 있었던 것도 바로 이 마지막 요소, 즉 믿음 때문이었다고 생각합니다. 믿음으로 드린 것입니다.

자, 이것을 신약성경 기자가 우리에게 증언해 주고 있습니다. 히브리서 11장을 찾아보십시오. 히브리서 11장은 믿음 장이죠? 이 위대한 믿음의 조상들의 생애를 기록한 곳에 아벨이 나옵니다. "믿음으로 아벨은 가인보다 더 나은 제사를 하나님께 드림으로 의로운 자라 하시는 증거를 얻었으니 하나님이 그 예물에 대하여 증거하심이라 저가 죽었으나 그 믿음으로써 오히려 말하느니라"(4절).

"아벨이 가인보다 더 나은 제사를 드렸다"고 말합니다. 그럼 아벨이 더 나은 제사를 드릴 수 있었던 원인은 무엇 때문입니까? "믿음으로." 그것이 대답입니다. 믿음으로 아벨은 가인보다 더 나은 제사를 드렸습니다. 그가 하나님을 믿었기 때문에, 그리고 하나님을 기쁘시게 하기를 원했기 때문에, 즉 하나님에 대한 신뢰 때문에 그는 어려움 가운데서도 가장 좋은 것으로, 그리고 첫째 것으로 하나님 앞에 드리기를 기뻐했습니다.

히브리서 11장 6절을 보면, " 믿음이 없이는 기쁘시게 못 하나니"라고 했습니다. 그는 하나님을 기쁘시게 하고자 하는 믿음으로 이 예물을 드렸던 것입니다.

반대로 가인에게는 이 믿음이 결여되어 있었습니다. 그래서 이 사건을 통해서 아벨은 믿음의 조상이 되었고, 가인은 불신앙의 조상이 되었습니다.

자, 여기서 우리는 가인에 대해서 유다서의 기자가 어떤 기록을 하고 있는가를 주목해서 볼 필요가 있습니다. "너희가 본래 범사를 알았으나 내가 너희로 다시 생각나게 하고자 하노라 주께서 백성을 애굽에서 구원하여 내시고 후에 믿지 아니하는 자들을 멸하셨으며" (유 5절).

애굽에서 이스라엘 백성들이 하나님께 구원받은 사건을 이야기하면서, 믿지 않는 자들을 하나님이 멸하셨다고 말합니다. 그런데 그 믿지 않는 자들의 반열에 중요한 인물로 떠오르게 된 사람이 가인입니다. 유다서 11절을 보십시오. "화 있을진저 이 사람들이여, 가인의 길에 행하였으며 삯을 위하여 발람의 어그러진 길로 몰려갔으며 고라의 패역을 좇아 멸망을 받았도다."

믿지 않는 불신앙의 길을 걸었던 사람으로 가인을 지적하고 있고, 바로 이 불신앙의 길을 성경은 "가인의 길" 이라고 부르고 있다는 사실입니다. 그는 하나님께 대한 신뢰가 없었습니다. 아벨은 하나님에 대한 신뢰로 하나님을 믿고, 자기가 신뢰하는 하나님, 자기 인생의 전부이신 하나님, 그 하나님 앞에 기쁜 마음으로 첫번째 것을, 최선의 것을 드리는 모본을 보여준 것입니다. 그래서 하나님은 마침내 아벨이 가인에 의해서 죽임을 당하긴 했지만 아벨의 후손을 통해서 메시야를 보내시고 인류를 구원하고자 하셨습니다.

가인의 후손들을 구원하시는 하나님

물론 이 사건 하나로 하나님이 가인을 완전히 버리신 것은 아닙니다. 가인은 범죄하고 하나님을 떠나갑니다. "가인이 여호와의 앞을 떠나" (4:16). 그러나 15절에 보면, 하나님은 아직도 그를 보호하고자 하셨습니다. 그리고 아벨의 후손을 통해서 가인에 속한 인류까지도 구원하기를 기뻐하시는 하나님의 모습이 역사의 처음에 벌써 기록되고 있는 것을 볼 수 있습니다.

9절에 보면, 가인에겐 돌이킬 수 있는 회개의 찬스가 있었습니다. 주님이 그에게 다가오셔서 "네 아우 아벨이 어디 있느냐"라고 물으셨습니다. 그 때 가인의 대답은 어떤 것이었습니까? "내가 내 아우를 지키는 자니이까?(9절) 다시 말해, "내가 내 아우를 지키는 사람입니까? 나는 저 사람과 아무런 상관이 없습니다." 그런 대답이었습니다.

그러나 하나님은 가인의 이런 선언에도 불구하고 아벨처럼 피흘린 또 한 사람을 통해서 오히려 가인의 후손들을 구원하길 기뻐하시는 모습을 나타내십니다.

창세기 4장 10절에 보면, 이런 인상적인 이야기가 나옵니다. "가라사대 네가 무엇을 하였느냐"라고 물었을 때, 그는 정직하게 대답할 수밖에 없었습니다. 하나님이 계속 말씀하십니다. "네 아우의 핏소리가 땅에서부터 내게 호소하느니라." 그런데 하나님은 바로 이런 아벨의 핏소리를 통해서 인류에게 또 하나의 핏소리를 들려주고 싶어하셨습니다.

이제 매우 중요한 말씀입니다. 히브리서 12장 24절 말씀을 찾아보십시오. "새 언약의 중보이신 예수와 및 아벨의 피보다 더 낫게 말하는 뿌린 피니라."

아벨이 애매하게 희생당해 죽임을 당했습니다. 그러나 "그의 핏소리가 땅에서부터 내게 호소하고 있다"라고 말씀하시던 동일하신 하나님이 히브리서 12장 24절에서는 또 하나의 희생자인 누구 얘길 하고 있습니까? 예수님 얘기를 하고 있습니다. 그는 우리 죄를 짊어지고 우리가 죽어야 할 자리에서 대신 죽임을 당하셨습니다.

그러나 그분의 피는 아직도 호소하고 있다고, 중보의 피, 어린 양 되시는 예수 그리스도의 피, 아벨보다 더 나은 그 피가 호소하고 있지 아니하냐고 말씀하십니다. 그 피는 어떻게 호소하고 있습니까? 우리를 위해 죽으시고, 희생당하신 예수 그리스도의 피는 저와 여러분에게 오늘 무엇을 증언하고 있습니까?

우리는 주님을 떠났지만, 주님을 멀리했지만, 가인처럼 주님을 배신했지만, 그리고 형제를 미워했지만 주님은 우리에게 십자가에서 희생당한 예수 그리스도의 보혈을 통해서 말씀하지 않습니까? '나는 너를 아직도 사랑한다고, 주께 돌아와야 한다고, 너를 향한 포기할 수 없는 나의 사랑이 여기에 있다고.'

우리가 이 사랑을 발견하고 주님의 부르심에 응답하여 자신을 주 앞에 드린다면, 주님은 여러분과 저를 기쁘게 받으시고 사용하신다는 것, 그리하여 우리 인생이 하나님 앞에 바쳐지고 하나님 앞에 열납되는 아름다운 제물이 될 수 있다는 것, 오늘 태초의 언덕에서 우리는 주께서 받으시는 제사가 무엇인지, 주께서 받으실 수 있는 인생이 무엇인가를 다시 교훈을 받습니다.

지금도 "내가 너를 사랑한다. 그래서 네 대신 내가 죽었다"고 말씀하시는 예수 그리스도의 피흘림의 소리가 내게 들려오고 있다면, 우리는 이제 불신앙의 자리를 박차고 일어나서 주님을 향한 사랑을 고백하며 나를 위해 희생당하신 그리스도의 복음과 사랑의 선포를 통해서 내 자신을 드릴 수 있어야 합니다. 그럴 때 주께서 이렇게 말씀하실 것입니다.

"나의 사랑하는 자여! 나는 네 마음을 알았느니라."

여러분과 저의 인생이 주께서 받으실 수 있는 제사가 될 수 있기를 주의 이름으로 축복합니다.

묵상과 기도

아버지 하나님, 감사합니다. 오늘도 한 주간을 살아가며 주 앞에 나와 말씀을 받고, 말씀을 공부하고, 또 말씀 앞에 응답하는 우리의 삶이기를 기도합니다. 또한 주께서 우리에게 베푸신 놀라운 은혜에 대한 응답으로 우리 자신을 다시 주 앞에 드리고자 합니다.
우리의 헌신이, 또 헌신의 고백으로 드려지는 물질이 주를 향한 우리의 사랑의 증명이요, 고백이 되게 해주시옵소서. 뿐만 아니라 우리의 한평생이 정말 그 사랑에 대한 응답으로 주 앞에 바쳐지도록 도와주시옵소서. 예수님의 이름으로 기도합니다. 아멘.

최초의 살인사건

8

창세기 4:5-15

가인과 그 제물은 열납하지 아니하신지라 가인이 심히 분하여 안색이 변하니 여호와께서 가인에게 이르시되 네가 분하여 함은 어찜이며 안색이 변함은 어찜이뇨 네가 선을 행하면 어찌 낯을 들지 못하겠느냐 선을 행치 아니하면 죄가 문에 엎드리느니라 죄의 소원은 네게 있으나 너는 죄를 다스릴지니라 가인이 그 아우 아벨에게 고하니라 그 후 그들이 들에 있을 때에 가인이 그 아우 아벨을 쳐죽이니라 여호와께서 가인에게 이르시되 네 아우 아벨이 어디 있느냐 그가 가로되 내가 알지 못하나이다 내가 내 아우를 지키는 자니이까 가라사대 네가 무엇을 하였느냐 네 아우의 핏소리가 땅에서부터 내게 호소하느니라 땅이 그 입을 벌려 네 손에서부터 네 아우의 피를 받았은즉 네가 땅에서 저주를 받으리니 네가 밭 갈아도 땅이 다시는 그 효력을 네게 주지 아니할 것이요 너는 땅에서 피하며 유리하는 자가 되리라 가인이 여호와께 고하되 내 죄벌이 너무 중하여 견딜 수 없나이다 주께서 오늘 이 지면에서 나를 쫓아내시온즉 내가 주의 낯을 뵈옵지 못하리니 내가 땅에서 피하며 유리하는 자가 될지라 무릇 나를 만나는 자가 나를 죽이겠나이다 여호와께서 그에게 이르시되 그렇지 않다 가인을 죽이는 자는 벌을 칠 배나 받으리라 하시고 가인에게 표를 주사 만나는 누구에게든지 죽임을 면케 하시니라. (창 4:5-15)

천하보다 귀한 생명의 가치

요즘 국내의 탑 뉴스는 카드 빚으로 인한 엽기적인 살인사건입니다. 카드 빚 800만원을 갚아보려는 욕심으로 이틀 간에 걸쳐서 20대 청년 두 사람이 무려 5명의 여인을 살해한 사건은 우리 사회에 커다란 충격을 가져다주기도 했습니다. 그들이 결국 빼앗았던 돈은 60만원이라고 합니다. 그러니까 다섯 사람의 생명의 가치가 60만원에 불과했던 것입니다.

그렇지만 저는 이러한 살인사건이 결코 인류의 범죄사에서 새로운 것은 아니라고 생각합니다. 어쩌면 이것은 가장 보편적인 범죄일지도 모릅니다.

우리가 성경을 읽어보면 예수님이 가장 많이 경고하신 범죄가 사실은 살인죄였습니다. 그분은 미움까지도 살인의 영역에 포함시켜 경고하고 계십니다. 형제를 미워하는 자는 이미 "살인했다"고 말씀하셨습니다. 미움은 살인의 단순한 원인이 아니라 살인의 시작이라고 주님께서 말씀하십니다.

성경에 제일 먼저 심각하게, 구체적인 범죄로 경고된 것이 바로 살인죄였습니다. 어디에 있습니까? 창세기 9장 6절을 보십시오. "무릇 사람의 피를 흘리면 사람이 그 피를 흘릴 것이니 이는 하나님이 자기 형상대로 사람을 지었음이니라."

무릇 어떤 사람이 다른 사람의 피를 흘리게 되면, 즉 살인하게 되면, 그 역시 피를 흘려야 마땅하다는 것입니다. 왜냐하면 하나님이 자기 형상대로 사람을 지었기 때문입니다. 그러니까 하나님의 형상대로 지음받은 고귀한 생명의 가치를 손상한 사람은 그만한 죄를 받아 마땅하다는 것입니다.

성경에서 최초에 가장 심각하게 경고된 범죄가 바로 이 살인죄였습니다. 우리는 흔히 십계명을 두 개의 커다란 범주로 나눕니다. 제1계명부터 4계명까지를 보통 '대신윤리' 라고 말하는데, 이것은 하나님을 향해서 우리가 지켜야 할 윤리입니다. 그런가 하면 제5계명부터 10계명까지는 '대인윤리' 라고 말하는데, 이것은 사람에 대해서 우리가 지켜야 할 윤리를 형성하고 있습니다.

그러면 사람과 사람 사이에서 지켜야 할 계명 가운데 첫번째 계명은 뭡니까? "네 부모를 공경하라"는 제5계명입니다. "부모를 공경하라"는 이 계명은 적극적인 용법으로 쓰여 있습니다.

그런데 제6계명부터는 '무엇을 하지 말라' 입니다. "살인하지 말라." "간음하지 말라." "도적질하지 말라." "거짓증거하지 말라." 이 '하지 말라' 는 계명 가운데서 첫번째로 강조된 것이 "살인하지 말라" 입니다. 그만큼 성경에서 가장 심각하게 경계된 범죄 가운데 하나가 바로 살인죄였음을 알 수 있습니다.

그럼에도 불구하고 오늘 여러분과 제가 살고 있는 시대, 특별히 우리 한국사회는 '생명 경시 사상' 으로 가득 차 있는 모습을 보여주고 있습니다. 그리스도인들조차도 이런 범죄 속에 빠지는 경우가 결코 적지 않습니다.

그래서 오늘 우리는 인류 역사상 최초의 살인사건을 함께 들여다보면서 살인을 초래하는 요인들이 무엇인가를 주목해 볼 필요가 있습니다. 또 그것으로 경계를 삼고자 합니다.

무엇이 천하보다 더 귀한 사람의 생명을 앗아가는, 이런 죄를 범하게 만드는 요인일까요? 가인이 아벨을 죽인 인류역사상 최초의 살인사건을 통해서 우리는 이 살인을 초래한 몇 가지 주목할 만한 원인을 살펴보고자 합니다.

불신앙, 인간의 원죄

첫째는 불신앙입니다. 저는 가인의 살인사건의 원초적 원인은 바로 이 불신앙에 있었다고 생각합니다. 불신앙은 인간의 원죄라고 할 수 있습니다. 우리는 흔히 원죄의 뿌리를 불순종이라고 많이 생각합니다마는 저는 불순종보다도 더 근본적인 뿌리가 되는 죄악은 불신앙이라고 생각합니다.

왜 아담과 하와가 선악을 알게 하는 나무의 열매를 따 먹었을까요? 그건 물론 불순종입니다. 그런데 순종하지 않은 원인이 바로 불신앙입니다. 하나님을 믿지 않았기 때문입니다.

하나님은 분명히 "네가 이것을 먹는 날에는 정녕 죽으리라"고 말씀하셨습니다. 그러나 사탄은 처음 인간에게 다가와서 뭐라고 말했습니까? "너희가 결코 죽지 아니하리라"고 했습니다.

첫사람 아담은 누구의 말을 믿었습니까? 사탄의 말을 믿었습니다. 그것은 하나님의 말씀을 액면 그대로 믿지 않았다는 증거입니다. 그래서 저는 이 불신앙이 불순종보다도 더 뿌리깊은 인간의 원죄라고 생각합니다.

가인의 제사사건에서도 가인은 왜 자기 동생 아벨처럼 가장 좋은 것을, 최선의 것을, 그리고 처음 것을 제물로 드리지 못했을까요? 저는 가인이 가장 좋은 것을 안 드렸을 뿐만 아니라 아마도 안 좋은 것을 드렸을 가능성이 많다고 생각합니다. 확실히 그것을 꼭 집어서 얘기할 순 없지만, 어느 정도 본문에 암시가 되어 있습니다.

7절을 주목해서 보면, 하나님이 가인을 책망하는 장면에서 이렇게 말씀하십니다. "네가 선을 행하면 어찌 낯을 들지 못하겠느냐 선을 행치 아니하면 죄가 문에 엎드리느니라."

가인의 제물을 드리는 행위 속에 선함이 없다는 것을 하나님께서 강조하신 것으로 보아 아마도 그는 차선의 제물을 드렸을 뿐만 아니라 어쩌면 안 좋은 제물을 드렸을 가능성도 상당히 있다고 생각합니다.

우리가 그런 가정을 받아들인다면, 가인은 왜 하나님 앞에 드리는 제사에서 안 좋은 제물을 드렸을까요? 원인은 간단합니다. 하나님께 대한 신뢰가 없었기 때문입니다.

그의 제사는 형식적인 체면치레에 불과했을 것입니다. 제삿날이 오니까 제물을 드리긴 드려야겠고, 적당히 자기가 가진 농산물 가운데서, 땅의 소산 가운데서 얼마를 드리는 의례적인 형식치레였을 것입니다.

저는 신앙을 결코 돈으로 척도할 수는 없다고 생각합니다. 그럼에도 불구하고 제가 목회를 하면서 보면, 교회에서 정말 헌금생활을 신실하게 하는 사람들은, 돈 있는 사람들이 아닙니다. 돈 있는 사람들은 헌금생활을 잘 하지 않습니다. 신실한 믿음의 사람들이 합니다.

규칙적인 헌신은 규칙적인 믿음의 반영입니다. 규칙적으로 드리는 사람들은 하나님을 향한 규칙적인 믿음의 고백을 드리는 사람들입니다. 결국 하나님에 대한 신뢰의 결핍은 헌신의 표현인 제물을 드리는 일에 있어서 그의 성의 없음을 드러내고 마는 것입니다.

가인이 정말 하나님을 신뢰하였다면, 그의 제사가 거절되었을 때, 하나님이 왜 자신의 제사를 거절하셨는지 그 이유를 묵상하고 자기의 행동을 교정했을 가능성이 상당히 있다고 믿어집니다. 그럼에도 불구하고 가인은 전혀 그런 반응을 보이지 않습니다. "가인과 그 제물은 열납하지 아니하신지라 가인이 심히 분하여 안색이 변하니"(5절).

하나님께서 가인과 그 제물을 받지 않으셨을 때, 이런 반응을 보일 수도 있잖아요? "하나님, 어째서 안 받으십니까? 제가 무엇이 잘못되었습니까? 제가 고치겠습니다." 그러나 가인이 즉각적으로 보인 반응은 분노였습니다. 그 분노가 어디로 나타났습니까? 사람이 화나면 제일 먼저 어디에 나타납니까? 얼굴색이 변하죠. 그건 그때나 지금이나 마찬가지입니다. 저는 이 분노야말로 가인의 의식 깊은 곳에 숨어 있었던 하나님을 향한 불신앙의 표출이었다고 생각합니다.

여러분, 여러분이 믿고 정말 신뢰하는 어떤 분에게 선물을 드렸는데 그분이 선물을 거절했다면 그것 때문에 그와의 관계를 단절하시겠습니까? 그런 관계를 믿음의 관계라고 말할 수 있을까요?

우리는 가인이 이 사건을 통해서 최후로 보여준 반응을 주목해 볼 필요가 있습니다. 본문이 끝나는 16절을 보면, 가인이 어떻게 했습니까? 여호와 앞을 떠났습니다. 더 이상 하나님 앞에 있지 않겠다고 하나님을 떠나버렸습니다.

탈무드에 이런 말이 있습니다. “계속해서 믿을 수 없다면 믿는 것이 아니다.” 어떤 의미에서 탈무드는 구약성경에 나타난 신앙들을 다시 반추하고 소화시켜서 고백한 ‘신앙의 고백록’ 이라고도 할 수 있습니다. 하나님을 계속적으로 신뢰할 수 없다면 그건 신뢰하는 것이 아닙니다.

복음서에 보면, 수로보니게 여인 혹은 가나안 여인이라고도 기록된 여인이 예수님 앞에 나와서 자기 딸을 고쳐 달라고 요청했는데 주님이 거절하셨죠? 그런데 이 여인은 물러가지 않았습니다. 뭐라고 요청했습니까? “개들도 제 주인의 상에서 떨어지는 부스러기를 먹나이다”(마 15:27)라고 하며 계속 그분의 도우심을 구했습니다. 나중에 주께서 “여자야 네 믿음이 크도다 네 소원대로 되리라”(마 15:28)고 말씀하셨습니다.

우리가 참으로 믿는다면 계속 믿어야 합니다. 주님이 일차적으로 내 기도에 어떤 반응을 보여주시든 상관없이 정말 마음 속 깊은 곳에서 하나님을 신뢰한다면 믿음의 관계는 계속되어야 마땅합니다. 그런데 가인은 떠나버렸습니다. 이것은 처음부터 있었던 그의 불신앙을 보여주는 것입니다. 저는 이것이 겉으로 드러난 직접적 원인은 아니지만 가인이 자기 동생을 살인한 본질적 원인은 결국 하나님께 대한 불신앙 때문이었다고 말할 수 있습니다.

질투, 살인의 직접적인 이유

두번째 원인은 질투였습니다. 혹은 시기라고도 할 수 있습니다. 불신앙이 보다 근본적인 요인이지만 불신앙은 여전히 간접적인 요인이라고 할 수 있습니다. 반면에 직접적인 살인의 이유는 질투 혹은 시기라고 말할 수 있습니다. 질투는 강렬한 감정입니다. 영어로 질투라는 말은 '젤러시' (jealousy)라고 하는데요. 첫음절 '젤' (jeal)이라는 단어의 뜻은 열심이라는 뜻입니다. 질투에는 강력한 열정이 들어 있습니다. 질투하고 있는 사람을 한번 자세히 살펴보십시오. 부글부글 감정이 끓어오릅니다.

요셉의 형들이 요셉을 죽이려고 했던 이유가 뭐였습니까? 결국 동생에 대한 질투 때문이었습니다. 또 바리새인들과 당시의 대제사장들이 예수님을 십자가로 몰아가고 있었던 가장 중요한 원인도 결국은 질투 때문이었습니다. 예수님이 하신 일에 대해서, 예수님이 백성들에게 얻고 있었던 인기에 관해서 그 시대의 종교인들이 예수님을 질투한 것이었습니다.

질투는 무서운 것입니다. 인간관계를 왜곡시키는 가장 무서운 감정이 바로 질투심이라고 할 수 있습니다. 우리가 질투심을 극복하는 데 필요한 것은 무엇입니까? 저는 질투를 극복하기 위해서 우리에게 요청되는 가장 중요한 것이 있다면 그것은 냉철한 이성이라고 생각합니다.

어떤 분이 우리 한국인들을 비판하는 글에서 이런 재미있는 표현을 썼던 것을 기억합니다. 한국사람들은 가슴이 아주 뜨거운데, 불행한 것은 머리까지 뜨겁다는 것이었습니다. 머리는 뜨거우면 안됩니다. 머리가 뜨거우면 병이 듭니다. 머리는 차가워야 됩니다. 가슴은 뜨거워도 머리는 차가울 필요가 있습니다.

지금 화를 낼 수밖에 없는 어떤 분노의 상황에 직면해 있다고 해

봅시다. 그러나 이 때도 우리가 이웃에 대해 가져야 할 바른 태도는, 제일 중요한 태도는 벤치마킹(bench marking)의 이성적 자세라고 생각합니다. 벤치마킹의 이성적 자세는 배우려는 자세입니다.

가인이 이런 자세로 접근하는 것을 생각해 보십시오. 동생의 제사와 제물은 하나님이 받아 주셨는데, 자기 것은 안 받아 주셨단 말이죠. '하나님이 왜 동생의 제사는 받으셨을까? 내가 동생에게서 배울 게 뭐지?' 그러면 되는 것입니다. 이것이 배우려는 자세입니다. 그러면 함께 성장해 갈 수 있습니다.

그런데 "왜 동생 것은 받으시고 내 것은 안 받았죠?" 하고 나오기 시작했단 말이죠. 이것이 문제입니다. 배움의 자세가 없었기 때문입니다. '하나님이 왜 동생 아벨의 제사는 받으셨을까?' 하고 냉철한 이성으로 사고할 수 있었더라면 그는 배울 수 있었습니다. 그리고 자기의 잘못된 행동을 교정하고 성숙할 수 있었습니다. 그런데 그걸 못했던 거예요. 그렇지 못할 때 우리가 가는 길은 시기하고 질투하고 스스로를 망치는 것입니다.

가인이 보여준 반응은 뭐였습니까? "내가 내 아우를 지키는 자니이까"(9절). 그는 동생에게서 배우려고 하는 의지가 전혀 없었습니다. 자기 주변의 성공한 사람들에 대해서, 그리고 주님 앞에 믿음으로 나아가는 사람들에 관해서 배우고자 하는 의지를 조금도 갖고 있지 않았습니다. 이런 사람들은 결국 버림을 받습니다.

레오나르도 다빈치는 인류 역사가 낳은 아주 훌륭한 화가입니다. 그렇지만 다빈치의 전기를 기록한 글을 읽다가 이런 내용을 본 적이 있습니다.

다빈치 인생의 마지막 무렵에 그의 역량은 상당히 흔들렸고 제한을 받았다고 합니다. 더 황홀한 빛을 발할 수 있었음에도 불구하고 그의 역량이 제한받았던 이유는 미켈란젤로 때문입니다. 떠오르는 별이 나타났기 때문입니다. 미켈란젤로를 질투하면서 그는 비틀거리기 시작합니다.

비슷한 이야기가 기억나지 않습니까? 영화 "아마데우스"를 보면, 유명한 안토니오 살리에리가 등장하는데, 이 사람은 훌륭한 궁중 음악가였습니다. 나름대로 인정을 받고 끝까지 쓰임을 받을 수 있는 놀라운 재목을 가지고 있는 음악가였습니다. 그런데 신동이 하나 나타났습니다. 모짜르트가 나타난 것입니다. 자기를 능가하는 사람이 나타난 거예요. 그 다음부터 질투가 부글부글 끓어오르기 시작합니다. 그래서 자기 역량 자체가 제한을 받게 됩니다.

사실 이 사람도 훌륭한 음악가로서 얼마든지 나름대로 그 역량을 펼쳐갈 수 있는데 질투하는 그 순간, 질투의 포로가 되는 그 순간부터 그의 역량이 제한을 받고 그의 가능성이 빛을 잃어버리기 시작한 것입니다.

설교자에게도 질투가 있을 수 있습니다. 저 역시 요즘 젊은 설교가들을 보면서 '잘하는 사람이 많구나' 하고 느낄 때가 있습니다. 그 때 제 마음을 어떻게 다스리느냐 하는 것은 참 중요합니다.

기독교 역사에 남아 있는 유명한 얘기로 제게 아주 인상깊은, 좋은 교훈을 준 사건이 하나 있습니다. 영국 런던에 마이어(F. B. Mayer)라는 훌륭한 목사님이 계셨는데, 아주 훌륭한 설교가이자 성경 강해가였습니다.

그런데 어느 날 런던에 한 설교가가 혜성처럼 등장했습니다. 그의 이름은 바로 스펄전(Charles Spurgeon)이었습니다. 그리고 또 한 사람의 설교가가 런던에 등장했는데, 그 사람의 이름은 캠벨 몰간(Campbell Morgan)이었습니다.

이 두 사람의 설교가가 혜성처럼 등장했을 때, 가끔씩 사람들이 마이어 목사님에게 와서 "목사님, 저는 스펄전 목사님의 설교가 너무너무 좋아요" 하는 것이었어요. 마이어 목사님도 인간인데, 자기보다 설교를 잘하는 사람이 나타났다고 하니까 마음 속에 부담이 될 수도 있었겠죠. 그래서 그는 그 문제를 가지고 기도했습니다.

그런데 그가 주님 앞에 깊은 기도를 할 때에 놀라운 기도가 쏟아져 나왔습니다. 아주 유명한 기도입니다. 그 기도가 상당히 오랫동안 계속되었다고 합니다.

"하나님, 하나님께서 이 런던에 두 명의 새로운 설교가, 스펄전과 캠벨 몰간을 주셨습니다. 이런 위대한 설교가를 주신 하나님을 찬양합니다. 스펄전 목사님의 교회를 축복해 주십시오. 캠벨 몰간의 웨스트민스터 채플을 축복해 주십시오. 이 교회들이 계속 부흥되게 도와주십시오. 그래서 사람들이 앉을 자리가 없이 가득 차거든 남은 사람들을 저희 교회에 돌려주시옵소서."

아주 놀라운 기도입니다. 얼마나 여유로운 마음입니까? 동료 설교가들을 축복할 수 있는 이 여유로움은 기도를 통해서 얻을 수 있었습니다. 심지어 마이어 목사님은 스펄전의 설교를 연구했다고 합니다. 얼마나 아름다운 자세입니까? 우리는 계속 배워야 합니다. 어느 시대든 더 좋은 설교가가 나오는 것은 축복할 만한 일이 아닙니까?

다른 분야에서도 마찬가지입니다. 내가 있는 분야에서 나보다 훌륭한 사람이 언제라도 나올 수 있단 말이죠. '나보다 나은 사람이 어디 있어?' 하는 것보다 '하나님이 또 한 분의 좋은 선물을 주셨습니다. 제가 그에게서 배우고 싶습니다' 하는 것이 얼마나 아름다운 자세입니까?

이런 냉철한 이성의 자유를 갖지 못한다면, 우리는 질투의 노예가 되기 쉽습니다. 그리고 질투에 사로잡히기 시작하면 내 자신이 가진 가능성의 빛을 스스로 포기하게 됩니다. 왜 가인이 동생을 죽였을까요? 바로 질투심 때문입니다.

삶을 파괴시키는 분노

세번째 원인은 분노 때문입니다. 더 정확히 말하면, 분노 그 자체 때문이 아니라 분노를 다스리지 못했기 때문입니다. 본문 6-7절을 보면, "여호와께서 가인에게 이르시되 네가 분하여 함은 어찌이며 안색이 변함은 어찌이뇨 네가 선을 행하면 어찌 낯을 들지 못하겠느냐 선을 행치 아니하면 죄가 문에 엎드리느니라 죄의 소원은 네게 있으나 죄를 다스릴지니라"고 기록되어 있습니다.

죄의 소원이 일어나는 것까지는 하나님이 상당히 참으시는 것 같습니다. "죄의 소원은 네게 있으나" 그 다음에 뭐라고 했습니까? "너는 죄를 다스릴지니라."

여러분, 신약성경에서도 분노 그 자체는 정죄하지 않는다는 것을 아십니까? 분노 그 자체는 하나님이 문제삼지 않습니다. 생각해보십시오. 우리가 분노도 하지 않고, 화도 내지 않는다면 어디 인간이라고 할 수 있겠습니까? 화 한 번 내본 적이 없는 사람들이 있습니까?

바울 사도는 분노를 언제까지 갖고 있으면 안 된다고 했습니까? "해가 질 때까지." 이 얘기는 분노가 일어날 수 있다는 말입니다. 화를 낼 수도 있습니다. 그런데 그것을 풀어야 한다는 말입니다. 다스려야 한다는 말입니다. 스스로 그 분노를 다스릴 줄 알아야 한다는 말이죠.

가인의 문제는 분이 났을 때 그 분을 다스리지 못한 것입니다. 그리고 그것이 살인으로 발전하도록 내버려둔 거예요. 그래서 이 분노가 결국 살인을 초래한 것입니다. "분노대로 사람을 죽이고"(창 49:6). 모든 살인사건의 배후에는 이런 분노의 감정이 있습니다.

알렉산더의 일화 가운데 유일한 후회 사건이 하나 있었다고 합니다. 알렉산더에게는 어릴 적부터 친구였던 클레토스라는 한 친구가 있었는데, 이 친구가 알렉산더 휘하의 참모장군이 되었습니다. 어렸을 때는 친구였지만 알렉산더의 부하가 된 것이지요. 이 부하 장군이 어느 날 알렉산더를 좀 놀렸다고 합니다. 그런데 알렉산더는 자기의 친구였던 부하가 자기를 무시했다고 느꼈습니다. 그 순간 알렉산더는 열을 받아서, 그만 옆에 있는 창을 친구에게 던져 친구를 죽이고 말았습니다. 그리고 얼마나 후회하며 울었는지 모른다고 합니다. 그는 온 세상을 정복하고 더 정복할 땅이 없어서 울었다고 기록된 인물이지만 자기 마음 속의 분노는 정복하지 못했습니다.

잠언 16장 32절 말씀에 "노하기를 더디 하는 자는 용사보다 낫고 자기의 마음을 다스리는 자는 성을 빼앗는 자보다 나으니라"고 했습니다.

알렉산더는 세상을 정복했지만 자기의 마음을 정복하지는 못했습니다. 그는 그것을 자기 생애 최대의 수치요, 오점이며, 후회라고 술회했다고 합니다.

야고보서 1장 20절에도 "사람의 성내는 것이 하나님의 의를 이루지 못함이니라" 고 기록되어 있습니다. 어쨌든 성내서 유익할 것이 없다는 말입니다.

분노는 가장 비생산적인 것입니다. 분노는 대체로 파괴적입니다. 분노가 유익한 결과를 가져오는 경우는 거의 없습니다. 분노는 대부분 비생산적인 것입니다.

기독교 생명관의 회복

그러면 우리가 어떻게 살인을 예방하고 사랑을 증진시키는 삶을 추구해 갈 수 있을까요? 결론적으로 저는 무엇보다도 기독교의 생명관을 회복하는 것이 제일 중요하다고 생각합니다.

성경은 사람의 생명이 얼마만큼 가치 있는 것이라고 가르치고 있습니까? 창세기 9장 6절에서도 우리가 살인하지 말아야 할 이유를 역설할 때, "무릇 사람의 피를 흘리면 사람이 그 피를 흘릴 것이니 이는 하나님이 자기 형상대로 사람을 지었음이니라" 고 말하고 있습니다. 성경은 인간의 가치를 말할 때 "하나님의 형상대로 지음을 받았다" 는 것에서부터 시작하고 있습니다.

여러분, 하나님은 얼마만큼 가치를 갖는 분이십니까? 우리의 가치는 하나님의 가치와 근사합니다. 하나님은 아니지만 하나님을 닮은 존재로서 우리는 하나님과 근사한 가치를 지니는 존재입니다.

여러분, 하나님의 가치는 얼마만큼의 가치일까요? 하나님의 가치는 두 가지 단어로밖에 설명할 수 없습니다. 그것은 무한하고 절대적인 가치입니다. 그렇다면 그 하나님을 닮은 인간 생명의 가치도 무한한 것입니다. 그리고 그것은 절대적인 것입니다. 무한하고 절대적인 가치를 지닌 것입니다.

그래서 예수님은 뭐라고 말씀하십니까? "사람이 만일 온 천하를 얻고도 제 목숨을 잃으면 무엇이 유익하리요"(막 8:36). 한 목숨의 가치, 한 생명의 가치를 천하와 맞먹는 것으로, 아니 천하를 주고도 바꿀 수 없는 가치를 지닌 것으로 주님은 선포하셨습니다.

예수께서 십자가에서 자신의 생명을 주신 이유는 어디에 있습니까? 절대 가치를 지니신 자신의 생명, 하나님의 아들의 생명을 희생함으로써 저와 여러분의 절대적 생명의 가치의 회복을 주께서 우리에게 기대하신 것입니다.

이와 같은 예수님을 나의 구세주와 주님으로 받아들인 우리라면 이제부터 가장 중요한 것이 뭡니까? 이제 주님의 관점에서, 하나님의 관점에서 이웃을 바라보고 이웃을 섬기는 삶을 시작해야 합니다.

이웃 한 사람 한 사람이 얼마만큼 가치가 있다구요? 절대적이고도 무한한 가치를 지니고 있습니다. 아무리 별볼일없어 보이는 사람이라고 할지라도 그 한 사람의 가치는 천하보다 더 귀합니다. 그래서 살인의 죄가 무서운 것입니다. 그것이 용서받을 수 없는 죄는 아니지만 하나님 앞에 무서운 범죄인 것입니다.

저는 오늘날 우리 사회가 불행히도, 우리가 태어날 때부터 죽을 때까지 생명을 경시하는 훈련을 받고 있지 않은가 하는 생각을 할 때가 많이 있습니다. 여러분, 한국처럼 낙태가 자유로운 나라가 없습니다. 얼마나 쉽게 생명을 버립니까?

저는 최근에 우리 교회 자매 한 분이 산부인과를 개업하는 병원을 간 일이 있습니다. 그런데 개업예배 자리에서 그분이 눈물을 흘리면서 간증을 했습니다. 자신이 낙태수술을 한 일이 있었다고. 그러나 새롭게 시작하는 병원에서는 낙태수술을 하지 않고 하나님의 방법대로 병원을 운영하겠다고 말입니다. 그 여의사의 간증을 들으면서 그분이 얼마나 귀하게 보였는지 모릅니다.

낙태로부터 시작해서 노골적이지는 않지만 안락사가 쉽게 허용될 수 있는 사회 분위기. 쉽게 생명을 버릴 수 있는 분위기. 그것은 우리 한국사회가 해결해야 할 최대의 문제가 아닌가 싶습니다.

미국 그리스도인들이 국회의원이나 정치인들을 투표할 때 제일 먼저 보는 것이 뭔지 아십니까? 어느 당에 속해 있느냐가 아닙니다. 낙태에 대해서 어떠한 견해를 갖고 있는지, 그가 어떤 법 제도에 찬성했는지 그것을 보고 표를 찍습니다.

한국 그리스도인들의 수준도 이젠 달라져야 합니다. 나하고 고향이 같은가 그거 보고 찍으면 안돼요. 그가 생명의 가치를 얼마나 존중히 여길 줄 아는가, 얼마나 하나님의 가치를 받아들일 줄 아는 사람인가, 나라 법을 제정할 때 얼마나 기독교적 가치를 존중하는 사회로 만들어 갈 것인가, 그걸 보고 표를 찍을 줄 아는 성숙한 사회가 돼야 합니다.

서두에 언급한 이런 엽기적인 살인사건은 우리 사회의 생명에 대한 이런 무분별한 태도를 드러낸 빙산의 일각 같은 사고에 불과하다고 생각합니다. 우리 나라가 진정한 성서적 가치 위에 세워진

나라가 될 때, 그리고 우리 민족이 살아 계신 하나님을 믿고 참으로 섬기는 나라가 될 때 비로소 우리 사회가 생명을 존중하는 사회로 회복될 것을 믿습니다. 살인하지 마십시오. 형제를 미워만 해도 살인이라고 했습니다.

참으로 이 시대가 어두워지고 있습니다. 생명의 가치가 평가절하되고 있습니다. 불과 60만원 때문에 다섯 사람의 무고한 생명을 희생시킨 사회. 사회를 이렇게 만든 데는 여러분과 저의 책임도 있습니다. 하나님, 우리 사회가 다시 생명의 가치를 존중하는 사회가 되도록, 하나님의 가치를 회복시키는 사회가 될 수 있도록, 하나님의 말씀을 한국사회의 가치관으로 수용할 수 있는 나라가 되도록 기도해야 할 것입니다.

묵상과 기도

자비로우신 하나님! 오늘 우리에게 주신 말씀을 받습니다. 오늘 우리가 어떻게 이런 어두운 시대를 살아갈 수 있는 것인가를 묻습니다. 아버지 하나님! 참으로 이 시대의 어두움을 극복하며 주님이 기뻐하시는 진정한 사회를 이룰 수 있도록, 우리 가운데 하나님의 성령께서 역사하시고, 우리 마음을 붙잡아 주시며, 우리의 심령 속에 주의 거룩한 메시지를 허락해 주심으로 주의 말씀을 붙들고 살아가는 당신의 백성들이 되도록 역사해 주시옵소서. 오 아버지 하나님! 한사람 한사람의 생명을 천하보다 더 소중히 여기는 사회가 될 수 있도록 도와주시옵소서. 예수님의 이름으로 기도합니다. 아멘.

인류 최초의 문명

9

창세기 4:16-26

가인이 여호와의 앞을 떠나 나가 에덴 동편 놋 땅에 거하였더니 아내와 동침하니 그가 잉태하여 에녹을 낳은지라 가인이 성을 쌓고 그 아들의 이름으로 성을 이름하여 에녹이라 하였더라 에녹이 이랏을 낳았고 이랏은 므후야엘을 낳았고 므후야엘은 므드사엘을 낳았고 므드사엘은 라멕을 낳았더라 라멕이 두 아내를 취하였으니 하나의 이름은 아다요 하나의 이름은 씰라며 아다는 야발을 낳았으니 그는 장막에 거하여 육축 치는 자의 조상이 되었고 그 아우의 이름은 유발이니 그는 수금과 퉁소를 잡는 모든 자의 조상이 되었으며 씰라는 두발가인을 낳았으니 그는 동철로 각양 날카로운 기계를 만드는 자요 두발가인의 누이는 나아마이었더라 라멕이 아내들에게 이르되 아다와 씰라여 내 소리를 들으라 라멕의 아내들이여 내 말을 들으라 나의 창상을 인하여 내가 사람을 죽였고 나의 상함을 인하여 소년을 죽였도다 가인을 위하여는 벌이 칠 배일진대 라멕을 위하여는 벌이 칠십칠 배이리로다 하였더라 아담이 다시 아내와 동침하매 그가 아들을 낳아 그 이름을 셋이라 하였으니 이는 하나님이 내게 가인의 죽인 아벨 대신에 다른 씨를 주셨다 함이며 셋도 아들을 낳고 그 이름을 에노스라 하였으며 그 때에 사람들이 비로소 여호와의 이름을 불렀더라. (창 4:16-26)

본문 17절에 보면, "가인이 성을 쌓고"라는 말이 나옵니다. 이 성이란 말은 다른 말로 하면 도시입니다. 영어성경에는 "도시를 만들고"라고 되어 있습니다. 옛날 도시는 성 안에서 이루어졌기 때문에 이 성은 도시입니다. 성을 다른 말로 하면 도시이고, 또 도시라는 말에서 문명이라는 말이 나왔습니다. 영어로는 문명을 '시벌리제이션' (civilization)이라고 하는데, 이 단어는 라틴어의 '키비스' 혹은 '키빌리타스' 란 단어에서 나온 것으로 시민 혹은 도시란 뜻입니다. 그러니까 문명이라는 단어의 어근은 도시입니다. 도시에서 문명이라는 단어가 나온 것입니다.

문명이란 무엇입니까? 문명과 가장 비슷한 단어 하나는 문화입니다. 문명과 문화는 때로 동의어처럼 함께 쓰여지기도 하지만 때로는 문명과 문화를 구별시켜서 다르게 사용하기도 합니다.

문명과 문화를 구별할 때는 일반적으로 정신적 가치의 결과, 즉 정신적 가치가 생산한 것을 가리켜서 문화라고 말하고, 물질적이고 기술적인 가치를 말할 때는 보통 문명이라고 말합니다. 본 장에서는 보다 광범한 의미에서 문화와 문명을 구별하지 않고 함께 사용하도록 하겠습니다.

본문에서는 인류 최초의 문명이 어떻게 이루어졌는지, 문명의 발전과 문명의 죄성에 대해, 그리고 우리가 어떻게 문명을 구원할 것인가라는 메시지가 다뤄지고 있습니다.

문화인류학자들은 주전 2800년 전에 인류역사 속에 본격적인 문명이 발생했다고 말합니다. 최초의 본격적인 문명은 바로 이집트 문명입니다. 그러나 주전 2800년 전에도 문명은 존재했습니다. 본문은 그보다 앞서 존재한 문명의 기원을 추적합니다.

인류학자들도 중동지방 어딘가에, 주전 4000년경에 이미 고대문명의 분명한 흔적이 있었다는 사실을 보고하고 있습니다. 여기서 우리는 최초의 문명, 성경이 증언하고 있는 인류 최초의 문명사를 함께 살펴보도록 하겠습니다. 본문이 보여주는 문명, 어떻게 이루어져 갔습니까?

문명의 발전

첫째로, 본문은 문명의 발전을 보여주고 있습니다.

"아내와 동침하니 그가 잉태하여 에녹을 낳은지라 가인이 성을 쌓고 그 아들의 이름으로 성을 이름하여 에녹이라 하였더라"(17절).

가인이 하나님을 떠나간 후에 제일 먼저 한 일은 성을 쌓는 일이었습니다. 다시 말하면 뭡니까? 도시를 만든 것입니다. 도시를 만드는 일을 제일 먼저 했습니다. "아다는 야발을 낳았으니 그는 장막에 거하여"(20절). 그 다음에 가인의 후손 가운데 한 사람이 장막을 만들어 그 안에 거했습니다. 집을 만든 거예요. 도시를 만들고 집을 만들었습니다. 그 다음 21절을 보면, "그 아우의 이름은 유발이니 그는 수금과 퉁소를 잡는 모든 자의 조상이 되었으며"라고 했습니다.

그러니까 오늘 성가대의 조상 이름이 뭡니까? 유발입니다. 여기서 처음으로 악기가 출현합니다. 성경 최초의 악기와 음악에 대한 언급이 나타납니다. 수금은 하프고, 퉁소는 플루트입니다. 그래서 음악이 만들어집니다. 다시 말하면, 문화가 등장하는 것입니다. 성경 최초로 문화가 여기서 등장합니다. 그 다음 22절을 보면, "씰라는 두발가인을 낳았으니 그는 동철로 각양 날카로운 기계를 만드는 자요"라고 했습니다. 기계의 아버지는 누굽니까? 두발가인입니다. 기계문명의 원조, 기계공학의 원조는 두발가인입니다. 여기서 기계가 만들어졌습니다. 도시가 만들어지고, 집이 만들어지고, 음악과 같은 문화가 만들어지고, 그 다음에 기계가 만들어졌습니다.

저는 이러한 문명의 발전은, 인간의 세 가지 심층적 욕구에 뿌리박고 있다고 생각합니다. 인간 마음 속의 가장 깊은 세 가지 욕구때문에 여러분이 아우성치고, 발버둥치고, 인상쓰고, 신경질내고 하는 것입니다.

그 세 가지 욕구가 뭡니까? 첫째는 안전의 욕구입니다. '내가 좀 안전하게 살았으면 좋겠다. 불안하지 않고 보호된 안전감 속에 살았으면 좋겠다' 하는 것입니다. 또 하나는 뭡니까? '편리하게 살았으면 좋겠다' 하는 편리의 욕구입니다. 세번째 욕구는 뭡니까? 자아실현의 욕구입니다. 이 세 가지가 저는 인간이 가진 가장 기본적이고도 심층적인 욕구라고 생각합니다.

첫번째로는 안전해야 합니다. 우선 생존 그 자체가 가능해야 합니다. 의식주 해결이 인간의 가장 기본적인 욕구 아니겠습니까? 먹어야 하고, 입어야 하고, 살 집이 있어야 합니다. 그래야 안전감을 느낍니다. 먹을 것 있고, 입을 옷 있고, 살 집이 있어야 '아, 나도 이제 살 만하다' 하고 안전감을 느낍니다. 안전에 대한 욕구가 인간이 가진 가장 심층적인 욕구입니다.

그 욕구가 해결되면 편리에 대한 욕구가 생깁니다. '좀더 편리하게 살았으면 좋겠다. 좀더 편하게 일했으면 좋겠다. 좀더 편리한 공간을 가졌으면 좋겠다' 하는 편리함에 대한 욕구가 발생합니다.

어느 정도 안전해지고 편리하게 살게 되면, 그 다음에 자아실현의 욕구가 생깁니다. '인간으로 태어나서 나도 하고 싶은 일을 하고 살고 싶다' 하는 것 말입니다.

그래서 아브라함 마슬로(abraham Maslow)라는 심리학자는 인간의 마지막 욕구, 가장 고급한 욕구, 가장 궁극적인 욕구를 바로 이 자아실현의 욕구라고 말했습니다. 그런데 먹고 살기 힘들 때는 자아고 뭐고 다 없습니다. 일단은 먹을 게 있어야 되고 살 집이 있어야 됩니다.

자아실현의 결과가 바로 문화를 만드는 것입니다. 사람들이 음악을 하고, 그림을 그리고, 글을 쓰고, 발명을 하는 게 다 자아실현의 욕구라고 할 수 있습니다.

결국 우리가 발버둥치는 게 다 이 세 가지 때문입니다. 우리가 인생을 살면서 땀흘리고 애쓰고 신경질내고 남편과 싸우고 하는 게 다 결국 이 세 가지 욕구 때문인 것입니다.

물론 이 세 가지 욕구 때문에 문화가 발전합니다. 이렇게 인류의 처음 문명도 발전해 갔습니다. 도시를 만들고, 집을 만들고, 기계를 만들고, 그 다음에 음악을 만들기 시작했습니다. 이것이 문명의 발전사입니다.

문명의 죄성

둘째로, 본문에서 문명의 죄성을 볼 수 있습니다. 문명 안에는 인간의 죄가 반영되어 있습니다. 문화 속에서, 문명 속에서 인간의 죄성을 볼 수 있는 것입니다.

문화가 다 나쁜 것은 아닙니다. 그렇다고 문화가 다 선한 것도 아닙니다. 문화 속에는 악의 요소도 있습니다. 인간이 죄인이기 때문에 죄인이 만드는 문화, 죄인이 만드는 문명 속에는 악한 요소들이 있습니다. 죄성이 있습니다. 이것은 문명의 발전과정에 있어서 피할 수 없는 인간 죄성의 반영이라고 할 수 있습니다.

사람은 더 안전해지길 원합니다. 자물쇠 하나 한 다음에 자물쇠 두 개, 그 다음에 또. 더 확고한 안전을 추구하게 됩니다. 그리고 더욱 편리해지기를 원합니다. 좀더 편리한 공간, 좀더 편리한 자동차, 좀더 편리한 주거환경, 계속 더 편리한 것을 추구하게 됩니다. 그것이 충족되면 마음 속에 묻어 두었던, 꿈꾸어 왔던 것을 한번 이루어 보자 하는 마음에 자꾸만 자기표현에 대한 욕구를 나타내기 시작합니다.

그런데 이런 모든 욕구의 밑바탕에 도사리고 있는 것이 있습니다. 그것은 욕망입니다. 그러니까 좀더 편리한 공간, 좀더 편리한 환경을 추구하고, 자아실현을 하고 싶다고 하는 이런 모든 것의 밑바탕에는 욕망이 도사리고 있습니다. 그리고 욕망을 키워가다 보면 반드시 무엇을 낳습니까? “욕심이 잉태한즉 죄를 낳고”(약 1:15). 욕심은 반드시 죄를 낳게 되어 있습니다.

그래서 본문에 보면, 계속 도시도 만들어지고 집도 만들어지고 음악도 만들어지지만 이 문명의 발전과 함께 또 죄가 발전해 가는 모습을 볼 수 있습니다. 문명이 계속 발달하지만 문명이 결코 죄 문제를 해결하지는 못합니다. 오히려 문명과 문화는 발달하지만 더 많은 죄가 이 땅에 틀림없이 찾아올 것입니다. 그것이 인류역사가 보여주는 것입니다.

본문에서도 라멕이라는 사람의 축첩사건과 살인사건, 이 두 가지 죄가 기록되고 있습니다. "라멕이 두 아내를 취하였으니 하나의 이름은 아다요 하나의 이름은 씰라며"(19절).

라멕이 아내를 몇이나 취했습니까? 두 아내를 취했다고 했습니다. 하나님의 명백한 창조명령을 범한 것입니다. 구약시대에 여러 명의 여인들과 함께 사는 것이 어느 정도 허용되었다고 해도 그것이 하나님의 본래 뜻은 결코 아닙니다.

예수님은 창조 때의 인간의 본연의 모습을 가르치면서, 결혼을 어떻게 정의하셨습니까? "이러므로 사람이 그 부모를 떠나서 그 둘이 한 몸이 될지니라 이러한즉 이제 둘이 아니요 한 몸이니 그러므로 하나님이 짝지어 주신 것을 사람이 나누지 못할지니라"(막 10:7-9).

일부일처제는 하나님의 창조질서이며 창조 의도입니다. 그런데 라멕은 둘이 한 몸이 아니라 셋이 한 몸을 이루기 시작했습니다. 어떤 사람은 넷이 한 몸을, 어떤 사람은 다섯이 한 몸을 이루는 경우도 있고, 어떤 사람은 자기가 얼마나 많은 여인을 정복했는가를 종종 자랑하는 경우도 볼 수 있습니다. 그것이 다 어디서부터 시작되었습니까? 라멕에서부터 시작되었습니다. 이런 많은 축첩과 플레이보이의 원조가 바로 누굽니까? 라멕입니다.

라멕은 두 여인을 거느리는 데서 끝나지 않고 살인사건을 저지릅니다. 살인사건의 진상을 라멕이 자기 입술로 고백했습니다. "라멕이 아내들에게 이르되 아다와 씰라여 내 소리를 들으라 라멕의 아내들이여 내 말을 들으라 나의 창상을 인하여 내가 사람을 죽였고 나의 상함을 인하여 소년을 죽였도다"(23절).

라멕이 살인사건에 대해 자기 아내들에게 고백을 했습니다. "라멕의 아내들이여 내 말을 들으라 나의 창상을 인하여." 그러니까 그가 먼저 공격을 한 것이 아니고 아마 먼저 찔림을 당했을지도 모릅니다. "나의 창상을 인하여 내가 가만히 있을 수 없어서 사람을 죽였다." 그런데 거기서 끝나는 것이 아니라 "나의 상함을 인하여 소년을 죽였도다"라고 고백을 합니다.

우리는 본문에서 라멕의 살인사건의 원인과 그 진상이 무엇이었는가를 잘 알 수가 없습니다. 혹시 아내를 둘씩 얻다보니까 인간관계가 복잡해져 그것이 살인사건을 낳았을 가능성도 없지 않습니다.

우리는 본문에서 가인의 후예들의 이름을 살펴보면서 그 이름이 고대의 어떤 죄상을 보여주고 있는 하나의 암시가 아닌가 하는 생각을 하게 됩니다.

우선 라멕이란 이름은 '강하다'는 뜻입니다. 자기의 강함을 입증하기 위해서 여자도 하나가 아니라 둘씩 얻고 또 사람도 죽였습니다. 라멕의 아내 이름도 흥미롭습니다. 라멕의 첫째 아내 이름이 뭡니까? '아다'입니다. '아다'는 '빛, 기쁨'이란 뜻입니다. 그런데 둘째 아내를 얻으면서 복잡해지기 시작합니다. 한 사람과 사는 것도 복잡한데 둘 이상 되면 얼마나 복잡하겠습니까? 둘째 아내의 이름은 씰라입니다. '씰라'란 이름은 '그늘'이라는 뜻입니다. 이제 그늘이 찾아오기 시작합니다. 어둠이 찾아오기 시작해요. 그 어떤 이름도 그 때 역사의 현장에 대한 어떤 암시가 들어 있지 않은가 생각해 볼 수 있습니다.

18절에 보면, "에녹이 이랏을 낳았고." 이랏은 '도망자' 란 뜻입니다. 또 "이랏은 므후야엘을 낳았고." 므후야엘은 '하나님이 때리셨다', '하나님이 치셨다' 뭐 이런 뜻입니다. 하나님의 징계를 반영하는 그런 이름입니다. "므후야엘은 므드사엘을 낳았고." 므드사엘 혹은 므드스올이라는 말은 '지옥의 아들, 음부의 아들' 이란 뜻입니다. 가인의 후손들의 이름 속에서도 죄가 가져온 그 시대의 어둠과 그들이 경험했던 삶의 고통이나 불행을 엿볼 수 있습니다. 이것이 다 죄의 모습입니다.

문명이 발전하지만 문명의 뒤안길에서 우리는 죄와 어둠과 고통이 드러나고 있는 모습을 볼 수 있습니다. 문명이 아무리 발달해도 죄 문제는 결코 해결되지 않습니다. 왜냐하면 문명을 만드는 사람들이 죄인이기 때문입니다. 그 죄성은 우리가 만드는 문명 속에 반드시 드러날 수밖에 없습니다. 오늘 본문은 문명의 죄성을 보여줍니다. 그러나 본문은 결코 나쁜 소식으로 끝나지 않습니다.

문명 치유와 구원

셋째로, 본문은 문명의 구원을 보여줍니다.

이런 인류의 죄악의 문명에는 희망이 있을까요? 없을까요? 희망이 있습니다. 그 희망은 가인의 후손을 통해서는 올 수 없었습니다. 그 희망은 가인의 후손이 아니라 셋의 후손을 통해서 그 여명이 비춰 오기 시작합니다.

셋은 아벨을 대신해서 태어난 사람입니다. 바로 이 셋의 후손이 메시야의 계열입니다. 하나님의 백성의 계열입니다. 그리고 그 해답은 바로 본문 25-26절에 나타나 있습니다. "아담이 다시 아내와 동침하매 그가 아들을 낳아 그 이름을 셋이라 하였으니 이는 하나님이 내게 가인의 죽인 아벨 대신에 다른 씨를 주셨다 함이며 셋도 아들을 낳고 그 이름을 에노스라 하였으며 그 때에 사람들이 비로소 여호와의 이름을 불렀더라."

가인의 후손을 통해서 문명이 만들어졌지만, 그 문명은 가인의 범죄를 계속 반영하고 있습니다. 폭력의 문화, 살인의 문화, 왜곡된 성의 문화, 바로 이런 문화가 인류의 죄성을 계속해서 보여주고 있습니다.

라멕도 그것을 알았습니다. "가인을 위하여는 벌이 칠 배일진대 라멕을 위하여는 벌이 칠십칠 배이리로다"(24절). 자신이 범한 죄의 어두움을 폭로하고 있는 모습을 볼 수 있습니다. 그러나 희망은 가인의 후손이 아니라 셋의 후손을 통해서 주어집니다. 아벨 대신에 주어졌던 아들이 셋입니다. 그러니까 세번째로 낳은 아들이 셋입니다. 셋이란 이름의 뜻은 '선택받은 자' 란 뜻입니다. 셋은 하나님께 특별히 선택된 사람이었습니다. 바로 이 셋의 후손, 셋의 계열을 타고 메시야가 오시게 됩니다.

그런데 이 셋이 또 아들을 낳았습니다. 셋의 아들은 누굽니까? 에노스에요. 에노스는 '사람' 이란 뜻입니다. 다른 말로 하면 흙입니다. 히브리말로 사람이란 말은 흙이란 뜻입니다. 흙이 사람입니다. 굉장히 폼잡고 근사하게 하고 다니지만 생명이 끊어지면 그 순간부터 흙으로 돌아갑니다.

그런데 왜 하필 아들의 이름을 흙이라고 지었을까요? 이것은 모두 인간의 연약함을 반영하는 것입니다. 흙으로 돌아갈 수밖에 없는 연약한 인생, 흙으로 돌아갈 수밖에 없는 한계를 가진 존재라는 말입니다. 그러나 그것이 중요한 것이 아닙니다. 26절을 보면, 놀라운 일이 생겼습니다. "셋도 아들을 낳고 그 이름을 에노스라 하였으며 그 때에 사람들이 비로소 여호와의 이름을 불렀더라."

자기의 연약함과 한계를 깨닫고 비로소 여호와이신 하나님의 이름을 부르기 시작한 것입니다. 다시 말하면, 자신의 한계를 깨달은 사람들이 하나님을 믿는 것입니다.

사람들이 왜 하나님을 안 믿습니까? 자기가 하나님이라고 생각하기 때문에 그렇습니다. '나는 별 수 없는 피조물에 불과하다. 나는 흙으로 돌아갈 수밖에 없는 인생이다' 라고 자각해야 합니다. 그렇다면 나를 지으신 하나님을 의지할 수밖에 없습니다.

그래서 여호와이신 하나님의 이름을 부르는 그 순간이 바로 구원의 순간입니다. 우리는 한평생 그 하나님의 이름을 부르며 살아갑니다. 그것이 예배가 아니겠습니까?

라멕의 문화와 셋의 문화는 정반대의 문화입니다. 라멕의 문화가 세속적 인본주의를 대표하는 문화라면 셋의 문화는 신본주의를 대표하는 문화입니다. 여기서 우리는 문명 치유와 구원의 새로운 가능성을 보게 됩니다.

음악 자체가 나쁜 것이 아닙니다. 자아를 표현한다는 자체가 나쁜 것이 아닙니다. 그러나 자아를 표현할 때 누구를 위해서 표현해야 됩니까? 하나님을 위해서입니다. 안 믿는 사람들은 음악으로 자기를 표현할 때 자기 자신을 위해서 합니다.

그러나 우리는 나를 흙으로 지으시고 내 속에 거룩한 하나님의 숨결을 불어넣어 주신 내 인생의 진정한 주인이신 하나님을 위해서 작곡하고, 하나님을 위해서 찬양하고, 하나님을 위해서 노래합니다. 이것이 바로 셋의 문화요, 또 셋의 문명인 것을 믿으시기 바랍니다.

여기에 바로 진정한 문명 치유와 구원의 방법이 있습니다. 내가 예수님을 알기 전엔 누구를 위해서 살았습니까? 나만을 위해서 살았습니다. 자기를 위해서 살던 사람이 어느 날 예수님을 만나는 순간, 하나님을 뭐라고 부르기 시작합니까? 아버지 혹은 주님으로 고백하기 시작합니다. 그 때부터 나는 그의 이름을 드러내기 위해서, 그의 이름을 부르며, 또 그의 이름을 높여드리고, 그의 이름을 찬양하며 살기 시작합니다. 이것이 바로 인류 문명에서의 진정한 구원의 길인 것을 믿으시기 바랍니다.

그렇습니다. 오늘 세상은 계속 타락하고 있습니다. 물론 문화와 문명은 계속 발전할지 모르겠습니다. 그러나 죄악도 계속 발전해 갈 것입니다. 어둠이 깊어가는 세상 한복판에서 우리가 어떻게 진정한 삶의 의미를 느끼며, 하나님이 인정하실 만한 삶의 발자취를 남길 수 있습니까? 그것은 자기를 위해서 살아가던 삶을 거부하고 이제부터 하나님의 영광을 위해서 살아가는 것입니다. 글을 써도, 시를 지어도, 노래를 해도 하나님의 영광을 위해 하는 것입니다.

얼마 전 저는 너무너무 기분이 좋았습니다. 여자 골프 선수들은 승승장구하는데 남자들은 왜 이렇게 비리비리한가, 나를 포함해서. 그런데 드디어 최경주 선수가 해냈습니다. 최경주 선수가 PGA를 석권하고 챔피언이 되면서 제일 먼저 한 말이 뭔 줄 아십니까?

"하나님께 감사를 드립니다."

어느 날 최경주 선수에게 온누리교회 교인 한 사람이 설교테이프를 하나 갖다줬답니다. 그 설교테이프를 듣고 그는 고민했다고 합니다. 누가복음 14장 말씀이었는데, 지옥이 분명히 있는 것 같고, 자기는 지옥을 가야 할 것 같고, 예수를 안 믿으면 큰일 날 것 같고 해서 그 설교를 듣고듣고 몇 번을 들은 후에 자기를 위해 기도하던 아내에게 "나도 예수 믿고 교회 다니겠다"고 말한 뒤 예수님을 믿게 되었답니다.

제가 애틀랜타에 가서 집회를 할 때 그분이 찾아왔습니다. 대회 중이었는데 저녁에 찾아왔더라구요. 집회가 끝난 후 목사님 사무실에 찾아와서는 "제가 최경주입니다" 하는 것이었습니다. 그래서 "아, 유명한 분이시군요" 하니까 "제가 목사님의 말씀을 듣고 예수님을 믿고 하나님의 자녀가 되었습니다" 하더라구요.

그 다음 날 또 왔어요. 그래서 걱정이 돼서 이렇게 오게 되면 대회에 지장이 있지 않느냐고 염려하는 빛을 보이니까 "저를 위해 기도해 주세요. 제가 하나님의 영광을 위해서 운동을 하겠습니다"라고 말했습니다.

하나님께서 드디어 이 사람의 생애 속에 그런 모습을 드러내기 시작하셨습니다. 그 많은 사람들 앞에서 어떤 미국 사람도 하지 못했던 간증 "하나님께 감사를 드립니다"라고 고백한 것입니다.

사나 죽으나 하나님의 영광을 나타내고 그리스도의 이름을 드러내는 존귀한 삶, 이것이 바로 나를 구원하고, 역사를 구원하고, 문화를 구원하는 길인 것을 믿으시길 바랍니다.

묵상과 기도

하나님! 이 세상이 악해지고 있습니다. 문화와 문명이 어두워지고 있습니다. 그러나 문화의 주인이신 하나님, 그 하나님을 만나고 정말 하나님을 위해서 살아가는 제가 될 수 있도록 도와주시옵소서!

자비로우신 아버지 하나님! 감사합니다. 이 말씀을 품고 주의 이름을 높여 드리며 하나님의 영광을 위해서 살아가는 인생이 되기를 소망합니다. 꼭 한번 밖에 살아갈 수 없는 인생의 자리에서 주의 이름을 높여 드리며 하나님의 영광을 선포하는 인생을 살고 싶습니다. 오 하나님! 성령으로 역사해 주시옵소서!

하나님, 우리를 통해서 악하고 어두운 문명과 문화가 치유되고 하나님의 구원의 소망을 이 땅에 살고 있는 사람들이 경험할 수 있도록 도와주시옵소서. 예수님의 이름으로 기도합니다. 아멘.

자녀에게 남길 유산

10

창세기 5:1-24

아담 자손의 계보가 이러하니라 하나님이 사람을 창조하실 때에 하나님의 형상대로 지으시되 남자와 여자를 창조하셨고 그들이 창조되던 날에 하나님이 그들에게 복을 주시고 그들의 이름을 사람이라 일컬으셨더라 아담이 일백삼십 세에 자기 모양 곧 자기 형상과 같은 아들을 낳아 이름을 셋이라 하였고 아담이 셋을 낳은 후 팔백 년을 지내며 자녀를 낳았으며 그가 구백삼십 세를 향수하고 죽었더라 셋은 일백오 세에 에노스를 낳았고 에노스를 낳은 후 팔백칠 년을 지내며 자녀를 낳았으며 그가 구백십이 세를 향수하고 죽었더라 에노스는 구십 세에 게난을 낳았고 게난을 낳은 후 팔백십오 년을 지내며 자녀를 낳았으며 그가 구백오 세를 향수하고 죽었더라 게난은 칠십 세에 마할랄렐을 낳았고 마할랄렐을 낳은 후 팔백사십 년을 지내며 자녀를 낳았으며 그가 구백십 세를 향수하고 죽었더라 마할랄렐은 육십오 세에 야렛을 낳았고 야렛을 낳은 후 팔백삼십 년을 지내며 자녀를 낳았으며 그가 팔백구십오 세를 향수하고 죽었더라 야렛은 일백육십이 세에 에녹을 낳았고 에녹을 낳은 후 팔백 년을 지내며 자녀를 낳았으며 그가 구백육십이 세를 향수하고 죽었더라 에녹은 육십오 세에 므두셀라를 낳았고 므두셀라를 낳은 후 삼백 년을 하나님과 동행하며 자녀를 낳았으며 그가 삼백육십오 세를 향수하였더라 에녹이 하나님과 동행하더니 하나님이 그를 데려가시므로 세상에 있지 아니하였더라. (창 5:1-24)

아담의 족보

탈무드에 보면, "오래 사는 것보다 더 중요한 것은 잘 사는 것이고, 잘 사는 것보다 더 중요한 것은 남길 것이 있는 인생을 사는 것이다"라는 말이 있습니다. 인생의 마지막 평가는 그가 무엇을 남기고 가느냐에 달려 있습니다.

창세기 5장은 성경에 최초로 나오는 아담의 족보입니다. "아담 자손의 계보가 이러하니라"(1절). 이것은 아담의 족보 혹은 인류의 가장 오래된 고시조의 족보라고 할 만합니다.

그들은 대부분 굉장히 오래 살았습니다. 그러나 결국은 다 죽었습니다. 하지만 이 족보는 단순히 그들이 몇 년을 살다가 죽었는지를 보고하는 데 그 중요한 의도가 있지 않습니다. 인류 최초의 인간인 아담을 만드신 하나님의 뜻이 어떻게 아담 이후에 그 후손들을 통해서 역사 속에 계승되고 있는가를 보여주고자 하는 것, 이것이 바로 이 족보의 기록 목적이라고 할 수 있습니다.

이런 구속사적 의미를 갖는 족보를 가리켜서 히브리어로 '톨레도트'(Toledot)라고 말하는데, 그 뜻을 깊이 성찰해 보면 그냥 족보가 아니라 하나님의 뜻을 이루어 가기 위한 특별한 목적을 갖는 족보라는 의미를 갖고 있는 단어입니다.

따라서 우리는 이 족보의 소위 행간에 나타난 하나님의 뜻을 읽을 줄 알아야 합니다. 우리가 책을 읽을 때, 문자적인 의미를 아는 것도 중요하지만 줄과 줄 사이에 숨겨진 의미, 즉 행간의 의미를 읽어낼 줄 아는 것은 매우 중요합니다.

하나님께서, 우리가 살다가 떠나가는 자리에서 우리 후손에게 남기기를 기대하신 유산은 무엇입니까? 하나님은 이런 의도를 갖고 지금 아담의 후손들의 인생 속에 하나님의 역사가 어떻게 계승되고 있는가를 보여주고 있습니다.

또한 부모가 된 우리들이 우리 자녀들에게 남길 수 있는 유산은 무엇일까요? 청교도들은 "재산을 유산으로 남기지 말라. 가치의 유산을 남겨라"라는 유명한 말을 삶의 중요한 철학으로, 인생의 격언으로 여겼다고 합니다. 자녀들에게 재산 물려줘봐야 좋을 게 하나도 없습니다. 가치를 남겨야 됩니다. 가치의 유산을 남길 줄 알아야 합니다.

앤드류 블랙우드(Andrew Blackwood)라는 설교가는 "부모가 자녀에게 남길 수 있는 고귀한 유산은 세 가지인데, 첫째는 좋은 추억, 둘째는 좋은 습관, 셋째는 좋은 이상이다"라는 말을 했습니다. 그러면 하나님의 백성인 우리가, 그리스도인 부모들이 우리 자녀들에게 남겨야 할 유산은 무엇일까요? 본문은 어떻게 가르치고 있습니까?

축복의 유산

첫째는 축복의 유산입니다. 창세기 5장 2절에 보면, "남자와 여자를 창조하셨고 그들이 창조되던 날에 하나님이 그들에게 복을 주시고 그들의 이름을 사람이라 일컬으셨더라"라고 기록되어 있습니다.

창세기 5장은 창세기 3장과 4장 다음에 나오는 장입니다. 제가 이것을 강조하는 의도가 있습니다. 창세기 3장을 가리켜서 우리는 '타락의 장' 이라고 부릅니다. 창세기 3장에 보면 인류 최초의 인간이 타락했습니다. 그 결과 하나님의 심판을 불러왔고, 인간의 죽음을 초래했으며, 처음 사람 아담과 하와가 에덴동산에서 쫓겨났습니다. 이것이 3, 4장의 사건입니다.

그 이후에 새롭게 전개되는 역사 속에서 하나님이 제일 먼저 천명하신 것은 "하나님이 남자와 여자를 창조하셨는데 본래 창조되던 날에 그들에게 복을 주셨다"(5:2)는 것입니다. 이 얘기가 여기서 왜 나옵니까? 그것은 인간의 타락에도 불구하고 인간을 맨 처음에 만드시고 그들을 축복하시고자 했던 하나님의 축복의 의도는 아직도 폐기되지 않았다는 메시지입니다.

창세기 1장을 보면, 하나님이 처음 사람 아담과 하와를 하나님의 형상대로 지어놓고 나서 인간에게 맨 처음으로 하신 행위가 무엇이었습니까? 축복하시는 일이었습니다. "하나님이 그들에게 복을 주시며 그들에게 이르시되 생육하고 번성하여 땅에 충만하라 땅을 정복하라… 땅에 움직이는 모든 생물을 다스리라"(1:28).

하나님이 인간을 지어놓고 맨 처음 하신 일은 그들을 축복하시는 것이었습니다. 축복하시면서 "생육하고 번성하라"고 하셨습니다. 우리는 이 말을 어떻게 받아야 합니까? 하나님이 처음 사람을 지어놓고 "내가 너희들을 축복하노니 나의 축복을 받아 그 축복 가운데 자녀를 낳으라" 하신 데서 끝나는 것이 아닙니다. 이 말씀의 중요한 의도는 "내가 너희를 축복하노니 그 축복으로 자녀를 낳고 내가 너희들을 축복한 그 축복을 다음 세대에 패스(pass)하라" 이 말입니다. 축복을 계승시키라는 것입니다.

뿐만 아니라 "땅을 정복하라 땅을 다스리라"는 말은 단순히 땅을 짓밟고 다니라는 말이 아니라 "내가 너희를 축복하노니 그 축복으로 이 땅을 축복의 땅이 되게 하라"는 말입니다.

죄는 하나님의 심판을 가져왔습니다. 처음 인간은 하나님 앞에서 쫓겨나는 그런 심판을 경험했습니다. 그러나 새로운 시대를 열면서 하나님은 본래의 축복의 메시지를 다시 되풀이하십니다. '너희들의 죄 때문에 내가 심판할 수밖에 없었으나 본래 너희들을 창조했을 때 내가 너희들을 축복하고자 했던 축복의 의도는 조금도 변하지 않았다'는 뜻입니다. 그 축복이 계속 다음 세대에 계승되기를 원하셨던 하나님의 뜻이 여기서 다시 천명되고 있는 것입니다.

이 메시지는 인류역사를 통해서 반복되는 메시지입니다. 조금만 더 읽어보면 창세기 6장에 노아시대의 홍수사건이 나옵니다. 노아시대에 다시 한 번 사람들의 죄는 하나님의 심판을 불러왔습니다. 하나님은 물로 그 시대를 심판할 수밖에 없으셨습니다.

그것이 창세기 6, 7, 8장의 내용입니다. 그 다음에 나오는 9장 1절을 한번 보십시오. "하나님이 노아와 그 아들들에게 복을 주시며 그들에게 이르시되 생육하고 번성하여 땅에 충만하라."

노아시대의 홍수심판 이후, 방주 속에서 구원 얻은 노아와 그의 후손들이 새로운 시대를 여는 시점에서 하나님이 다시 한 번 선포하신 메시지가 무엇입니까? 이 축복의 메시지입니다. "하나님이 노아와 그 아들들에게 복을 주시며 그들에게 이르시되 생육하고 번성하여 땅에 충만하라."

이것은 지금도 계속되는 메시지입니다. 하나님은 우리를 축복 가운데 창조하셨고, 우리를 축복해 주시고자 의도하셨으며, 또 우리가 하나님의 축복을 경험하며 그 축복을 다음 세대에 계승시키기를 원하십니다. 이것은 지금도 변함 없는 하나님의 의도입니다.

그래서 우리가 자녀들을 키울 때 가장 중요하게 생각해야 할 하나님의 뜻 가운데 하나는, 내가 축복으로 이 자녀를 얻었는데 하나님이 내게 주신 이 축복을 다음 세대에 계승시켜야 한다는 중요한 의도를 잊지 말아야 하는 것입니다.

실제로 우리는 어떻게 축복의 유산을 다음 세대에 남길 수 있을까요? 무엇보다 중요한 것은, 우리 삶 자체가 하나님의 축복을 반영하는 삶이어야 합니다. 우리 자녀들이 부모의 삶 속에서 하나님의 축복을 볼 수 있어야 합니다. 그리고 그 축복을 사모할 수 있어야 합니다. 또 자녀들에게 우리는 이렇게 말할 수 있어야 합니다. "아빠와 엄마가 이만큼 살 수 있었던 것은 하나님의 축복이란다." 그리고 그 축복을 그들의 세대에서 다시 한 번 경험할 수 있도록 만들어 줄 수 있어야 합니다.

실제로 이 축복을 우리 자녀들에게 전달할 수 있는 방법이 하나 있습니다. 그것은 기도와 메시지입니다. 우리는 우리 자녀들을 계속 기도로 축복할 수 있어야 합니다. 또 축복의 메시지를 자녀들에게 줄 수 있어야 합니다.

제가 오래 전 유태인들의 자녀교육에 대한 책을 한 권 읽은 적이 있습니다. 지금은 상당히 보편적인 이야기가 되었지만 제가 그 책을 처음 접했을 때만 해도 그 내용이 상당한 충격으로 다가왔습니다. 그것은 자녀를 축복 가운데 키운다는 것이었습니다. 유태인들의 가장 중요한 자녀교육의 철학 가운데 하나는 축복 가운데 자녀를 키운다는 것입니다. 예를 들어, 생일날이 되면 부모가 자녀에게 베푸는 생일잔치의 클라이맥스가 자녀를 위해 축복기도를 해주는 것입니다. 또 축복의 메시지를 주는 것입니다. "사랑하는 아들아, 너는 하나님 앞에 아주 진실한 삶을 살게 될 거야. 내가 너를 축복한다" 하고 축복의 메시지를 자녀에게 말로 전달하는 것입니다.

이렇게 자녀를 키우다가 부모가 드디어 자기 생의 마감순간이 가까워 온 것을 예감하게 되었을 때는 자기 자손들에게 마지막 축복을 남깁니다. 유언을 남겨요. 그런데 유언의 가장 중요한 핵심은 축복의 메시지를 남기는 것입니다.

우리가 성경에서 그 사례들을 볼 수 있지 않습니까? 아브라함이 자기 생애의 마무리를 앞두고 이삭을 축복합니다. 이삭이 자기 아들인 야곱을 축복합니다. 물론 장남에게는 하나님의 특별한 의무를 수행하도록 소위 갑절의 축복을 주는 관습이 있었습니다.

그런데 야곱은 둘째지만 장남의 축복을 받고 싶어 자기가 형인 것처럼 가장하여 아버지한테 그 축복을 받아내는 장면이 있지 않습니까? 어쨌든 생애 마지막 순간을 앞에 두고 부모는 자식들에게 축복을 남깁니다.

우리가 인생을 살아가면서 가장 중요한 의무 가운데 하나는 다음 세대에게 축복을 남기는 것입니다. 단순히 돈을 남기는 것이 아니라 하나님의 축복 그 자체를 남기는 것입니다.

따라서 우리가 남겨야 할 가장 중요한 유산은 무엇일까요? 축복의 유산입니다. 저는 여러분이 여러분의 자녀들을 많이 축복하며 키울 수 있기를 바랍니다. 축복의 말을 많이 할 수 있기를 바랍니다.

제가 어렸을 때만 해도 왜 그렇게 우리 어르신네들이 자식들에 게욕을 많이 했는지 몰라요. 제가 어렸을 때 동네에서 늘 듣는 소리가 "이놈의 자식아 나가 죽어라, 나가 죽어" 하는 것이었습니다. 그래서 우리 세대에 얼마나 많은 사람들이 나가 죽었는지 몰라요. 축복의 말을 남겨야 됩니다. 많이 축복하십시오. 축복의 유산을 남길 수 있기를 바랍니다.

경건의 유산

둘째는, 경건의 유산입니다.

본문 5장 1절을 보면, "아담 자손의 계보가 이러하니라" 그 다음에 "하나님이 사람을 창조하실 때에 하나님의 형상대로 지으시되"가 다시 한 번 강조되었습니다. 창세기 1장에 나오는 얘기가 다시 강조됩니다.

인간 창조가 다른 모든 피조물과 구별되는 유일한 독특성이 있다면, 그것은 사람이 하나님의 형상대로 지음을 받았다는 것입니다. 형상은 겉으로 드러나는 어떤 외적인 형상이 아니라 하나님이 거룩하신 것처럼 우리도 거룩한 존재로, 하나님이 사랑이신 것처럼 우리도 사랑할 수 있는 존재로, 하나님이 의로우신 것처럼 우리도 의를 목말라해야 할 존재로, 하나님을 닮은 존재로 지음받은 것을 의미합니다.

이런 요소들을 한 마디로 말하면, 경건성 혹은 도덕성입니다. 인간은 하나님의 형상대로 지음을 받았습니다. "아담이 일백삼십 세에 자기 모양 곧 자기 형상과 같은 아들을 낳아 이름을 셋이라 하였고"(5:3). 하나님의 형상대로 지음받은 아담이 자기 형상, 곧 하나님의 형상을 전달하기 위해서 셋이라는 아들을 얻었습니다.

잘 아시는 대로 아담에게는 이 셋 말고 첫번째 아들이 있었죠? 그 아들이 누굽니까? 가인입니다. 가인이 죄를 범했습니다. 살인을 했습니다. 그는 스스로 하나님이 그에게 허락하신 하나님의 형상을 저버렸습니다. 죄는 하나님의 형상을 망가뜨렸습니다. 사람이 죄를 범했을 때 그 하나님의 형상이 더럽혀지고 파괴되기 시작했습니다. 그러나 그 형상이 아주 없어진 것은 아닙니다. 하나님이 인간에게 주셨던 하나님 자신의 형상, 그 고귀한 형상이 자자손손 계속 계승되도록 하기 위해서 하나님은 새로운 자손을 아담에게 주셨습니다. 그게 바로 셋입니다.

셋이라는 이름은 '선택받은 사람'(elected one)이라는 뜻이라고 제가 말씀드린 적이 있습니다. 하나님이 특별한 자손 셋을 주셨습니다. 그래서 셋의 후예가 아담의 후손 가운데 경건한 계열을 대표하게 되었습니다. 그 경건성이 계속 다음 세대에 유산으로 물려지기를 기대한 것입니다. 가인의 후손도 계속됩니다. 그러나 하나님은 바로 이 셋의 후손을 통해서 하나님의 경건성과 도덕성을 이 세대 가운데 드러내기를 원하시는 것입니다.

창세기 5장에는 아담의 족보 가운데 열 세대가 나옵니다. 그리고 이 세대가 포함하는 시기는 적어도 천 년입니다. 사람 이름은 많이 나오지만 열 세대입니다. 아담으로부터 시작해서 누구로 끝납니까? 창세기 5장 맨 마지막에 누가 나오죠? 노아가 나옵니다. 노아까지 열 세대가 나옵니다.

그런데 보통 사람들은 누가 누구를 낳고 몇 년을 살다가 죽었다고 처리되었지만 특별히 두 사람에 대해서는 더 많은 공간을 할애하면서 그들의 인생을 소개합니다. 그 두 사람이 누구입니까? 에녹과 노아입니다.

에녹은 뭘로 유명합니까? 다음 장에서 에녹에 대해서 자세히 공부하겠지만 에녹의 인생이 남긴 가장 중요한 교훈은 뭡니까? 하나님과 300년을 동행했다는 것입니다.

하루 24시간의 삶 속에서 내가 정말 하나님과 동행했다고 주장할 수 있는 시간은 얼마나 될까요? 하루도 쉽지 않습니다. 그런데 하루도 아니고, 한 달도 아니고, 일 년도 아닌, 삼백 년을 하나님과 동행했습니다. 이런 경건의 표상이 될 수 있는 에녹이 바로 셋의 후예 중에서 나왔다는 것입니다. 그걸 지금 얘기하려고 하는 거예요.

또 그 후손 가운데 누가 나왔습니까? 노아가 나왔습니다. 믿음장이라고 일컫는 히브리서 11장을 읽어보면 믿음의 영웅들의 모습이 드러납니다. 그 가운데 누가 있습니까? 에녹이 있습니다. 또 누가 있죠? 노아가 있습니다. 그들이 바로 셋의 후예입니다. 즉 경건한 사람들 가운데서 경건한 자손이 나왔습니다.

많은 설교자들을 통해서 지금은 많이 알려진 이야기입니다마는, 한국에는 제가 맨 처음 이 이야기를 소개했을 것 같습니다.

프린스턴대학의 총장을 지낸 분 가운데 조나단 에드워즈(Jonathan Edwards)라는 유명한 분이 있었습니다. 그는 미국 영적 각성의 주인공 역할을 했던 사람이기도 합니다.

이 조나단 에드워즈가 어렸을 때 친구 중 맥스 주크(Max Juke)라는 친구가 있었습니다. 같이 주일학교에도 다니고 그랬는데 언젠가부터 그가 교회에 발걸음을 끊더니 세상 속으로 들어가 범죄자가 되었습니다.

그런데 어떤 사람이 조나단 에드워즈와 맥스 주크란 두 친구의 후손들을 조사하는 흥미로운 통계를 냈습니다. 그랬더니 그 때 시점으로 조나단 에드워즈의 후손은 총 873명이었는데, 대학 총장 12명, 교수 65명, 의사 60명, 성직자 100명, 군장교 75명, 저술가 85명, 변호사 100명, 판사 30명, 공무원 80명, 하원의원 3명, 상원의원 2명, 부통령 1명 그리고 260명은 평범한 직업인으로서 건강한 인생을 살고 있었다고 합니다.

그런데 주님을 등지고, 세상 속에 들어가 유명한 범죄자가 되었던 맥스 주크는 1,290명의 후손을 남겼는데, 유아 사망이 309명, 직업적인 거지가 310명, 사고로 다치거나 죽은 사람이 440명, 매춘부 50명, 도둑 60명, 살인자 70명, 별볼일없이 그저 그렇게 살아가는 사람이 53명이었다고 합니다.

이 극적인 대조를 통해 볼 때, 나 한 사람이 경건한 인생을 산다는 것은 나 혼자만의 문제가 아닙니다. 후손을 통해서 우리는 역사를 만들고 있는 것입니다. 내가 경건한 삶을 살고 하나님을 신뢰할 때 믿음의 후손의 계열을 만들어 갈 수 있는 것입니다.

하나님의 인자를 추구하고 주의 인자와 은혜를 경험하는 사람들은 천 세대까지 그 은혜를 남기지만, 죄를 범한 사람은 삼 세대까지 그 저주를 남긴다고 성경은 말합니다. 이 메시지를 통해서 저와 여러분이 경건의 유산을 남길 수 있는 하나님의 사람이기를 주의 이름으로 축원합니다.

영생의 유산

셋째로, 영생의 유산입니다.

본문 창세기 5장을 읽고 나서 그 소감을 서두에 말씀드렸습니다만 그들은 굉장히 오래 살았습니다. 그러나 결국은 다 죽었습니다.

본문 창세기 5장에 나타난 아담의 족보를 읽으면서 인상적인 단어는 '죽었더라' 입니다. 굉장히 오래 살았지만 다 죽었다는 것입니다. "세계의 모든 길은 로마로 통한다"는 말이 있었는데, 인생의 모든 길은 결국 죽음으로 통합니다. '죽었더라.', '죽었더라.' 다 죽었습니다. 그러나 본문은 '죽었더라' 로 결론을 맺지 않습니다.

오늘 본문에서 정점의 인물은 누굽니까? 에녹입니다. 에녹은 어떤 삶의 교훈을 남겼습니까? 하나님과 동행했다는 말씀 말고 그의 삶이 보여준 또 하나의 중요한 사건은, 그가 처음으로 인생에서 죽음을 극복한 사람이라는 것입니다. 그는 죽음을 보지 않고 하나님께로 옮겨갔습니다. 그는 처음으로 죽음이라는 인생의 운명을 극복한 사람의 표상이 되었습니다.

믿음으로 살아간 사람들, 그들에게 주어진 가장 놀라운 성경의 약속은 그들이 죽음을 극복할 수 있다는 것입니다. 죽음은 가장 보편적인 사실이지만 우리가 죽음의 운명에 매일 필요는 없다는 것입니다.

여러분, 아담 후손의 계보, 특별히 아담의 자손 가운데 셋의 계열을 탄 이 족보는 나중에 성경의 매우 중요한 또 하나의 족보와 연결됩니다. 바로 이 셋의 후손 가운데서 예수님이 오십니다. 마태복음 1장에 이 유명한 예수님의 족보가 나옵니다. 마태복음 1장 1절은 어떻게 시작됩니까? "아브라함과 다윗의 자손 예수 그리스도의 세계라." 세계란 뭘 말하는 거죠? 족보라는 말입니다. 마태복음 1장은 예수님의 족보입니다.

그런데 마태복음 1장의 예수님의 족보를 읽어보면, 창세기 5장의 아담의 족보와 그 표현방법이 극적으로 다르다고 느껴지지 않습니까? 창세기 5장은 '죽었더라', '죽었더라' 의 연속입니다. 그런데 마태복음 1장의 예수님의 족보는 어떤 단어로 가득히 채워지고 있습니까? '낳고', '낳고', '낳고', '낳고.'

그렇다고 해서 마태복음 1장의 족보에 나오는 사람들이 안 죽었다는 얘기가 아닙니다. 그들은 예수님 때문에 죽음을 극복한 사람들입니다. 예수님이 왜 오셨습니까? 요한복음 10장에서 예수님은 "내가 온 것은 양으로 생명을 얻게 하고 더 풍성히 얻게 하려 함이라" 고 선언하셨습니다.

예수님은 어느 날 자기의 친구 나사로가 병들었다는 소식을 듣습니다. 마리아, 마르다의 전갈을 통해서 그 오빠 나사로가 병들었다는 소식을 들었습니다. 그들은 예수님이 사랑했던 사람입니다. 그런데 예수님이 안 가셨습니다. 왜 그랬습니까? 죽기를 기다렸습니다.

주님께는 중요한 의도가 있었습니다. 이 사람의 죽음을 본보기로 삼아서 인생이 죽음을 극복할 수 있다는 교훈을 남기시려고 늑장을 부리신 것입니다. 그래서 장사한 지 사흘 만에 썩은 냄새가 나서 모든 사람이 그의 죽음을 의심할 여지가 없을 때 주님께서 나타나셨습니다. 그리고 나사로의 무덤 앞에서 그는 일찍이 아무도 선포하지 못한 놀라운 메시지를 선포하십니다. 그 메시지가 바로 뭡니까? "나는 부활이요 생명이니 나를 믿는 자는 죽어도 살겠고"(요 11:25).

여러분, 우리가 죽지만 다시 살 수 있다면 죽음을 극복한 거 아닙니까? 사실 요한복음 11장에 보면, 나사로가 병들었다는 소식을 전해 듣고 늑장을 부리시다가 제자들과 함께 길을 가던 중 예수님이 갑자기 이렇게 말씀하십니다. "우리 친구 나사로가 잠들었도다." 잠들었다는 게 무슨 말이죠? 나사로가 죽었다는 말입니다. 죽었다는 것을 예수님이 잠들었다고 표현하셨습니다.

여러분, 혹시 잠자리에 들 때 통곡하고 우시는 분 계십니까? 잠자리에 들기 전에 유서를 읽는 분이 계십니까? "여보, 내일 아침에 내가 눈을 뜬다는 보장이 절대로 없소. 그래서 마지막 유언을 남기오." 이런 분들 계십니까? 아무도 그렇게 하지 않죠. 왜 그렇습니까? 다음 날 아침, 날이 밝으면 다시 일어날 것을 확신하기 때문에 우리의 잠자리는 오히려 안식의 잠자리일 수가 있습니다. 일어날 것이 확실하다면 잠자리를 두려워할 필요가 없습니다.

그런데 예수께서 나사로의 죽음을 선언하시면서 이렇게 말씀하십니다. "우리 친구 나사로가 잠들었도다 그러나 내가 깨우러 가노라"(요 11:11).

여러분, 우리 모두가 죽음을 피할 수는 없지만 죽음 이후의 부활이 주님 자신에 의해서 확증된 사건이라면, 우리의 부활이 확실하다면, 부활 때까지 뭐하는 겁니까? 실컷 자는 거 아닙니까?

저는 어떨 때 많이 자고 싶어요. 늘 잠이 모자라잖아요. "나는 부활이요 생명이니 나를 믿는 자는 죽어도 살겠고 무릇 살아서 나를 믿는 자는 영원히 죽지 아니하리니"(요 11:25-26). 죽음은 극복될 수 있습니다. 이것이 기독교 복음인 것을 믿으시기 바랍니다.

우리가 예수 그리스도를 영접하는 순간 우리는 죄사함을 얻었을 뿐만 아니라 그리스도 안에 있던 영원한 생명을 선물로 받습니다. 믿습니까? 우리 안에 영생의 소망이 있습니다. 죽음 건너편에 부활의 확실한 소망이 있습니다.

그렇다면 이제 우리는 죽음을 두려워할 필요가 없습니다. 영생의 소망을 갖고 있기 때문입니다. 우리 자녀들에게 남겨야 할 많은 유산이 있지만 가장 값지고 중요한 유산, 이것을 남기지 못하면 우리 모두 인생을 잘못 살았다고밖에 말할 수가 없습니다.

여러분의 자녀들에게 영생의 유산을 줄 수 있어야 합니다. 그래서 자녀와 작별할 때 "사랑하는 아들, 딸들아 우리는 곧 다시 만날 거야"라고 말할 수 있는 것이 얼마나 놀랍고 복된 소망입니까?

예수 그리스도, 당신은 내 인생의 주인이십니다

얼마 전, 천안에 있는 호서대학엘 갔습니다. 호서대학 총장님이 우리 한국이 자랑하는 과학자이신, 세계적인 원자력 전문가 정근모 박사님 아닙니까? 그 때 그분이 자신이 쓰신 책을 저에게 한 권 주셨습니다.「나는 위대한 과학자이기보다 신실한 크리스챤이고 싶다」란 제목의 책이었습니다.

이분이 워싱턴에 계셨었기 때문에 저는 이 분을 개인적으로 잘 압니다. 참 훌륭하고 널리 알려진 세계적인 과학자이지만 아들 때문에 남다른 고난을 겪으신 분입니다. 진우라는 아들이 열 살 때 만성 신장염으로 5년밖에 살지 못한다는 선고를 받았습니다.

그 아들도 아버지를 닮아서 굉장한 천재였습니다. 그런데 5년밖에 살지 못한다니. 그래서 정 박사님은 사투의 기도끝에 자기의 신장 하나를 떼어서 아들에게 줍니다. 그런데 생각보다 그 아들이 오래 살았습니다. 그리고 2001년 3월에 서른여섯 살의 나이로 세상을 떠났습니다.

그래서 그게 먼저 생각이 나서 "정 박사님, 얼마나 힘드셨습니까?" 하니 아주 밝은 표정으로 "뭘요, 곧 다시 만날 텐데요" 하시는 것이었습니다.

그분의 책에 보면, 그 아들과의 마지막 이별장면을 이렇게 기록하고 있습니다.

> "goodbye hobby. (hobby는 진우의 미국이름입니다) 우리는 진우가 천사처럼 밝은 표정으로 하나님 곁에 가는 것을 지켜보았다. 그래 이제 네 말처럼 천국으로 갔구나. 수술과 혈액투석을 하지 않아도 되는 천국으로 갔구나. 그곳은 매일 약을 먹지 않아도 되는 곳일 테지. 진우가 유언처럼 들려주었던 말을 떠올리며 나는 입술을 깨물었다. '아빠, 제가 죽거든 절대로 눈물을 흘리지 마세요. 죽음은 두려움의 대상이 아니에요. 하나님의 품으로 들어가는데 뭐가 두려워요? 제가 죽으면 아빠 축복기도를 해주세요. 저는 천국에 입학하러 가요.'
> 죽음을 천국 입학식으로 표현한 내 아들. 그래, 너는 하나님의 품에서 지금 우리를 내려다보고 있을 거야. 그러나 나는 자꾸만 눈물이 나는 것을 어떻게 하니? 너의 죽음을 어떻게 축복기도할 수 있겠니? 나는 너 만한 신앙도 갖지 못한 것이 부끄럽다."

그러나 이 책의 제일 마지막에서 정 박사님은 자기 아들과의 헤어짐을 통한 소망을 이렇게 말합니다.

"죽음은 끝이 아니다. 만약 죽음이 끝이라면 우리의 인생은 얼마나 부질없고 비참한 것인가? 영생의 소망. 이는 그리스도인들만이 가질 수 있는 위대한 선물이다. 나는 믿는다. 예수님이 나의 그리스도이심을. 진우의 생명을 거두어가신 그분의 섭리와 사랑을 나는 믿는다. 그리고 언젠가는 진우의 말처럼 죽음을 축하할 수 있는 아름다운 신앙을 나도 갖게 될 것이다. 예수 그리스도 당신은 내 인생의 주인이십니다."

묵상과 기도

우리가 자식들에게 많은 재산을 남겨도 영생의 소망을 남길 수 없다면 우리는 다시 만남의 소망이 없습니다. 축복의 유산, 경건의 유산, 영생의 유산. 하나님! 이 값진 유산들을 우리 후손에게 물려줄 수 있도록 도와주시옵소서.
성령 하나님, 오늘 이 말씀으로 역사하셔서 주께서 우리에게 허락하신 그 소망이 얼마나 아름다운 소망인지 하나님, 이 소망을 확인하는 우리가 되도록 도와주시옵소서. 예수님의 이름으로 기도합니다.
아멘.

하나님과의 데이트

11

창세기 5:21-32

에녹은 육십오 세에 므두셀라를 낳았고 므두셀라를 낳은 후 삼백 년을 하나님과 동행하며 자녀를 낳았으며 그가 삼백육십오 세를 향수하였더라 에녹이 하나님과 동행하더니 하나님이 그를 데려가시므로 세상에 있지 아니하였더라 므두셀라는 일백팔십칠 세에 라멕을 낳았고 라멕을 낳은 후 칠백팔십이 년을 지내며 자녀를 낳았으며 그는 구백육십구 세를 향수하고 죽었더라 라멕은 일백팔십이 세에 아들을 낳고 이름을 노아라 하여 가로되 여호와께서 땅을 저주하시므로 수고로이 일하는 우리를 이 아들이 안위하리라 하였더라 라멕이 노아를 낳은 후 오백구십오 년을 지내며 자녀를 낳았으며 그는 칠백칠십칠 세를 향수하고 죽었더라 노아가 오백 세 된 후에 셈과 함과 야벳을 낳았더라. (창 5:21-32)

누군가가 저에게 "신앙생활이란 도대체 무엇입니까?" 라고 질문을 던진다면, 저는 한마디로 하나님과 데이트하는 것이라고 대답할 것입니다.

본문에 보면, 에녹이 삼백 년을 하나님과 동행한 이야기가 기록되어 있습니다. 하나님과의 동행이 바로 하나님과의 데이트 아니겠습니까? 만약 하나님과 동행하는 것이 없으면 신앙생활은 하나의 도덕적 영역의 삶으로 전락해 버리고 말 것입니다. 도덕적 삶도 필요하고 중요한 것이지만, 인간의 신앙생활은 도덕 이상의 것입니다. 그러므로 하나님과 더불어 교제하며 그와 더불어 동행하는 황홀한 데이트가 없다면 단순한 의무적 삶의 영역으로 전락될 것입니다.

저는 그런 의미에서 에녹이라는 사람은 옛날 사람이지만 가장 현대적인 사람이 될 수 있다고 생각합니다. 중요한 것은, '정말 어떻게 사는 것이 하나님과 동행하는 것일까?' 하는 것입니다.

오늘 본문은 동행의 계기를 보여주고 있고, 동행의 본질이 무엇인가를 가르치고 있으며, 동행의 결과를 보여줍니다.

하나님과의 동행, 그 계기

첫째로, 에녹이 하나님과 동행하게 된 데는 어떤 결정적인 전기가 있었다는 사실입니다.

본문을 조심스럽게 살펴보면 "에녹은 육십오 세에 므두셀라를 낳았고 므두셀라를 낳은 후 삼백 년을 하나님과 동행했다"(21-22절)고 기록되어 있습니다. 에녹이 므두셀라를 낳기 전에 하나님과 동행했다는 말은 없습니다. 므두셀라를 낳은 후에 하나님과 동행했습니다. 그렇다면 우리는 에녹의 삶에 있어서 그 아들 므두셀라의 출생이 어떤 결정적인 전기를 만들어주었다는 사실을 추측해 볼 수 있습니다.

그런데 흥미로운 것은 '므두셀라' 란 이름이 가진 뜻입니다. 본래 므두셀라란 이름의 일반적인 의미는 '창을 던지는 사람' 이라고 알려져 있습니다. 그러나 이 이름에는 부가된 보다 통속적인 의미 하나가 있었다고 한 성경학자는 말하고 있습니다.

옛날 부족국가시대에는 부족간에 싸움이 벌어지면 그 부족 마을의 최전방에 창을 아주 잘 던지는 사람이 마을의 수문장처럼 그 부족을 지키고 우뚝 서 있었습니다. 그래서 마을을 지키는 이 창 던지는 사람만 쓰러뜨리면 사실상 승리하는 것이라는 생각을 했습니다. 따라서 '므두셀라' , 즉 '창을 던지는 사람' 이란 이 이름에 부가된 중요한 의미는 '그가 죽으면 마지막이 온다' 혹은 '심판이 온다' 는 뜻입니다. 므두셀라란 이름에 부연된 이런 의미가 고대 중동 세계에서는 통속적으로 알려져 있었다고 합니다. 므두셀라란 말의 일반적인 뜻은 '그가 죽으면 끝장이 온다, 심판이 온다' 는 것이었습니다.

이제 우리는 다음과 같은 광경을 상상해 볼 수 있습니다. 하나님이 어느 날 에녹을 불러 이렇게 말했을 것입니다. "에녹아, 이 세상이 악해졌지?" "예, 하나님. 그렇습니다." "거룩한 야웨 나 하나님은 이러한 죄 많은 세상을 이제 심판할 수밖에 없다. 그런데 그 심판이 가까이 왔다는 사인을 너에게 주겠다. 너에게 아들이 있을 것이다. 그 아들의 이름을 므두셀라라고 짓거라. 그 뜻은 '그가 죽으면 심판이 온다' 는 뜻이다."

드디어 어느 날 에녹의 아들이 태어났습니다. 아마도 하나님의 말씀을 기억하고 있었을 에녹은 그 아들의 이름을 하나님이 지시하신 대로 므두셀라라고 지었을 것입니다. 그 다음부터 아버지 에녹은 사랑하는 아들 므두셀라를 바라볼 때마다 무엇을 생각했을까요? 어떤 메시지를 생각했을까요? '이 아이가 죽으면 심판이 온다고 했는데.' 그 아들의 성장은 심판에 가까움이었습니다.

심판의 메시지를 받아들이자마자 에녹의 삶은 변합니다. 그가 하나님과 올바른 관계를 맺었고, 하나님과 더불어 날마다 동행하는 삶을 시작하게 되었다는 것입니다. 이것이 지나친 추측이나 픽션이 아니라는 성경적 증거를 우리가 함께 생각해 볼 수 있습니다.

신약성경 유다서 14-15절을 보십시오. "아담의 칠세 손 에녹이 사람들에게 대하여도 예언하여 이르되 보라 주께서 그 수만의 거룩한 자와 함께 임하셨나니 이는 뭇사람을 심판하사 모든 경건치 않은 자의 경건치 않게 행한 모든 경건치 않은 일과 또 경건치 않은 죄인의 주께 거스려 한 모든 강퍅한 말을 인하여 저희를 정죄하려 하심이라 하였느니라."

14절에 아담의 칠세 손 에녹이 동시대 사람들에게 "보라 주께서 그 수만의 거룩한 자와 함께 임하셨나니"라고 예언하였는데, 앞으로 이루어질 사건이 너무도 확실할 때에는 그것을 과거로 표현하는 그런 문법이 있습니다. 이것을 결과동사라고 하는데 결과적으로 과거로 처리했습니다. "주께서 그 수만의 거룩한 자와 함께 임하셨나니." 임하시는 하나님이 뭇사람을 어떻게 하실 거라구요? "심판하사 모든 경건치 않은 일에 대해서, 죄인들이 주께 거스려 한 모든 강퍅한 말에 대해서도 정죄하실 것이다." 에녹은 심판을 믿었고, 그 시대 사람들에게 심판에 대한 메시지를 증거했다고 성경은 기록하고 있습니다.

제가 아주 가까이 지내는 여류문학가 집사님 한 분이 계십니다. 이분이 한번은 몸이 좀 이상해서 병원에 가서 진단을 받았더니 입원해서 몇 가지 검사를 받으라고 했습니다. 그래서 아마 죽을 병에 걸렸나보다 생각하고 있는데, 어느 날 병실 밖에서 가족들이 의사들과 이야기하는 것을 듣게 되었습니다. 자기 생명이 몇 달 남지 않았다는 것이었습니다. 이분은 신앙의 사람이기 때문에 그렇게 당황하지 않고 그것을 현실로 받아들이고 자기 삶을 정리하기 시작했습니다. 그래서 만나지 못한 사람, 만나야 할 사람 다 만나고, 해결하지 못했던 문제 다 풀고, 갚아야 할 빚 갚고 그러면서 치료를 받는데 계속 몸이 더 나빠지지 않는 거였습니다. 이상히 여긴 주변사람들이 다른 병원에 가서도 검진을 좀 해보라고 해서 검진을 해보니까 암이 아니더랍니다. 오진이었던 거예요. 주변사람들이 그동안 죽는 줄 알고, 돈도 많고 쓰고, 빚도 갚고, 인심도 많이 썼는데 억울하지 않느냐고 묻더랍니다.

그분이 사람들이 여럿 모인 자리에서 저한테 이런 이야기를 하셨습니다. "목사님, 지난 6개월처럼 제 인생을 그렇게 진지하게 살았던 적이 없습니다. 저는 앞으로도 이런 마음으로 계속 살고 싶습니다."

여러분, 만약 오늘밤 12시가 저와 여러분의 마지막 시간이라면 어떻게 살까요? 오늘밤 12시가 내 인생의 마지막 순간이라면 어제 살았던 것처럼 살 수 있을까요? 아마 오늘이란 삶은 훨씬 다를 것입니다. 오늘이 내 인생의 마지막 날이라면 내가 해야 할 말, 해야 할 일, 정리할 것 얼마나 한순간 한순간이 소중하고 진지할까요?

에녹 역시 어느 날 하나님의 심판의 메시지를 받아들이자마자 하나님과 바른 관계를 맺고 하나님과 동행하는 삶을 살기 시작했습니다. 이것이 그의 삶의 전환점이 되었습니다. 그리고 하나님과 진지하게 데이트하는 삶 속에 들어갔습니다.

동행의 본질은 믿음

두번째로, 동행의 본질은 뭘까요? 저는 동행하는 삶의 본질은 한마디로 '믿음' 이라고 생각합니다. 히브리서 11장 5절을 보면, 에녹에 대해서 이렇게 기록합니다. "믿음으로 에녹은 죽음을 보지 않고 옮기웠으니… 저는 옮기우기 전에 하나님을 기쁘시게 하는 자라 하는 증거를 받았느니라." 그는 믿음으로 살았습니다.

여러분, 믿지 않고는 동행할 수 없습니다. 한 남자와 여자가 만나 부부가 되어 일생을 살아가는 것, 그것이 동행하는 것 아니겠습니까? 일생 함께 데이트하며 사는 것입니다. 이따금씩 우리는 이 부부의 삶이 깨지는 비극을 보게 됩니다. 요즘은 더 자주 그런 비극을 보고 있습니다. 위기의 남자들이, 여자들이 자꾸 많아지고 있습니다. 왜 그럴까요? 여러 가지 원인이 있겠지만, 가장 중요한 원인은 '불신' 입니다. 서로를 믿지 못하기 때문입니다. 남편이 아내를 믿지 못하고, 아내가 남편을 믿지 못합니다. 그러면 동행은 깨질 수밖에 없습니다.

제가 오래 전에 혼자 유럽여행을 하면서 로마에서 파리까지 열차를 탔던 적이 있습니다. 천천히 가는 열차였습니다. 굉장히 오래 갔던 것으로 기억하는데 무더운 여름철이었습니다. 제 옆에는 배낭족으로 보이는 구레나룻 수염의 한 청년이 탔는데, 인상이 썩 좋아 보이지 않았습니다. 유쾌하지 않더군요. 앞칸에도 사람이 많이 없었고, 저희 칸엔 그 친구와 저 딱 둘이 있었는데 제게 가방이 두 개 있었습니다. 그런데 화장실 갈 때가 되니까 고민이 되는 거예요. '이걸 끌고 가야 하나, 놓고 가야 하나.' 제 앞에 앉아 있는 그 친구가 믿음직스럽지 않았기 때문입니다. 그래서 굉장히 갈등을 했습니다. 결국 놓고 가긴 했는데 부리나케 빨리 돌아왔습니다. 졸리운데 마음놓고 졸지도 못했습니다. 그 짧지 않은 여행을 하면서 한 사람을 믿지 못했을 때, 그 여행이 얼마나 불쾌하고 부담스럽고 힘든 여행인지요.

우리가 믿지 못하면 그렇습니다. 그래서 같은 히브리서 11장에서 믿음으로 살아간 에녹의 이야기를 하다가 "믿음이 없이는 하나님을 기쁘시게 못하나니"라고 성경의 기자는 말합니다. 하나님과의 동행, 하나님과의 데이트도 마찬가지입니다. 하나님을 신뢰한다는 것 얼마나 중요한 것입니까?

저는 성경 전체의 메시지, 아니 구약의 메시지를 한 문장으로 요약한다면, '여호와를 신뢰하라, 하나님을 신뢰하라' 는 메시지라고 생각합니다. "여호와를 의뢰하여 선을 행하라 땅에 거하여 그의 성실로 식물을 삼을지어다"(시 37:3). 믿습니까? 신실하신 하나님, 그 하나님을 신뢰할 때, 하나님과 나 사이에 동행이 이루어지는 것입니다. 이 동행의 본질은 바로 '믿음'이라고 생각합니다. 믿음으로 하나님을 신뢰하면서 오늘 하룻길을 걷습니다. 또 내일 하룻길을 하나님을 신뢰하며 걸어갑니다. 때로는 내 삶의 환경이 어두울지라도, 불쾌할지라도, 갑자기 닥쳐오는 어떤 사건으로 말미암아 가슴아픈 고통이 내게 찾아왔다고 할지라도 변함없이 역사의 주인 되시고, 내 인생의 주인 되시며, 내 삶을 붙들어 섭리하시는 하나님을 믿습니다. 그 하나님을 신뢰합니다. 그 때 하나님과 동행하는 것입니다.

동행의 본질은 하나님을 신뢰하는 삶입니다. 오늘 이 세상은 정말 믿지 못할 것들로 꽉 차 있습니다. 믿지 못할 사람으로 꽉 차 있습니다. 그 누구도, 그 무엇도 믿지 못할 세상, 그러나 이런 세상에서 믿을 수 있는 하나님, 그 하나님을 우리가 만났다는 사실이 얼마나 행복합니까? 그 하나님은 나의 반석이십니다. 그분은 나의 성실함에 근거가 되십니다. 우리는 오늘도 그분을 신뢰하고 살아갑니다. 그래서 그 하나님과 나 사이에 동행이 가능한 줄로 믿습니다. 동행의 본질은 바로 이 믿음입니다.

동행의 결과, 하나님을 기쁘시게 함

세번째로, 동행의 결과를 생각해 보겠습니다. 그것은 두 가지입니다.

우선 히브리서 11장 5절 말씀을 보면, 믿음으로 에녹은 하나님과 동행함으로 이 세상에서 옮기우기 전에 하나님을 기쁘시게 하는 자라는 증거를 얻었다고 했습니다. 그가 하나님을 신뢰하고, 하나님을 가까이했을 때, 하나님은 너무너무 기뻐하셨습니다.

우리는 많은 경우, 우리가 무슨 큰일을 해야지만 하나님이 기뻐하신다고 생각하기 쉽습니다. 우리의 선한 행위를 통해서 말입니다. 물론 선한 행위로도 하나님을 기쁘시게 할 수 있습니다. 그러나 그것만이 하나님을 기쁘시게 하는 것은 아닙니다. 하나님을 기뻐하고 즐거워하는 내 존재 자체만으로도 하나님을 기쁘시게 할 수 있습니다. 내가 무엇을 행하는 것뿐만 아니라 나의 존재 자체만으로도 하나님은 너무 좋으신 거예요. "하나님을 생각하면 가슴에 행복이 있어요. 감격이 있어요. 주님, 저는 주님이 너무 좋아요. 주님, 사랑해요"라고 우리가 고백할 때, 주님은 또 우리에게 말씀하십니다. "나도 네가 너무 좋다."

이런 사랑의 관계가 바로 하나님과 에녹의 관계가 아니었을까 하는 생각을 합니다. 하나님이 어느 날 "에녹아 나는 네가 너무 좋다. 난 네가 내 곁에 좀더 가까이 있었으면 좋겠다. 너 오늘은 좀 단단히 준비하고 날 따라오너라." "어디 가시게요?" "아 글쎄, 따라 나와봐." 그리고 하나님이 에녹을 데리고 가셨습니다.

저는 이것이 하나님의 백성들의 삶이라고 생각합니다. 오늘 주와 더불어 동행하고, 내일도 주와 더불어 동행하는 삶. 어느 날, 그와 더불어 영원히 거하기 위해서 저 영원 속으로 들어가는 것. 동행의 결과는 무엇보다도 하나님을 기쁘시게 할 수 있다는 것을 기억하시기 바랍니다.

우리가 왜 큐티를 합니까? 우리는 성경을 펼쳐서 거기서 하나님의 음성을 듣습니다. 주님이 내게 들려주시는 음성을 들으며, 기도

하면서 내 마음 속의 생각들을 주님 앞에 털어놓습니다. 그분 앞에 사랑을 고백합니다. 그리고 펼쳐진 성경에서 주께서 내게 말씀하시는 음성을 듣습니다. 나를 향한 그분의 변함없는 사랑을 확인합니다. 그 때 주님이 나를 좋아하시는 것을, 기뻐하시는 것을 느낍니다.

아마 그 당시 에녹을 너무나도 잘 아는 사람들이 있었다면, 히브리서 기자의 증언처럼 에녹이 살다가 떠난 그 인생의 자리에 "하나님을 기쁘시게 했던 자 에녹"이라고 비문을 세웠을지도 모릅니다.

여러분은 어떤 사람으로 일생을 살기를 원하십니까? 에녹의 삶을 흠모하십니까? 부러워하십니까? '하나님을 기쁘시게 할 수 있었던 자', 그것은 동행의 결과입니다. 그리고 에녹이 하나님과 동행하면서 남겼던 삶의 중요한 도전 가운데 우리가 또 하나 간과하지 말아야 할 것은, 그가 그의 생애 동안에 하나님의 사랑과 심판을 변함없이 증언했다는 것입니다.

앞에서 보았던 유다서 14절에 보면, 에녹이 자기 시대의 사람들에게 예언을 했다고 했습니다. 그 예언은 다른 말로 하면 전도했다는 것입니다. 에녹은 다가올 심판에 대해서 하나님이 말씀을 주셨기 때문에 알고 있었잖아요. "네게 아들이 있을 것이다. 아들의 이름을 므두셀라라 지어라. 그가 죽으면 심판이 온다." 에녹이 자기 혼자 이 메시지를 알고 지냈을까요? 그것이 너무나도 확실한 믿음이었기 때문에 그는 그것을 전할 수밖에 없었습니다. "여러분 심판이 와요. 곧 심판이 와요. 하나님이 내게 말씀하셨어요. 그것은 결코 거짓될 수 없는 신실하신 하나님의 말씀입니다."

이 땅에도 곧 심판이 올 것입니다. 우리 회개하고 하나님을 신뢰하십시다. 에녹은 하나님의 심판에 대해서, 하나님의 사랑에 대해서 증거하는 삶을 살았습니다.

다 아시다시피 에녹 못지않게 므두셀라도 유명한데, 므두셀라가 유명한 이유는 무엇입니까? 에녹은 하나님과 동행한 것으로 유명하지만, 그 아들 므두셀라는 성경에서 제일 오래 산 사람으로 유명합니다. 얼마나 오래 살았다고 했습니까? 구백육십구 세를 살았다고 했습니다. 그런데 우리가 본문을 쭉 읽어 내려가다 보면 뜻밖에도 놀라운 사실을 발견하게 됩니다.

사실 저는 신앙생활 초기에 성경을 공부하다 이 사실을 발견하고 너무너무 흥분해서 한 달쯤 잠을 설치고 흥분하고 좋아하면서 이웃들과 이 메시지를 나누었던 적이 있습니다. 우연히 찾아냈습니다만 물론 성령의 인도였다고 생각합니다. 에녹이 므두셀라를 낳았고, 또 므두셀라가 라멕을 낳았습니다. 그 다음에 라멕이 또 자녀를 낳았습니다. 라멕의 아들이 누구입니까? 노아였습니다. 그러면 노아는 므두셀라의 손자입니다. 므두셀라는 일백팔십칠 세에 라멕을 낳았고, 라멕은 일백팔십이 세에 노아를 낳았습니다. 그러면 노아가 태어났을 때 므두셀라의 나이는 몇 살이었습니까? '백팔십칠 더하기 백팔십이' 하면 삼백육십구 세입니다. 그런데 므두셀라의 총 수명은 얼마죠? 구백육십구 세입니다. 그러면 노아가 태어났을 때 므두셀라는 앞으로 얼마를 더 살아야 합니까? 구백육십구 빼기 삼백육십구 하면 육백 년입니다.

이제 창세기 7장 11절을 보십시오. "노아 육백 세 되던 해 이월 곧 그 달 십칠일이라 그 날에 큰 깊음의 샘들이 터지며 하늘의 창들이 열려 사십 주야를 비가 땅에 쏟아졌더라."

노아가 육백 세 되던 해에는 므두셀라가 몇 살입니까? 노아가 태어났을 때 므두셀라의 나이가 삼백육십구 세였으니까 노아가 육백 세 되던 해에는 구백육십구 세입니다. 노아가 육백 세 되던 어느 날, 홍수심판이 시작되었습니다. 그러니까 므두셀라가 구백육십구 세로 세상을 떠나던 해에 홍수심판이 임한 것입니다. 므두셀라란 이름의 뜻이 뭐라고 했죠? '그가 죽으면 심판이 온다' 입니다. 하나님이 약속을 지키셨습니까? 안 지키셨습니까? 저는 이것을 깨닫고 한 달 동안 잠을 못 잤습니다. 항상 이것을 나눌 때에는 가르쳐 주고 싶지 않은 충동이 너무나 많습니다. 그런데 이 사실을 알고도 별로 흥분도 안 하는 사람을 보면 이해가 되지 않습니다.

더 중요한 메시지는 므두셀라가 오래 산 이유입니다. 므두셀라가 그냥 오래 산 것이 아닙니다. 성경퀴즈하라고 오래 산 것이 아니라 그가 늦게 죽을수록 뭐가 늦게 와요? 심판이 늦게 옵니다. 그러니까 이 한 사람의 긴 수명은 그 시대 사람들을 향한 하나님의 인내하심입니다.

베드로후서 3장 3-4절을 보십시오. "먼저 이것을 알지니 말세에 기롱하는 자들이 와서 가로되 주의 강림하신다는 약속이 어디 있느뇨 조상들이 잔 후로부터 만물이 처음 창조할 때와 같이 그냥 있다 하니." 이것은 말세 이야기입니다. "말세에 하나님의 말씀을 비웃는 자들이 와서 자기의 정욕을 좇아 행하며, 조롱하기를 예수님이 재림한다는 약속이 어디 있느냐? 세상은 이렇게 하늘과 땅이 그대로 있는데 무슨 심판이 있느냐? 라고 할 것이다" 이 말입니다.

그러나 9절에서 이렇게 말합니다. "주의 약속은 어떤 이의 더디다고 생각하는 것같이 더딘 것이 아니라 오직 너희를 대하여 오래 참으사 아무도 멸망치 않고 다 회개하기에 이르기를 원하시느니라." 주님의 약속은 어떤 사람이 생각하는 것처럼 더딘 것이 아니라, 오래 참으사 아무도 멸망치 않고 회개하기에 이르기를 기다리시는 것입니다.

한 사람 므두셀라의 수명을 연장시키면서 참으시던 하나님은 오늘 이 시대에도 여전히 심판의 날을 작정해 놓고도 참으십니다. 그리고 사람들이 빨리 죄를 회개하고 주님 앞에 돌아오도록 기다리고 계십니다. 바로 에녹의 아들 므두셀라의 존재는 하나님의 기다림과 연민과 사랑을 나타내주는 사건입니다.

에녹은 자기 아들을 기르면서 동시에 이 하나님의 사랑을 증거했고 심판을 증거했습니다. 다가올 심판, 그리고 그 아들의 생명을 연장시키면서 기다리시는 하나님의 사랑에 대해 증거했을 것입니다.

우리가 주님과 더불어 날마다 동행하면서 해야 할 일, 우리가 하나님과 교제하며 주님의 기쁨이 되는 존재가 되는 것 못지않게 중요한 것은 다가올 죄로 말미암은 심판과 그 심판을 작정하고도 인간을 사랑하시는 하나님의 구속의 사랑을 변함없이 이웃들에게 증거하면서 살아가는 삶입니다. 그러다가 어느 날 에녹에게 말씀하시듯 "○○야, 오늘은 말이야 긴 여행을 떠나자. 나는 네가 내 옆에 있으면 좋겠어. 나와 오늘 정말 먼 여행을 떠나가는 거야" 하시면 그 때 우린 세상일을 놓아두고 주님 앞으로 가는 것입니다. 이것이 우리가 하나님과 더불어 동행하는 믿음의 삶이라는 것을 기억하십시오.

묵상과 기도

하나님, 인생은 생각보다 그렇게 길지 않습니다. 이 짤막한 인생, 주님의 복음을 이웃들에게 증거하며, 또 주님과 더불어 교제하며 살다가 주님 앞에 서는 날 부끄러움 없도록 날마다 주님과 동행하며 살게 해주세요.

하나님 아버지 감사합니다. 오늘 사랑하는 주의 아들 에녹이 하나님과 더불어 동행하며, 하나님을 기쁘시게 하는 자라는 증거를 얻었던 것처럼 우리가 동일한 삶을 사모합니다. 우리도 주와 더불어 동행할 수 있는 삶의 특권을 주셨사오니, 진실로 이 동행을 즐거워하며 하나님을 기쁘시게 하는 자들이 되게 해주시옵소서. 예수님의 이름으로 기도합니다. 아멘.

인간의 부패와 하나님의 심판

12

창세기 6:1-13

사람이 땅 위에 번성하기 시작할 때에 그들에게서 딸들이 나니 하나님의 아들들이 사람의 딸들의 아름다움을 보고 자기들의 좋아하는 모든 자로 아내를 삼는지라 여호와께서 가라사대 나의 신이 영원히 사람과 함께하지 아니하리니 이는 그들이 육체가 됨이라 그러나 그들의 날은 일백이십 년이 되리라 하시니라 당시에 땅에 네피림이 있었고 그 후에도 하나님의 아들들이 사람의 딸들을 취하여 자식을 낳았으니 그들이 용사라 고대에 유명한 사람이었더라 여호와께서 사람의 죄악이 세상에 관영함과 그 마음의 생각의 모든 계획이 항상 악할 뿐임을 보시고 땅 위에 사람 지으셨음을 한탄하사 마음에 근심하시고 가라사대 나의 창조한 사람을 내가 지면에서 쓸어버리되 사람으로부터 육축과 기는 것과 공중의 새까지 그리하리니 이는 내가 그것을 지었음을 한탄함이니라 하시니라 그러나 노아는 여호와께 은혜를 입었더라 노아의 사적은 이러하니라 노아는 의인이요 당세에 완전한 자라 그가 하나님과 동행하였으며 그가 세 아들을 낳았으니 셈과 함과 야벳이라 때에 온 땅이 하나님 앞에 패괴하여 강포가 땅에 충만한지라 하나님이 보신즉 땅이 패괴하였으니 이는 땅에서 모든 혈육 있는 자의 행위가 패괴함이었더라 하나님이 보신즉 땅이 패괴하였으니 이는 땅에서 모든 혈육 있는 자의 행위가 패괴함이었더라 하나님이 노아에게 이르시되 모든 혈육 있는 자의 강포가 땅에 가득하므로 그 끝날이 내 앞에 이르렀으니 내가 그들을 땅과 함께 멸하리라. (창 6:1-13)

창세기 6장은 노아와 홍수심판의 장입니다. 그런데 "하나님의 아들들이 사람의 딸과 결혼했다"는 이상한 이야기가 나오기 때문에 매우 난해한 장으로 그리스도인들에게 기억되는 장이기도 합니다.

그렇지만 저는 창세기 6장의 난해성이 문맥을 통해서 보면 그렇게 꼭 어려운 대목만은 아니라고 생각합니다. 우리가 성경공부를 할 때 중요한 것은 먼저 큰 그림을 보는 일입니다. 그 다음에 자세하게 한 부분 한 부분을 들여다보는 그런 작업이 꼭 필요합니다.

제가 10년 전에 한국에 나와서 우리 교회를 개척하기 시작할 때에 물론 미국에서 오래 살다가 왔지만 예전에 한국에서 살았으니까 서울 거리를 퍽 잘 안다고 생각을 했습니다. 그런데 차를 몰고 목적지를 향해 가다 보면 하도 많이 바뀌어서 잘 찾아갈 수가 없었습니다. 그래서 헤매는 일이 많았습니다. 그러다 보니 약속시간을 어기는 일이 빈번했습니다. 그 때 개척멤버들 가운데 한 분이 제게 "목사님, 방황의 은사가 있으시군요" 하고 농담을 하더라구요.

그래서 제가 가만히 생각해 보니까 내가 안다고 생각한 것이 문제였습니다. 그 동안 사실 서울 거리가 상당히 변했는데, 제가 안다고 가정을 해버린 거죠. 그래서 제가 겸손한 마음으로 서울시내 지도를 샀습니다. 그리고 서울 지리를 공부했습니다. 공부를 하니까 머릿속에 서울시내 전체 그림이 들어오더라구요. 그런 후에는 운전하다가 길을 잃어버려도 당황하지 않습니다. 이처럼 우리가 마음 속에 전체 그림을 갖고 있는 것은 매우 중요합니다.

성경공부에서도 마찬가지입니다. 창세기 6장 서론부분에 상당히 이해하기 어려운 대목들이 있는 것은 사실이지만, 성경 전체의 흐름과 6장 전체의 그림을 먼저 이해하는 것이 중요합니다. 창세기 6장 전체 이야기는 홍수심판의 내용입니다. 특히 본문 1절부터 13절까지는 심판의 원인을 밝혀주는 배경이라고 할 수 있습니다.

성적인 부패와 폭력

첫째로, 우리가 먼저 생각할 것은 심판의 원인입니다.

본 장의 제목이 인간의 부패와 하나님의 심판이라는 것을 감안할 때, 인간의 부패가 하나님의 심판을 초래한 원인임을 알 수 있습니다. 본문 5절 말씀을 보십시오. "여호와께서 사람의 죄악이 세상에 관영함과 그 마음의 생각의 모든 계획이 항상 악할 뿐임을 보시고." 당시 사람의 죄악이 세상에 넘쳐나고 있었습니다. 그러나 성경은 외부적인 행동으로서의 죄악뿐만 아니라 어디까지 지적합니까? 사람의 생각과 계획하는 것까지 악했다고 지적합니다. 우리 마음의 부패함이 행동으로 나타나는 것입니다. 더 근원적인 것은 인간의 마음이 부패했다는 사실을 본문이 지적하고 있습니다. 그러면서 사회상에 넘쳐나고 있었던 죄악상을 특별히 두 가지 각도에서 창세기 기자는 우리에게 보도해 주고 있습니다. "때에 온 땅이 하나님 앞에 패괴하여 강포가 땅에 충만한지라 하나님이 보신즉 땅이 패괴하였으니 이는 땅에서 모든 혈육 있는 자의 행위가 패괴함이었더라"(11-12절).

여기서 우리가 주목해야 할 매우 중요한 단어 두 개가 나옵니다. 이것은 당시 노아시대의 사회 속에 넘쳐나고 있던 죄악상을 정의하는 중요한 단어입니다. 하나는 '패괴' 라는 단어이고, 또 하나는 '강포' 라는 단어입니다. '패괴와 강포', 얼른 머릿속에 안 들어오죠? 한문에서 온 단어라서 얼른 머릿속에 잘 들어오지 않습니다. 패괴라는 말은 달리 말하면 부패입니다. 그냥 부패가 아니라 성적인 부패를 뜻하는 단어입니다. 또 하나, 강포라는 말은 다른 말로 하면 폭력입니다. 성적인 부패와 폭력, 이것은 그 당시 하나님의 심판을 초래할 수밖에 없었던 그 징후를 설명합니다. 한 시대, 한 사회의 도덕성이 위험수위에 오르게 되면 반드시 이 두 가지, 성적인 부패와 폭력이 문제입니다.

요즘 매스컴에 보면, 한국에서도 외국영화를 수입해서 상영할 때, 영화 심사 등급제(grading system)를 도입해야 한다고 제기되고 있습니다. 거의 도입단계에 와 있는 것 같습니다. 제가 미국 살 때 보면 영화에 반드시 등급이 매겨져 있습니다. 그래서 누구나 볼 수 있는 것, 부모가 자식들과 더불어 조심시켜서 보아야 할 것(PG), 보지 말아야 할 것(R) 등으로 구분이 되어 있습니다. 주로 성인은 봐도 괜찮다고 해서 성인영화라고 하는 것들도 사실은 성인에게도 유해한 것입니다.

그런데 이 그레이딩 시스템의 표준이 무엇인지 아십니까? 두 가지를 가지고 표준을 정하는데, 그것이 바로 성적 부패와 폭력의 정도입니다. 성적 부패를 묘사하는 정도가 얼마나 지나쳐 있는가? 폭력의 정도를 얼마나 지나치게 묘사했는가? 그것을 가지고 미성년자는 보지 말아야 할 영화, 봐도 괜찮은 영화를 구별합니다.

인간의 죄악성은 그 시대나 지금이나 변함이 없습니다. 결국 사람들이 죄 속에 빠지고 한 사회의 도덕성이 위험수위에 도달하게 되면 항상 이 두 가지가 문제가 되는 것입니다.

그러나 오늘 본문은 이러한 부패를 초래하게 된 더 근본적인 원인 하나를 추적하고 있습니다. "하나님의 아들들이 사람의 딸들의 아름다움을 보고 자기들의 좋아하는 모든 자로 아내를 삼는지라" (2절). 신학자들 가운데서도 여기에 대한 견해가 분분합니다. 여러 가지 설들이 많습니다. 그 설들을 다 세어보니 10가지나 됩니다. 그 중 가장 학자들의 주목을 받고 있는 견해는 두 가지입니다.

하나는, "하나님의 아들" 이 천사를 의미한다고 생각하는 사람들이 있습니다. 천사가 사람의 딸들의 아름다움을 보고 결혼을 한 것이라는 설입니다. 저는 얼른 그것이 감동이 안오는 데 그것을 믿는 학자들도 없지 않아 있습니다. 저는 이 견해를 타당한 견해로 받아들일 수 없다고 생각하는 사람입니다. 왜냐하면, 신약성경에 보면 예수께서 천사들을 묘사하시면서 우리가 천국에 가면, 천사들처럼 장가도 안 가고 시집도 안 간다고 했거든요. 천사들이 결혼을 한다는 가능성을 받아들인다는 것이 그렇게 성경적이지 않다고 봅니다.

대부분 복음주의 신학자들이 제일 보편적으로 수용하는 견해는 '하나님의 아들들' 을 셋의 후예로 보는 것입니다. 셋은 누구 대신에 주어진 아들입니까? 아벨이 죽고 나서, 아벨 대신 하나님이 주셨던 자손, 하나님이 특별히 선택해서 주셨던 자손이 바로 셋이었습니다. 셋이란 이름은 '하나님이 선택했다' 는 뜻입니다. 그리고 사람의 딸들은 가인의 후손을 가르키는 것으로 보는 것입니다. 우리는 첫사람이 범죄한 후에 특별히 인간을 향한 사탄의 도전이 있은 후부터 여인의 후손, 메시야의 혈통을 타고 올 여인의 후손의 계열과, 뱀의 후손의 날카로운 대립이 이미 창세기 3장에서 예언되고 있는 모습을 볼 수 있습니다.

구속사적으로 볼 때, 저는 이 부분을 이렇게 보는 것이 가장 자연스럽다고 생각합니다. 셋의 후예와 가인의 후예가 결합하게 된 것을 요즘식으로 말하면, '믿는 사람과 안 믿는 사람이 결혼하기 시작했다' 는 말입니다. 그것이 부패의 원인이었습니다. 경건한 사람들이 경건한 사람들의 가치관을 보존해서 그 가치관을 계승시킨다는 것은 한 사회의 경건성을 유지하는 데 있어 매우 중요한 것입니다.

여러분, 자손들을 결혼시킬 때, 부모의 입장에서 제일 중요하게 여기는 가치 기준은 무엇입니까? "뭐니뭐니해도 이 세상에선 머니가 최고야. 돈 있는 사람하고 해!" 이렇게 말하십니까? 아니면 가장 중요한 가치 기준을 신앙에서부터 먼저 찾고자 하십니까? 왜 "믿지 않는 자와 멍에를 같이 하지 말라"(고후 6:14)고 성경이 우리에게 강조하고 있습니까? 믿지 않는 자와 멍에를 같이 하다 보면, 그들의 가치관을 너무나 쉽게 우리가 받아들일 수 있기 때문입니다.

인간은 영향에서 자유로운 존재가 아닙니다. 누구나 쉽게 영향을 받을 수 있습니다. 그러다 보면 경건하지 못한 영향을 받게 되고 신앙의 가치가 더 이상 보존될 수 없기 때문입니다. 또 전도하기 위해서 결혼한다는 사람도 있습니다. 그러나 결혼의 목적은 전도가 아닙니다. 전도도 매우 중요하지만 전도하기 위해서 결혼하는 것은 아닙니다. 살기 위해서 결혼하는 것입니다.

또 어떤 자매는 제게 와서 "목사님, 그 남자가 믿지는 않지만요 그것만 빼놓고는 저랑 너무너무 잘 맞아요. 어떻게 하죠?" 하고 묻습니다. 그래서 제가 반문을 했습니다. "도대체 자매에게 있어서 종교는 무엇을 의미하나요?" 종교라는 것이 우리 삶의 여러 영역 가운데 하나라면 그것 하나쯤 틀려도 괜찮을 거예요. 그러나 절대로 그렇지가 않습니다.

신앙을 그저 취미 정도로 생각하는 사람도 있는 것 같습니다. 제가 옛날에 고등학교에서 교목을 잠깐 한 적이 있는데, 하루는 학생들의 학적부를 뒤지다가 웃음을 참지 못한 일이 있었습니다. 본적, 현 주소 등을 기록하는 난이 여러 개 있었는데, 그 중 취미란에 어떤 학생이 기독교라고 써놓은 거예요.

취미가 다른 건 괜찮습니다. 취미가 다르면 오히려 서로 다른 취미를 보완할 수 있잖아요. 그러나 신앙이 다른 것은 어떻게 해결합니까? 신앙은 일 주일에 한 번만 영향을 끼치는 것이 아니라 가정생활, 직장생활, 직장의 선택, 심지어는 우리 삶의 전 영역에 영향을 미치는 것입니다. 따라서 신앙이 다르다는 것은 모든 것이 다르다는 것을 의미합니다. 매우 심각한 것입니다.

저는 노아시대의 부패가 이런 문제에서 시작되었다고 생각합니다. 우리가 신앙의 가치관을 양보하는 것은 모든 것을 양보하는 것과 같습니다. 저는 자녀문제에 있어서 다른 것은 다 양보할 수 있습니다. 우리 아이들이 미국에서 자랐으니까 노란머리 혹은 흑인을 데려와도 상관없다고 그래요. 거기까지는 양보할 용의가 있습니다. 하지만 신앙만은, 하나님을 주인으로 모시고 살아가는 삶만은 양보할 수 없는 부모의 가치관인 것을, 또 자손들에게 계승해야 할 가치관인 것을 강조해야 한다고 생각합니다. 그리스도인들이 이 원칙을 버리기 시작할 때, 경건을 타협하기 시작할 때 거기서부터 시대의 비극이, 한 사회의 부패성이 시작되는 것입니다. 그래서 한 사회가 망해 갈 때에는 먼저 하나님의 백성들의 삶의 기준이 흔들리는 데서부터 시작됩니다.

베드로전서 4장 17절에 보면, "하나님이 심판을 시작할 때, 하나님의 집에서부터 시작한다"는 말이 있습니다. 하나님의 백성들이 하나님의 백성다움을 상실하기 시작하는 그 순간부터 사회의 어둠이 시작되는 것입니다. 그래서 우리가 세상의 빛이어야 하고, 소금이어야 하는 것 아닙니까? 우리가 소금 되기를 포기할 때 부패는 명확한 결론일 수밖에 없습니다. 이것이 바로 심판의 원인이었음을 오늘 창세기 기자가 지적하는 것입니다. 노아시대의 홍수심판의 원인은 여기서부터 시작됩니다.

심판의 결과

두번째로, 심판의 결과는 무엇입니까? 본문을 자세히 살펴보면, 범죄하고, 범죄 때문에 가치관을 양보하고, 하나님의 백성들이 혼합되기 시작하면서부터 심판의 징후들이 있었습니다. 다섯 가지 징후들이 언급되고 있습니다.

첫째로, "여호와께서 가라사대 나의 신이 영원히 사람과 함께하지 아니하리라"(3절)고 기록되어 있습니다. 하나님의 성령이 더 이상 누구와 함께하지 않는다구요? 죄 속에 빠지고 부패한 사람들과는 하나님의 신이 다시는 함께하지 않겠다는 말씀입니다. 성령께서 더 이상 동행하지 않는다는 말씀입니다. 성령의 거두어가심이에요. 성령의 동행을, 성령의 임재를 철회하시겠다는 것입니다.

신약시대에는 성령님이 한 번 오시면 떠나가지 않습니다. 그러나 구약시대에는 하나님의 성령이 하나님의 백성들과 함께했다가 떠나갈 수 있었습니다. 신약시대의 성령의 사역 가운데 현저한 변화 중 하나는 우리가 성령을 체험하고 성령이 우리 안에 오셔서 우리와 더불어 함께하시면 결코 우리를 떠나지 아니한다는 것입니다. 성령이 근심은 하지만 떠나지는 않으십니다.

그러나 구약시대에는 성령이 임했다가 떠나가실 수 있었습니다. 일정한 사람에게 성령이 임하셔서 어떤 역사를 성취한 다음에 성령이 기분이 안 좋으면 떠나갑니다. 구약시대에는 그랬습니다. 그래서 시편 51편 11절을 보면, 다윗이 "주의 성신을 내게서 거두지 마소서"라고 기도했습니다. 구약시대에 있었던 성령역사의 한 현상이라고 할 수 있습니다.

두번째로, "그들이 육체가 됨이라"(3절)고 했습니다.

언제는 육체가 아니었나요? 이것은 그들이 이제는 영성을 상실한 육체적 본능만을 추구할 수밖에 없는 육체적 존재가 되었다는 말입니다. 죄를 허용한 결과로 이제 그들은 문자 그대로 육체가 되었습니다. 육체적 본능이 없는 사람은 없습니다. 다 있습니다. 그러나 문제는 육체적 본능만을 추구한다면 사람이 아니죠. 짐승입니다. 육체적 본능은 인간을 인간 되게 하는 요소 중 하나이지만, 우리에겐 영성이 있고 영성이 우리의 육체를 컨트롤합니다. 문제는 그들이 부패 속에 빠졌을 때 이제 육체가 되었다는 것입니다. 영성을 상실한 육체적 본능만을 추구할 수밖에 없는 존재가 되었다는 말입니다.

세번째로, "그들의 날은 일백이십 년이 되리라"(3절)는 것입니다. 그 전에 보면 굉장히 오래 살았잖아요. 그런데 재미있는 것은 홍수심판 이후에 인간의 수명이 백대로 뚝 떨어졌다는 것입니다. 그것도 심판의 결과입니다. 그러니까 홍수 심판의 연장선상에서 지금 저와 여러분이 살고 있다면 지금도 인간의 수명은 어디까지 가능하다는 거예요? 백이십 세까지 가능하다는 것입니다. 그런데 요즘 이런 이야기가 많이 돌잖아요. 백이십까지는 살 수 있다고. 이것은 굉장한 복음이죠? 그 옛날보다는 오래 살지 못하지만 그래도 백이십까지 산다는 것이 얼마나 굿 뉴스입니까? 여러분도 백이십까지 살 수 있습니다.

'인간이 구백 세까지 산다는 것이 정말 가능한 일인가?' 이런 질문을 하는 사람들이 있습니다. 그런데 충분히 가능할 수 있다고 한 창조과학자가 말했습니다. 노아시대의 홍수심판 때 처음으로 비가 왔습니다. 그 전에는 비가 왔다는 기록이 없습니다. 그러니까 지구를 둘러싼 이 대기권에 마치 물주머니 같은 것이 형성되어서 지구를 싸고 있었고, 태양빛이 사람의 피부에 직접 도달할 수 없었던 방사선의 작용이 지금과 훨씬 다른 환경 속에 살았기 때문에 그런 환경을 조성해 놓으면 얼마든지 구백 세 천 세도 가능하다는 것입니다. 그러나 비가 오면서 물주머니가 터진 거예요. 그리고 홍수 이후에 백대로 인간의 수명이 뚝 떨어지기 시작합니다. 저는 충분히 그것이 가능할 수 있다고 생각합니다. 어쨌든 심판의 결과로 인간은 백대 전후로 이 땅에서의 삶을 마무리지어야 하는 운명을 감수하게 된 것입니다.

네번째로, 한 걸음 더 나아가서 인간이 이름만을 집요하게 추구하는 존재가 되었다는 것입니다. 이것도 저는 심판의 징후 중 하나라고 생각합니다.

4절도 굉장히 난해한 구절 중 하나이고, 따라서 학자들의 여러 가지 견해가 존재합니다. "당시에 땅에 네피림이 있었고 그 후에도 하나님의 아들들이 사람의 딸들을 취하여 자식을 낳았으니 그들이 용사라 고대에 유명한 사람이었더라." 본문은 굉장히 긍정적인 표현같이 일견 느껴지지만 루 폴드(Leupold) 같은 주석학자는 여기서 사용한 '용사' 라는 단어가 좋은 의미에서가 아닌 부정적인 의미에서 쓰여졌다고 지적합니다. 특별히 '네피림' 이라는 단어는 '떨어뜨리는 사람' 혹은 '치는 사람', '공격자' 란 뜻입니다. 어떤 신학자는 아주 쉽게 현대적인 말로 이 단어를 바꾸면 '깡패' 라고 말합니다. 그리고 그 동기 속에는 자기 자신을 과시하려는 욕망에서 살아가려는 사람들이 그 당시에 그 세계를 지배하게 되었고, 권력과 이름을 내려는 사람들에 의해서 더럽혀진 그 세상에 관한 일반적 묘사일 것이라고 주장하는 학자들이 있습니다.

그래서 결국, 궁극적인 심판의 결과로 홍수심판이 결정되고 선언됩니다. "하나님이 노아에게 이르시되 모든 혈육 있는 자의 강포가 땅에 가득하므로 그 끝날이 내 앞에 이르렀으니 내가 그들을 땅과 함께 멸하리라"(13절). 드디어 심판이 선언됩니다. 그러나 본문은 심판의 원인을 지적하고 심판의 결과를 보여주는 데서 끝나지 않습니다. 대부분의 성경이 그런 것처럼 본문도 심판 중에서 은혜를 증언함으로 마무리되고 있습니다.

심판 중에도 은혜가 있었습니다. "그러나 노아는 여호와께 은혜를 입었더라"(8절). 이런 죄 많은 부패한 시대, 부패한 사람들 가운데서도 성경은 "그러나 노아는 여호와께 은혜를 입었더라"고 말하고 있습니다. 그러므로 우리를 둘러싸고 있는 환경이 나빠서 이런 삶을 살 수밖에 없다고 변명을 해서는 안됩니다. 그 당시 시대가 부패했고, 모든 사람이 부패했고, 환경이 부패했지만, 성경은 증언하기를, "그러나 노아는 여호와께 은혜를 입었더라"고 했습니다.

우리 시대도 노아시대처럼 도덕성이 땅에 떨어지고, 가정이 깨지고 있고, 사람들이 계속 죄를 탐하고 있지만, "그러나 ○○○은(는) 여호와께 은혜를 입었더라"라고 일컬어지는 저와 여러분의 삶이 되기를 축복합니다.

노아는 어떤 사람이었습니까? 성경은 계속 노아를 이렇게 소개합니다. "노아의 사적은 이러하니라 노아는 의인이요 당세에 완전한 자라 그가 하나님과 동행하였으며"(9절). 하나님의 신이 부패한 사람들과 더 이상 동행하지 않겠다고 선언했음에도 불구하고 은혜를 입은 노아와 하나님은 동행하셨습니다.

우리는 노아가 굉장히 위대한 사람이었기 때문에, 아주 특별한 사람이었기 때문에 이런 삶을 살았다고 생각할 수 있습니다. 그러나 중요한 것은 8절의 내용입니다. "노아는 여호와께 은혜를 입었더라." 순서를 바꾸면 안됩니다. 노아가 의인이 될 수 있었던 것은 하나님께 은혜를 입었기 때문이라고 생각합니다. 그가 하나님께 온전한 자라는 칭찬을 받을 수 있었던 것은 처음부터 그가 그런 사람이어서가 아니라 하나님께 은혜를 입었기 때문입니다. 그가 하나님과 동행할 수 있었던 것도 그가 위대하고 거룩한 사람이어서가 아니라 하나님의 은혜를 입었기 때문입니다. 은혜가 뭡니까? 받을 자격이 도무지 없는 사람들에게 베푸시는 하나님의 일방적인 사랑입니다. 우리도 그것을 받았습니다. 우리가 그 사랑과 은혜를 입었다면, 우리도 노아처럼 이 시대를 살아갈 수 있는 줄로 믿으시기 바랍니다.

은혜받은 자의 삶

제가 상당히 오래 전에 전도폭발훈련을 받기 위해서 전도폭발훈련의 시발지였던 플로리다의 제임스 케네디(James Kennedy) 목사님이 섬기시는 코럴릿지교회에 갔을 때입니다. 만찬중에 간증시간이 있었는데, 그 때 케네디 목사님이 50대 후반의 찰리 헤일라인이라는 사람의 간증을 소개했습니다. "이분은 은혜의 사람입니다. 이분은 일 년에 천육백 명 이상을 전도합니다." 그러면서 그분의 전도에 관한 에피소드를 소개했습니다.

"자, 이제 여기 오신 분들도 내일이나 모레쯤이면 현장에 나가서 실제로 전도훈련을 해야 되는데, 전도폭발에서는 세 사람씩 짝을 지어서 내보내요. 한 사람이 복음을 제시하고, 또 한 사람은 그것을 돕는 역할을 하고, 다른 한 사람은 복음제시가 방해받지 않도록 다른 돕는 역할을 하지 않습니까? 그런데 한번은 이분이 전도를 아주 잘하지만, 세번째 역할, 아무것도 하지 않고 비상사태를 대비해서 돕는 사람, 즉 전화가 오면 받아주고, 애들이 떠들면 같이 놀아주고 또 할 일이 없으면 옆에 앉아서 미소를 지어주는 그런 역할을 하는데, 복음을 제시하는 분이 열심히 복음을 다 전했어요. 그리고 '이제 예수를 영접하시겠습니까?' 하고 도전을 했더니 대상자가 복음을 제시한 두 사람은 쳐다보지 않고 세번째 있었던 이 사람을 손가락으로 가르키면서 '예수 믿는 것이 저 사람 같으면 믿겠습니다' 하더랍니다. 이분의 환한 웃음과 편안히 앉아 있는 모습을 보고 '저분같이 된다면 저도 믿고 싶어요' 라고 말한 것입니다."

그런데 이분이 팔자가 좋아서 이렇게 되었습니까? 제임스 케네디 목사님의 말씀에 의하면, 이분의 딸이 납치되어서 살해된 채로 발견됐다고 합니다. 그러나 이분은 그 고통스러운 과정을 통해서 하나님의 은혜를 깊이 경험했고, 자기 딸을 죽인 사람을 찾아가서 용서를 선포하고 그에게 복음을 전해서 예수를 믿게 했답니다. 이런 기막힌 하나님의 은혜를 경험하고 나서 그는 나중에 이렇게 간증을 했답니다. "딸의 사건을 경험한 후 이 세상에서 이해하지 못할 상황도, 용서하지 못할 상황도 없었다고. 자기가 그렇게 용서할 수 있었던 것은 자신이 어떤 사람인가를 깊이 묵상했기 때문이라고. 자기 딸을 죽인 그 사람 못지않게 자신 속에 있는 처참한 죄악상을 하나님이 보시고 자신을 위해 그리스도를 내어주시고 자신을 받아주신 것을 생각했을 때, 마침내 그 사람을 용서할 수 있었다고." 그렇게 말하는 그분의 얼굴이 정말 천사 같았다고 합니다.

세상은 부패했지만, 하나님은 노아를 통해서 또 그의 가족들을 통해서 그 시대에 구원의 복음을 증거하게 하신 것입니다. 그렇다면 우리 시대가 아무리 어려워도 우리가 하나님의 은혜를 입은 사람들이라면 이 시대를 향해서 하나님의 변함없는 구원의 복음을 증거하는 증인으로 설 수 있는 것을 믿으시기 바랍니다. 여러분, 우리 다같이 "은혜받은 자가 되십시다."

묵상과 기도

하나님, 이 시대가 어둡고 부패했지만, 하나님이 노아에게 주셨던 은혜를 내게도 주셨다면, 이제 은혜의 복음을 증거하며 은혜의 빛을 드러내며 살아가는 당신의 백성들이 되도록 도와주시옵소서.
다시 세상으로 복음을 들고 나가는 당신의 백성들의 걸음걸음마다 성령의 함께하심과 도우심이 함께해 주시기를 간절히 축원하옵나이다. 예수님의 이름으로 기도합니다. 아멘.

방주로 들어가라

13

창세기 6:14-7:1

너는 잣나무로 너를 위하여 방주를 짓되 그 안에 간들을 막고 역청으로 그 안 팎에 칠하라 그 방주의 제도는 이러하니 장이 삼백 규빗, 광이 오십 규빗, 고가 삼십 규빗이며 거기 창을 내되 위에서부터 한 규빗에 내고 그 문은 옆으로 내고 상 중 하 삼층으로 할지니라 내가 홍수를 땅에 일으켜 무릇 생명의 기식 있는 육체를 천하에서 멸절하리니 땅에 있는 자가 다 죽으리라 그러나 너와는 내가 내 언약을 세우리니 너는 네 아들들과 네 아내와 네 자부들과 함께 그 방주로 들어가고 혈육 있는 모든 생물을 너는 각기 암수 한 쌍씩 방주로 이끌어 들여 너와 함께 생명을 보존케 하되 새가 그 종류대로, 육축이 그 종류대로, 땅에 기는 모든 것이 그 종류대로 각기 둘씩 네게로 나아오리니 그 생명을 보존케 하라 너는 먹을 모든 식물을 네게로 가져다가 저축하라 이것이 너와 그들의 식물이 되리라 노아가 그와 같이 하되 하나님이 자기에게 명하신 대로 다 준행하였더라 여호와께서 노아에게 이르시되 너와 네 온집은 방주로 들어가라 네가 이 세대에 내 앞에서 의로움을 내가 보았음이니라. (창 6:14-7:1)

저는 노아시대의 방주사건은 종말론적 심판과 구원의 가장 완벽한 그림자적 사건이라고 생각합니다.

마태복음 24장 37절에 보면, 예수님이 어느 날 이런 말씀을 하셨습니다. "노아의 때와 같이 인자의 임함도 그러하리라." 노아의 때가 예수님께서 다시 오실 때의 시대적 상황과 방불할 것을 말씀하신 것입니다. "홍수 전에 노아가 방주에 들어가던 날까지 사람들이 먹고 마시고 장가들고 시집가고 있으면서 홍수가 나서 저희를 다 멸하기까지 깨닫지 못하였으니 인자의 임함도 이와 같으리라"(마 24:38-39).

저는 이 말씀에서 우리 주님이 장가들고 시집가는 그 자체를 결코 정죄한 것이 아니라고 생각합니다. 이 말씀은 장가들고 시집가는, 소위 결혼을 하고 가정을 만들고 인생을 살아가는 그 행위에 초점이 있는 것이 아닙니다. 이 말씀 가운데서 가장 중요한 단어 하나를 뽑는다면, 그것은 '깨닫지 못했다'는 것입니다. 즉 "먹고 마시고 장가들고 시집가고 있으면서 홍수가 나서 저희를 다 멸하기까지 깨닫지 못하였으니 인자의 임함도 이와 같으리라." 주님이 다시 오실 때에도 노아시대처럼 사람들이 먹고, 마시고, 장가들고, 시집가고, 가정 만들고 살아가는 일에 몰두한 나머지 보다 중요한 사건을 깨닫지 못하고 있었다는 사실입니다.

다시 말해, 그들이 깨달았어야 할 더 중요한 사실은 다가오는 심판입니다. 그리고 이 심판에서 구원받는 일에 대한 중요한 깨달음

없이 그들이 일상적인 생활에만 몰두하고 있었음을 지적하는 것입니다. 노아시대와 같이 주님이 다시 오실 때도 그와 같을 것이라고 오늘 주님은 친히 이 말씀을 통해 지적하시는 것입니다.

우리의 인생에서 무엇보다 중요한 것은 '구원의 준비' 라고 저는 생각합니다. 먹고 살 준비, 장가들고 시집갈 준비, 자식들을 결혼시킬 준비, 다 중요하지만 그보다 훨씬 더 중요한 것은 구원의 준비입니다. 예수께서 오신 목적은 구원을 위해 오셨습니다. '예수' 라는 단어 뜻 자체가 구원이란 뜻입니다. 히브리 사람들은 예수님을 '예수와' 라고 말하는데, '예수' 라는 말은 바로 구원이라는 뜻입니다. 그분이 이 땅에 오신 목적이 그렇습니다. "인자의 온 것은 잃어버린 자를 찾아 구원하려 함이니라" (눅 19:10). 그가 이 땅에 오신 가장 중요한 목적은 구원이었습니다. 십자가에서 자신의 생명을 내어주셨던 목적도 바로 구원이었습니다. 구원보다 중요한 것은 아무것도 없습니다. 만약 우리 중에 교회에 출석하면서도 아직 구원의 문제를 해결하지 못한 사람이 있다면, 그는 아직 인생의 가장 중요한 목적을 해결하지 못한 것입니다.

노아시대 사람들의 구원을 위해서 하나님은 방주를 예비케 하셨습니다. 방주를 예비케 하신 다음에 하나님은 이렇게 명령하십니다. "방주로 들어가라." 바꾸어 말하면, "구원으로 들어가라" 는 말입니다. 방주는 구원의 모형입니다. 우리는 이제 방주가 어떤 면에서 구원사건의 모형이 되는지를 살펴보고자 합니다. 구원사적으로 방주에는 네 가지 중요한 특성이 있습니다.

방주, 구원의 계시

첫번째 특성은, 방주가 구원의 계시라는 사실입니다. 다시 말해, 방주에 대한 아이디어, 방주에 대한 설계, 방주 그 자체에 대한 생각은 노아의 생각이 아니었다는 사실입니다. 그것은 하나님의 아이디어였습니다. 방주를 만들 것을 계획하시고, 또 방주에 대한 구체적인 설계와 내용을 계시하신 것은 하나님이셨습니다. 노아와는 전혀 상관이 없습니다. 노아가 계획한 것이 아닙니다. 노아가 디자인한 것도 아닙니다. 노아가 누구에게 부탁한 것도 아닙니다. 노아가 탐구해 낸 것도 아닙니다. 그것은 전적으로 하나님의 계획이자 하나님의 아이디어였습니다. 구원은 사람의 아이디어가 아닙니다. 구원은 사람이 만든 것이 아닙니다. 구원은 사람의 이데올로기가 아닙니다. 구원은 사람의 철학이 아닙니다. 구원은 사람이 만든 그 무엇이 아닙니다. 구원은 전적으로 하나님 자신의 계획입니다.

언제부터 하나님은 이 구원을 계획하셨을까요? 에베소서 1장 4절에 의하면, 창세 전부터입니다. 창세 전에 그리스도 안에서 우리를 택하셨다고 했습니다. 창세 전에 우리를 위해서 예수 그리스도를 예비하시고 그리스도를 이 땅에 보내실 준비를 계획하셨습니다. 그리고 인간을 창조하시면서 인간에게 주어질 자유의지로 말미암아 죄가 불가피한 것을 아시고, 죄를 통해 구원을 경험케 하시고, 창조주 하나님 앞에 영광스럽게 서야 할 주의 백성들의 미래의 모습을 바라보시면서 그리스도 안에 있는 구원을 계획하셨습니다. 그래서 구원은 전적인 하나님의 아이디어요, 하나님의 계획인 것을 믿으시기 바랍니다.

본문 6장 14절에 보면, "너는 잣나무로 너를 위하여 방주를 짓되 그 안에 간들을 막고 역청으로 그 안팎에 칠하라 그 방주의 제도는 이렇게 하라"고 말씀하십니다. 방주에 대한 구체적인 내용을 하나님께서 계시하셨습니다. 그리스도가 어떤 분인가를 보여주시기 위해서 우리에게 허락된 이 성경말씀을 가리켜서 성경학자들은 '특별계시'라고 말합니다. 우리의 구원을 위해서 하나님께서 특별히 계시하셨습니다. 특별히 그리스도를 준비하셨습니다. 또 그리스도를 통해서 우리가 받을 구원의 영광스러움을 특별히 이 말씀을 통해서 보여주셨습니다.

구원은 하나님의 계획이요, 하나님의 계시였습니다. 그것은 마치 방주가 하나님의 아이디어요, 하나님의 계획이요, 하나님의 계시였던 것과 동일한 것입니다. 그래서 방주는 구원의 계시입니다. 마찬가지로 그리스도를 통해서 저와 여러분을 구원하고자 하는 하나님의 계획은 하나님의 계시셨습니다. 믿으십니까? 방주는 구원의 계시입니다. 우리를 구원하시기 위해서 하나님이 준비하신 하나님의 계시인 것입니다.

방주, 안전한 처소

두번째 특성은, 방주가 안전한 처소라는 것입니다.

본문 14절에 보면, "너는 잣나무로 너를 위하여 방주를 짓되 그 안에 간들을 막고 그리고 이 방주의 안팎에" 무엇을 칠하라고 했습니까? 역청을 칠하라고 했습니다. 역청의 기능은 무엇입니까? 방수 기능입니다. 물을 막는 것입니다. 역청을 칠함으로써 방주가 튼튼

해지는 것입니다. 하나님은 방주를 견고하게 하시기 위해 역청을 칠하게 하셨습니다. 그래서 방주가 안전한 것입니다. 뿐만 아니라 방주 안에 칸들을 막으라고 하셨습니다. 방주 안에는 넉넉한 방들이 예비되어 있었습니다. 그 방들은 쉴 곳입니다. 그리스도 안에 넉넉한 우리의 안식이 있다는 사실을 믿으시기 바랍니다. 예수님 안에 안전함이 있습니다. 예수님 안에 안식이 있습니다. 주님 안에 진정한 쉼이 있습니다.

이 방주가 얼마나 안전한지 7장 1절에 보면, 하나님이 방주를 다 만들게 하신 후에 "이제 방주로 들어가라" 고 명령하십니다. 또 7장 16절을 보면, "들어간 것들은 모든 것의 암수라 하나님이 그에게 명하신 대로 들어가매 여호와께서 그를 닫아 넣으시니라" 고 했습니다. 하나님의 초청에 응답해서 방주의 문을 열고 사람과 모든 생물들이 들어간 후에 하나님이 어떻게 하셨습니까? 방주 문을 친히 닫으셨습니다.

그 다음에 8장 16-19절을 보면, "너는 네 아내와 네 아들들과 네 자부들로 더불어 방주에서 나오고 너와 함께한 모든 혈육 있는 생물 곧 새와 육축과 땅에 기는 모든 것을 다 이끌어 내라 이것들이 땅에서 생육하고 땅에서 번성하리라 하시매 노아가 그 아들들과 그 아내와 그 자부들과 함께 나왔고 땅 위의 동물 곧 모든 짐승과 모든 기는 것과 모든 새도 그 종류대로 방주에서 나왔더라" 고 기록되어 있습니다. 무슨 이야기입니까? 들어갔던 모든 것은 다 그대로 보존되었습니다. 하나도 잃어버림 없이 보존되었습니다. 심판이 지나가고 새 하늘 새 땅이 열렸을 때, 그들은 새 하늘 새 땅에서 새로운 삶을 출발하도록 그대로 보존되었습니다.

여기서 우리가 얻는 메시지는 무엇입니까? 그리스도 안에 들어가 있는 사람은 한 사람도 잃어버린 바 되지 않는다는 것을 믿으시기 바랍니다. 이것을 그리스도인들의 영혼의 '영원한 안전' 이라고 말합니다. 주 안에 있는 사람은 한 사람도 결코 잃어버린 바 되지 않습니다. "내가 저희에게 영생을 주노니 영원히 멸망치 아니할 터이요 또 저희를 내 손에서 빼앗을 자가 없느니라 저희를 주신 내 아버지는 만유보다 크시매 아무도 아버지의 손에서 빼앗을 수 없느니라" (요 10:28-29). 한 사람도 잃어버린 바 되지 않습니다. 우리의 구원은 지켜집니다. 우리의 구원은 그리스도 안에서 견고한 것입니다. 안전한 것입니다. 믿으시기 바랍니다. 한 번 구원받은 사람은 결코 구원을 잃어버리지 않는 줄을 믿으시기 바랍니다.

이것은 그리스도인들의 중요한 고백입니다. 가끔 그리스도인 가운데 구원받았다가도 잃어버릴 수 있다고 주장하는 사람들이 있습니다. 받았다, 잃어버렸다 하면 얼마나 불안하겠어요? 저는 그렇게 생각하지 않습니다. 성경도 그렇게 가르치지 않습니다. 그리스도 안에서 우리가 받은 구원은 하나님의 능력으로 보존된다고 성경은 가르칩니다. 우리의 구원은 안전한 것입니다. 우리의 구원은 결코 잃어버려지지 않습니다.

우리가 살다보면 정신적인 타격을 받아서 헷갈릴 때가 있습니다. 정신적인 충격을 받고, 심지어는 정신병을 앓을 수도 있습니다. 그렇다 할지라도 한 번 구원 얻은 사람은 결코 구원을 잃어버리지 않는다고 믿습니다. 비록 일순간적인 정신적 충격이 있을지는 몰라요. 그래도 구원을 경험하고 그리스도를 한 번 붙들었던 사람, 그리스도 안에 들어간 사람의 영혼은 결코 잃어버려지지 않는다는 것을 믿으시기 바랍니다.

우리는 그리스도 안에서 안전한 구원을 얻었을 뿐만 아니라 그리스도 안에서 안식할 수가 있습니다. 심판의 홍수가 임했을 때 주께서 예비하신 방들 안에서 넉넉한 안식을 누리고 있었던 노아 가족들의 모습을 한 번 상상해 보십시오. 그것이 구원받은 자의 모습입니다. 그들이 방주 안에서 어떤 찬송을 불렀을까요? 혹시 이런 찬송을 부르지 않았을까요? "방주 안에 있는 나에게 딴 근심 있으랴!" 할렐루야! 주님을 찬양하면서 그들은 아마 방주여행을 즐겼을 것입니다. 이 방주 안에는 넉넉한 구원의 영광이, 그리고 안전함이, 풍성함이 예비되어 있었다는 사실을 믿으시기 바랍니다. 그러므로 구원은 안전합니다. 마치 방주가 안전한 처소였던 것처럼 말입니다.

골로새서 3장 3절을 보면, 안전과 관련하여 그리스도 안에 있는 하나님의 백성들의 모습을 표현하는 아주 흥미로운 단어 하나가 있습니다. "이는 너희가 죽었고 너희 생명이 그리스도와 함께 하나님 안에 감취었음이니라." 어떤 단어가 흥미롭습니까? "너희가 죽었고", "감취었음이니라." 예수를 믿는 사람은 이미 옛 사람이 죽었습니다. 그러나 그리스도 안에서 새롭게 받은 우리의 생명은 그리스도와 함께 하나님 안에 감춰어져 있습니다. 얼마나 아름다운 표현입니까? 우리의 영혼은, 우리의 생명은 하나님 안에 감춰어져 있습니다. 주께서 우리를 붙드십니다. 지키십니다. 그러므로 우리의 영혼은 안전합니다.

우리가 부르는 찬양 가운데 "내 영혼 평안해"라는 찬양이 있죠? 이 복음송의 작사자는 자기 가족들이 태평양 바다에서 조난을 당하여 모두가 죽음을 맞는 경험 속에서도 그리스도 안에 있는 구원의 안전함을 묵상했을 때, 이 찬양을 작사할 수 있었다고 합니다. "아직도 내 영혼은 안전하다." "내 영혼은 평안하다." 인생의 폭풍우는 계속되지만 그리스도 안에서 감춰어진 영혼의 안전함, 이것이 그리스도인의 삶의 모습인 것을 믿으시기 바랍니다. 방주는 안전한 처소입니다.

방주, 위를 향한 구조

세번째 특성은, 방주가 위를 향한 구조라는 것입니다. 방주는 위를 향하도록 만들어졌습니다. "거기 창을 내되 위에서부터 한 규빗에 내고 그 문은 옆으로 내고 상 중 하 삼층으로 할지니라"(16절). 창이 어디에 있었습니까? 방주의 창은 옆에 있지 않았습니다. 옆에 있었으면 얼마나 불안했을까요? 옆에 있으면 뭐가 보입니까? 파도가 보이죠. 파도 속에서 아비규환의 온갖 모습들을 보아야 했을 거예요. 그러나 이 방주에는 단 하나의 창이 삼층에 위를 향해서 나 있었습니다. 아마 노아 가족들이 예배를 드리고 싶으면 어디서 예배를 드렸을까요? 틀림없이 삼층에서 드렸을 거예요. 삼층에 난 단 하나의 창, 그 창은 하늘을 향하고 있었습니다. 하늘을 향한 그 창을 바라보면서 하나님을 예배하고, 찬양하고 위에 계신 하나님으로부터 말씀을 받아 그 심판의 시기를 견딜 수 있었던 노아 가족의 모습을 생각해 봅니다. 그것이 우리 신앙의 구조입니다. 그리스도인의 삶의 구조입니다.

우리는 무엇을 바라보고 살도록 지어진 존재입니까? 골로새서 3

장 1절 말씀에 "위엣것을 찾으라"고 했습니다. 위에 계신 하나님, 만유를 주장하시는 하나님, 부활하신 예수님, 만물을 통치하시고 지배하시는 하나님, 그 주님을 바라보며 그 주님으로부터 우리의 삶의 능력과 소망을 공급받고 매일의 삶을 살아갑니다.

옆으로 향한 창이 우리의 시선을 빼앗는다면, 우리는 늘 세상의 파도 속에서, 조류 속에서 좌절하고 실망할 수밖에 없을 것입니다. 그러나 이 세상 한복판에서 위를 바라볼 때 소망을 간직하고, 주님을 향한 우리의 사랑을 고백하면서 인생을 살 수 있는 것입니다. 이것이 방주의 구조였고, 바로 우리 신앙의 구조인 것을 믿으시기 바랍니다. "위엣것을 찾읍시다." 다른 사람 쳐다보지 마시고 주님을 바라보십시오. 그분에게 우리의 시선이 고정될 때 가장 충만한 삶이 될 것을 믿습니다.

방주로 통하는 단 하나의 문, 단 하나의 구원

방주의 네번째 특성은, 방주가 단 하나의 문을 가지고 있었다는 것입니다. 방주에는 단 '하나의 문'만 있었습니다. 그 문은 아마 옆에 있었을 겁니다. "거기 창을 내되 위에서부터 한 규빗에 내고 그 문은 옆으로 내고"(16절). "그 문"이라고 했습니다. 하나의 문이라는 말입니다. 방주에 들어가는 문은 하나밖에 없었습니다.

요한복음 10장 9절을 보면, 예수님이 어느 날 제자들 앞에서 이런 놀라운 말씀을 하셨습니다. "내가 문이니 누구든지 나로 말미암아 들어가면 구원을 얻고." 예수로 말미암아 들어가면 생명을 얻고 방주로 통하는 단 하나의 문을 열고 들어가는 사람들은 방주 안에서 구원을 얻습니다. 하나님의 위로를 경험합니다. 안식을 경험합니다. 소망을 경험합니다. 그 문이 얼마나 중요한 문이었습니까? 오직 하나의 문. 예수께서는 이렇게 말씀하십니다. "내가 곧 길이요 진리요 생명이니 나로 말미암지 않고는 아버지께로 올 자가 없느니라" (요 14:6).

어떤 사람들은 그것이 불만인가봐요. 왜 꼭 예수를 믿어야만 합니까? 부처님을 믿으면 안됩니까? 결국 똑같은 것을 말하고 있지 않습니까? 구원에 이르는 길이 다양할 수도 있지 않습니까? 신학자들 가운데도 이런 주장을 하는 사람들이 있습니다. 이것을 다원주의라고 말합니다. 구원에는 다양한 길이 있다. 여러 가지의 길이 있다는 것이지요.

그러나 이것은 성경의 가르침이 아닙니다. 성경은 단 하나의 구원이 있다고 가르칩니다. 단 하나의 문이 있다고 가르칩니다. 단 하나의 길만이 있다고 가르칩니다. "천하 인간에 구원을 얻을 만한 다른 이름을 우리에게 주신 일이 없음이니라" (행 4:12)고 말씀합니다.

그런데 여러분, 달리 다른 방도가 없을 때, 단 하나의 구원의 길이 왜 불평의 대상이어야 합니까? 도무지 다른 길로는 구원을 얻을 수 없을 때, 단 하나의 구원의 길을 주신 것이 어째서 불평의 이유가 되어야 합니까?

오래 전에 미국의 뉴저지에서 큰 산불이 났었습니다. 그래서 부촌이었던 산 위의 한 마을이 산불에 포위당하게 되었습니다. 갑작스럽게 산불에 포위를 당한 그 마을 사람들이 생존을 위한 길을 찾고 있었습니다. 그 때 헬리콥터가 그 위를 비상하면서 보니까 그 사람들이 살 수 있는 길이 딱 하나밖에 없었습니다. 산 위로부터 아래로 계곡이 하나 있어 물이 흐르고 있었는데, 그 물길만이 안전하게 아래로 내려올 수 있는 유일한 길이었다고 합니다. 그래서 헬리콥터 조종사와 소방관들이 헬리콥터 안에서 스피커를 통해 마을 사람들에게 이렇게 보도를 했다고 합니다. "여러분, 여러분이 살 수 있는 길은 딱 하나입니다. 계곡으로 오세요. 계곡의 물줄기를 타고 아래로 내려오십시오. 그것만이 살 길입니다."

그런데 그 때 어떤 사람이 이렇게 말한다고 상상해 보십시오. "왜 하나라고 말합니까? 왜 살 길을 하나밖에 주지 않습니까? 다른 방법은 없습니까?" 다른 방도가 없을 때 단 하나의 길을 예비하신 것이 어째서 불평의 이유가 되어야 합니까? 주님은 유일한 길을 주셨습니다. 유일한 구원의 길을 주셨습니다.

1999년 12월 24일에 로마 가톨릭 교회가 매우 중요한 뉴스를 전세계 가톨릭 교도들에게 발표했습니다. 바티칸 성당에 가면 베드로 대성당에 닫혀진 네 개의 문이 있는데, 입구 옆 양쪽으로 두 개씩 있습니다. 그 문은 어느 때 가도 절대로 열려지지 않는 문입니다. 그런데 25년마다 한 번씩 그 문이 열립니다. 그 열리는 해가 2000년이었습니다. 그래서 2000년에 들어가기 직전 1999년 12월 24일 크리스마스 이브에 이 네 개의 문이 열릴 것이라고 발표한 것입니다. 그리고 이 네 개의 문으로 들어오는 모든 사람들에게는 죄사함과 영생이 있을 것이라고 선포했습니다. 물론 잘못된 거죠. 그런데 얼마나 많은 사람들이 온 줄 아세요? 2000년에 그 네 개의 문을 통과하기 위해서 전세계에서 무려 3천만의 가톨릭 교도들이 그곳을 방문했습니다. 얼마나 어처구니없는 일입니까? 진정 그들이 찾아야 할 문은 바티칸 대성당에 있었던 문이 아니라 예수 그리스도이십니다. "내가 문이니." 하나님의 아들이신 예수 그리스도, 우리 죄를 담당하시고 십자가에서 죽으셨다가 부활하신 예수 그리스도만이 유일한 구원의 문인 것을 우리는 믿습니다.

실제로 바티칸 대성당에 있는 그 문이 구원을 준다고 가정을 해 보십시오. 그러면 그 문에 들어가는 사람들이 이렇게 불평했을까요? "왜 하나의 문밖에 없습니까? 다른 곳으로는 안됩니까? 여기까지 와야 합니까?" 잘못된 신학이자, 잘못된 가르침이지만 그것을 취재한 기자들에 의하면, 그 문을 통과하는 사람마다 눈물을 흘렸고, 감동했다고 합니다. '아! 내가 죄사함받고 구원을 얻었구나!' 한 거죠. 참으로 어리석은 일입니다.

여기서 중요한 것은 유일한 구원의 문이신 예수 그리스도를 믿고 그리스도 안에 들어오는 사람들에게 오늘 얼마만큼 구원의 감격이 있느냐 하는 것입니다. 예수님을 통해서 구원받는 순간 얼마나 그 사건으로 인해서 흥분합니까?

아마 노아시대의 가장 중요한 질문은 "방주 안에 있는가? 방주 밖에 있는가?" 하는 것이었을 겁니다. 그에 따라서 그들에게 심판과 구원이 결정되었습니다. 방주 밖에서 착한 일을 한 사람도 다 죽었습니다. 방주 밖에서 열심히 일했던 사람도 다 죽었습니다. 그들에게 가장 중요한 것은 '방주 밖에 있는가? 방주 안에 있는가?' 하는 것이었습니다. 하나님이 예비하신 구원의 방주 안에 들어오기 위해서 그들은 유일한 문, 하나밖에 없는 그 문을 통과해야만 했습니다. 때가 찬 시각, 하나님은 이렇게 말씀하십니다. "방주 안으로 들어가라."

이 때 하나님의 말씀을 믿고, 하나님의 사랑과 긍휼을 믿고, 심판받을 수밖에 없는 우리를 위해서 구원의 방주를 예비하시고 이 문을 열게 하신 하나님의 은혜를 발견한 사람들 그리고 그 방주문을 들어가던 노아 가족들의 감격을 생각해 보십시오. 그들이 들어갔을 때, 방주의 문은 닫혔습니다. 더 이상 구원의 기회는 없었습니다. 그랬을 때, 하나님의 심판으로 말미암아 멸망한 많은 사람들로 인한 아픔이 있었겠지만, 하나님의 구원계획을 받아들이고 방주 안에 들어가 심판할 그 때에 구원을 누리고 있었을 노아 가족들의 감격과 감동을 무엇으로 비교할 수 있겠습니까? "오! 하나님, 우리가 무엇이관대 우리를 구원해 주셨습니까? 우리가 무엇이관대 저 문을 통과해서 방주 안에 있게 하셨습니까?"

세상에서 가장 위대한 곳은 '그리스도 안에' 라는 장소입니다. 에베소서 1장을 읽어보면, 바울은 감격에 찬 목소리로 이 단어를 계속 강조합니다. "그리스도 안에서 우리를 선택하셨고, 그리스도 안에서 하나님을 찬양하게 하시고, 그리스도 안에서 우리를 구원하시고, 그리스도 안에서 우리를 살게 하신 하나님을 찬양합니다." 그리스도가 구원이십니다. 그리스도가 소망이십니다. 그 주님을 인해서 기뻐하는 여러분과 제가 될 수 있기를 주의 이름으로 축원합니다.

월드컵 경기 때 대한민국을 외치며 감격해하는 사람들을 가만히 지켜보면서 이런 생각을 했습니다. '구원받았다고 저렇게 기뻐해 보았을까?' 구원의 감격과 기쁨이 회복되는 당신이기를 주의 이름으로 축복합니다.

묵상과 기도

하나님, 저를 구원해 주신 것 너무 감사합니다. 이것 하나만으로도 우리는 주 앞에 갚을 수 없는 빚을 지고 있습니다. 너무너무 감사합니다. 그러나 한편 아직 구원받지 못한 이웃들을 저희가 주 앞으로 인도하는 책임을 다할 수 있도록 도와주세요. 예수님의 이름으로 기도합니다. 아멘.

정결과 부정의 공존

14

창세기 7:1-12

여호와께서 노아에게 이르시되 너와 네 온 집은 방주로 들어가라 네가 이 세대에 내 앞에서 의로움을 내가 보았음이니라 너는 모든 정결한 짐승은 암수 일곱씩, 부정한 것은 암수 둘씩을 네게로 취하며 공중의 새도 암수 일곱씩을 취하여 그 씨를 온 지면에 유전케 하라 지금부터 칠 일이면 내가 사십 주야를 땅에 비를 내려 나의 지은 모든 생물을 지면에서 쓸어버리리라 노아가 여호와께서 자기에게 명하신 대로 다 준행하였더라 홍수가 땅에 있을 때에 노아가 육백 세라 노아가 아들들과 아내와 자부들과 함께 홍수를 피하여 방주에 들어갔고 정결한 짐승과 부정한 짐승과 새와 땅에 기는 모든 것이 하나님이 노아에게 명하신 대로 암수 둘씩 노아에게 나아와 방주로 들어갔더니 칠 일 후에 홍수가 땅에 덮이니 노아 육백 세 되던 해 이월 곧 그 달 십칠일이라 그 날에 큰 깊음의 샘들이 터지며 하늘의 창들이 열려 사십 주야를 비가 땅에 쏟아졌더라. (창 7:1-12)

교회생활을 하다 보면 우리는 다양한 종류의 사람들을 만나게 됩니다. 그 가운데는 우리 마음에 드는 사람만 있는 것은 아닙니다. 때로는 눈에 거슬리는 특이한 기질이나 행동을 하는 사람들이 눈에 띄기도 합니다. 목사인 저도 솔직히 말씀드리면, '저런 사람이 어쩌다 우리 교회에 나왔을까?' 싶을 때가 있습니다. 이런 사람이 종종 마음의 부담으로 다가오는 경우도 있습니다. '저 사람만은 제발 우리 교회 안 나왔으면 좋겠다. 옆에 있는 교회로 갔으면 좋겠다.' 그런데 그런 사람일수록 더 열심히 나오더라구요. 그럴 때면 자연히 주님 앞에 이런 기도를 할 수밖에 없습니다. "무슨 이유로 저런 사람을 저에게 맡겨 주셨고 또 우리 교회 안에 두셨습니까?" 제가 언젠가 비슷한 질문을 가지고 주 앞에 기도했을 때, 주께서 응답으로 주셨던 말씀이 바로 창세기 7장 오늘의 본문입니다.

정결과 부정의 공존, 그 교훈

방주 문이 열리고 이제 하나님의 명하심을 따라 노아와 그의 가족들이 방주에 들어갈 시간이 되었습니다. 그런데 하나님께서는 노아와 그 가족뿐만 아니라, "너는 모든 정결한 짐승은 암수 일곱씩, 부정한 것은 암수 둘씩을 네게로 취하여"(7:2), 그것들을 방주 안에 들이라고 명령하십니다. 아니 방주에 깨끗하고 정결한 짐승들만 들어가면 얼마나 쾌적하고 또 위생적인 방주가 되겠습니까?

그런데 무엇 때문에 그 방주 안에 정결한 짐승과 부정한 것들을 같이 들이라고 하셨을까요? 정결과 부정의 공존, 그 교훈은 도대체 무엇입니까? 본문이 주는 대답을 우리는 몇 가지로 정리할 수 있습니다.

은혜의 포용성

첫째로, 하나님의 은혜의 포용성을 교훈하는 것입니다.

저는 기독교를 기독교 되게 하는 가장 본질적인 메시지는 항상 '은혜'라는 단어 안에서 발견될 수 있다고 확신합니다. 늘 강조하지만 '은혜'라는 말의 뜻은 받을 자격이 없는 사람들에게 베풀어지는 호의를 뜻합니다. 우리는 은혜로 구원을 받았습니다. 자격이 없음에도 불구하고 나에게 사랑을 베푸신 그분의 은혜로 우리는 구원을 받았습니다. 은혜로 구원받지 못할 사람은 하나도 없습니다.

저는 노아가 은혜로 구원을 받았다고 생각합니다. 창세기 7장 1절에서 하나님은 노아에게 방주로 들어가라고 명하시면서 이렇게 말씀하십니다. "네가 이 세대에 내 앞에서 의로움을 내가 보았음이니라." 그러나 7장 1절을 강조하기에 앞서서 우리는 6장 8절을 결코 망각해서는 안됩니다. 창세기 6장 8절에 어떤 말씀이 있습니까? "그러나 노아는 여호와께 은혜를 입었더라." 네, 이것이 먼저입니다. 하나님께서 노아의 삶 속에서 의로움을 보셨다고 인정하기에 앞서서 성경은 말하기를 "노아가 하나님의 은혜를 입었다"고 기록하고 있습니다. 노아와 그의 가족이 방주에 들어간 것은 전적으로 하나님의 은혜 때문이었습니다. 이것을 잊지 말아야 합니다.

그런데 부정한 짐승도 방주에 들어갔습니다. 부정한 짐승이 방주에 들어갈 수 있었다는 것은 부정한 사람도 들어갈 수 있었단 말입니다. 만약 방주로 들어오라는 주님의 초청에 부정한 사람이 응답할 수 있었다면 말입니다.

예수님 당시의 세상에서는 병든 사람이나 핸디캡이 있는 사람들을 부정한 사람으로 취급했습니다. 편견이죠? 잘못된 편견이지만, 소경, 저는 사람들, 병자들을 모두 부정한 사람으로 여겼습니다. 한국에도 그런 문화가 있습니다. 장애가 있는 사람을 만나면 재수없다고 말하는 사람이 있죠? 이런 문화적 편견이 지금도 남아 있습니다.

예수님 당시에는 얼마나 지독한 편견이 존재했겠습니까? 그런데 당시 사회에서 이렇게 부정하다고 취급한 사람들을 하나님 나라의 잔치에 초청하라고 주님께서 명령하십니다. 저는 이것이 '은혜의 포용성' 이라고 생각합니다. 주의 은혜로 포용하지 못할 사람은 한 사람도 없습니다. 주님은 의인들이 아닌 누구를 부르러 오셨습니까? 죄인을 부르러 오셨습니다. 바리새인들은 예수님이 세리나 창기 같은 사람들과 더불어 식탁에 앉았을 때 그것을 비난했습니다. "예수가 죄인을 영접하고 음식을 같이 먹는다." 이렇게 비난했던 것입니다.

바로 이런 사람들을 위해 예수께서 비유를 말씀해 주셨습니다. 그 비유가 바로 아흔아홉 마리의 양을 놓아두고 잃어버린 한 마리 양을 찾아 나서시는 교훈입니다. 다시 말하면, 우리가 찾아야 할 잃어버린 한 마리 양과 같은 사람들, 그런 사람들이야말로 하나님 나라에 초청되어야 할 대상이라고 주님께서 말씀하신 것입니다.

그러므로 우리가 교회생활을 익혀가는 과정에서 받아야 할 훈련 가운데 하나는 사람을 은혜로 대하는 것입니다. 은혜로 대하는 훈련은 무엇입니까? 주님이 우리를 어떻게 대해 주셨습니까? 은혜로 대해 주셨습니다. 은혜로 나를 받아 주셨습니다. 마찬가지로 주님은 동일한 은혜로 이웃들을 대하고 계시다는 사실을 기억해야 합니다. 그리고 주님이 그들을 받아주셨다면 우리도 그들을 받아주어야 합니다. 때로는 껄끄럽고, 부담스러운 이웃일지라도 우리가 가져야 할 은총의 태도입니다. "주님이 은혜로 형제를, 자매를 받아주셨기에 저도 받아들이겠습니다." 이것이 하나님의 포용성을 반영하는 우리의 태도여야 한다고 믿습니다. 방주 안에 부정한 것과 정결한 것을 함께 있게 한 이유, 그것은 하나님의 은혜의 포용성을 보여주는 메시지라고 생각합니다.

하나님의 거룩한 기대성

둘째로, 이것은 하나님의 거룩한 기대성을 교훈하는 것입니다. 우리가 은혜로 사람들을 받아들인다는 것이, 은혜로 이웃을 수용하고 받아들인다는 것이 그들의 거룩하지 못한 영향까지 받아들인다는 것을 의미하지는 않습니다. 이것을 구별하는 것은 매우 중요합니다. 흥미로운 사실은, 하나님께서 방주 안에 정결한 짐승과 부정한 짐승을 받아들이실 때, 정결한 것을 훨씬 더 많이 방주 안에 들이신 것을 기억하십시오. "정결한 짐승은 암수 일곱씩, 부정한 것은 암수 둘씩을 네게로 취하며"(7:2). 뭐가 압도적으로 많습니까? 정결한 것이 훨씬 더 많았습니다.

성경을 좀 조심스럽게 보는 사람들은, 이 말씀이 창세기 6장 19절과 모순되는 것이 아니냐고 질문할 수도 있습니다. 창세기 6장 19절에 어떤 말씀이 있습니까? "혈육 있는 모든 생물을 너는 각기 암수 한 쌍씩 방주로 이끌어 들여 너와 함께 생명을 보존케 하되." 아니, 암수 한 쌍씩 이끌어 들이라고 말씀하실 때는 언제고, 왜 여기서는 정결한 것은 암수 일곱씩 나오게 하라고 하셨을까요? 저는 6장 19절의 말씀은 기본적인 생명 보존의 차원에서 최소한도로 암수 한 쌍씩이 반드시 있어야 한다고 말씀하신 것이라고 생각하기 때문에 두 가지 말씀이 모순된다고는 생각지 않습니다. 다시 말해, 생명 보존의 차원에서는 암수 한 쌍씩 있게 하셨지만, 영향력과 거룩한 목적을 위해 사용할 사용의 차원에서는 정결한 것들을 더 많이 방주 안에 있게 하셨다는 교훈입니다.

우리는 때때로 이 세상의 부정, 심지어 교회 안에서도 있는 부정을 보고 한탄할 때가 있습니다. 그러나 이것은 단순한 비판만으로는 극복되지 않습니다. 비판이 필요한 상황도 있습니다. 하지만 비판만으로는 이러한 상황이 결코 극복되지 않습니다. 부정을 극복하는 건강한 성경적인 처방은 더 많은 정결함을 우리 가운데 만들어내는 것입니다. 부정한 사람을 제거하는 것으로 족하지 않습니다. 우리 가운데 정결한 사람들을 더 많이 있게 하는 것이 바로 하나님의 처방인 것입니다. 그러할 때 부정함의 영향은 최소화될 것입니다.

아무리 더러워진 강물이라 할지라도 새로운 물을 계속 집어넣을 수만 있다면 결국 강물이 새로워질 수 있는 것과 같은 이치입니다.

우리가 부정한 강물을 떠내려고 노력할 필요가 없습니다. 새 물을 집어넣으면 됩니다. 계속해서 새로운 물을 집어넣으면 그 새로운 물이 더러운 것들을 압도할 때 강물이 새로워질 수 있는 것입니다. 더러운 세상이라고, 아니꼽고 불공평한 세상이라고 세상을 탓하기 전에 먼저, 여러분과 제가 거룩해질 필요가 있습니다. 우리가 거룩해져야 합니다. 당신과 내가 거룩해져야 합니다.

그래서 주님은 어떻게 말씀하십니까? 주께서 친히 베드로를 통해서 교훈하시기를, "내가 거룩하니 너희도 거룩할지어다"(벧전 1:16)라고 말씀하십니다. 그렇습니다. 더 많은 정결한 것들의 존재, 이것은 바로 하나님의 거룩한 기대성을 반영하는 교훈이라고 할 수 있습니다.

하나님 경배의 중요성

세번째로, 하나님을 경배하는 것의 중요성을 교훈하는 것입니다. 방주 안에 부정한 것보다 정결한 것들을 더 많이 존재케 한 또 다른 이유는 정결한 짐승으로 제물을 삼아 하나님께 제사하기 위해서였습니다. "노아가 여호와를 위하여 단을 쌓고 모든 정결한 짐승 중에서와 모든 정결한 새 중에서 취하여 번제로 단에 드렸더니"(8:20). 드디어 방주에서 나왔을 때, 새로운 시대 새로운 세상이 시작되었을 때, 노아는 먼저 제단을 쌓고 하나님을 예배합니다. 이때, 제물로 쓰여진 것이 바로 무엇이었습니까? 정결한 것들이었습니다. 그러니까 정결한 것들은 제물로 쓰기 위해서도 좀더 있을 필요가 있잖아요? 보존의 차원에서는 하나만 있으면 되지만 제사를 위해서 더 많은 정결한 예물들을 준비케 하신 하나님의 배려였다고 생각합니다. 어쩌면 노아가 방주 안에서도 제사를 드렸을 가능성이 있습니다. 창세기에는 나와 있지 않지만, 그럴 수 있는 개연성은 충분히 있다고 생각합니다.

여러분, 예배는 인간에게 주어진 하나님을 향한 가장 고상하고도 거룩한 의무라고 믿습니다. 예배란 한 마디로 단순하게 정의한다면, 하나님을 바라보는 것입니다. 우리가 기도하면서 하나님을 부르는 것도 하나님을 바라보는 것입니다. 찬양 주제 역시 언제나 하나님입니다. 저는 찬양도 좋은 찬양, 나쁜 찬양 구별할 수 있다고 생각합니다. 지나치게 자기 중심적인 것을 강조하는 찬양은 바람직한 찬양이 아닙니다. 찬양의 주제는 하나님이십니다. 찬양은 하나님을 찬양하는 것이기 때문입니다. 우리가 하나님을 찬양하면서 하나님을 바라보는 것입니다. 그 바라봄은 어떤 결과를 가져올까요? 바라보면, 바라보는 대상을 닮게 됩니다. 그것이 바라봄의 법칙입니다. 신기하게도 부부가 닮는 이유? 지겹고 싫어하면서도 닮는 이유? 왜 그럴까요? 쳐다보면 닮기 때문입니다. 우리는 바라보는 대상을 닮도록 되어 있습니다. 숙명적으로 닮습니다.

제 아내가 저에게서 제일 싫어하는 것이 이따금씩 다리나 손을 떠는 것입니다. 그런데 제가 이따금씩 아내를 관찰하면 자기도 떱니다. 그렇게 치열하게 저를 비판했음에도 불구하고, 어느 날 똑같은 짓을 하고 있는 자신들의 모습을 발견합니다. 그리고 우리는 함께 웃습니다. 이것이 인생이라고 생각합니다.

참 희한하게도 우리는 바라보는 대상을 닮습니다. 자, 우리는 예배하며 하나님을 바라봅니다. 그러면서 하나님을 닮아갑니다. 예배하며 하나님을 바라보면서 하나님을 닮아갑니다. 그것이 바로 우리가 거룩해지는 비결입니다. 그것이 바로 또 악한 영향력에서 자신을 지키는 비결입니다. 예배를 소홀히하면 세상을 닮아갑니다. 자신이 언제 세상을 닮아가는지 가만히 관찰해 보십시오. 삶 속에서 예배가 약해질 때, 예배를 소홀히할 때 그렇습니다. 큐티나 말씀묵상 같은 개인적인 예배든 공적인 예배든 우리를 세속적인 영향력에서 지켜주는 것은 예배뿐입니다. 물론 예배의 더 중요한 의미는 항상 공동체적 성격을 갖고 있습니다. 우리가 더불어 함께 예배하는 시간이 얼마나 중요한지, 이러한 예배시간을 통해서 우리가 하나님을 바라보고 하나님을 닮아갑니다. 그래서 우리가 우리 자신을 세속에서 지켜갈 수 있습니다.

이 거친 세속화의 흐름, 우리를 잡아당기고 있는 세상의 매력은 얼마나 대단한 것입니까? 여러분, 거룩한 성도를 보고 싶으세요? 그러면 예배에 열중하는 사람을 찾아보십시오. 그가 바로 거룩한 사람일 것입니다. 신령과 진정으로 예배하는 사람을 찾아보십시오. 그가 바로 주님을 닮아가는 사람입니다. 그래서 주님은 "신령과 진정으로 예배하는 자를 찾는다"고 말씀하십니다. 그의 마음이 주께 있습니다. 그의 마음이 주를 향해 있습니다. 주를 향해 있는 사람, 주를 바라보는 사람이 주를 닮아갈 줄로 믿습니다.

저는 예배정신의 핵심이야말로 우리 삶을, 우리 존재를 주께 드리는 것이라고 생각합니다. 우리가 잘 아는 로마서 12장 1-2절 말씀은 예배의 정신을 잘 나타내 주고 있습니다. "그러므로 형제들아 내가 하나님의 자비하심으로 너희를 권하노니 너희 몸을 거룩한 산 제사로 드리라."

구약시대에는 어떤 깨끗한 제물을 가지고 제사를 드렸지만, 신약시대의 제물은 우리 자신입니다. "네 몸을 거룩한 산 제사로 드리라 이것이 너희가 드릴 영적 예배니라." 이 시대의 예배는 우리 자신을, 우리 존재를 주님 앞에 드리는 것입니다. 그러면 노아시대에 제사용으로 쓰였던 제물은 어떤 것이었나요? 거룩한 제물이었습니다.

지금 이 시대에 하나님을 예배하는 사람들이 제물로 드려야 할 것이 우리 존재라면 우리의 어떤 존재를 드려야 합니까? 거룩한 존재로 자신을 드려야 합니다. 우리는 하나님 앞에 나올 때마다 거룩치 못한 자신의 모습을 발견합니다. 그래서 예배에 설 때마다 주님 앞에 우리의 죄를 고백하게 됩니다. "주님! 제가 더럽혀져 있습니다. 주의 피로 씻어주시고, 주의 말씀으로 깨끗하게 하셔서 정결한 모습으로 다시 주 앞에 설 수 있도록 도와주십시오." 그래서 예배는 우리를 정화하는 기능을 갖고 있습니다.

그러나 우리의 예배에 언제나 일상적인 죄 고백만 있어서는 안 될 것이라고 생각합니다. "하나님, 지난 일 주일은 정말 말씀대로 살았습니다. 정말 승리하는 모습으로 살았습니다. 주님의 은혜로 당당하게 살았습니다. 오늘 예배 속에서 내 깨끗한 삶을 주 앞에 드립니다." 언제 이런 예배를 드려보셨습니까? 주님은 이런 예배를 보고싶어하십니다. 밤낮 얻어맞고 와서 "주님, 잘못했습니다." 이런 예배만 드리는 것이 아니라, 간음한 여인에게 "가서 다시는 죄를 범치 말라"고 하신 주님의 말씀을 붙들고 일어나 우리의 삶의 장에서 정말 승리할 수 있다면, 주님이 얼마나 감격해하실까요? 언제, 이런 영적인 예배를 주 앞에 드려보셨습니까? 정결한 제물이 제사를 위해 예비되어지듯, 거룩한 삶으로 다음 주일에 드릴 예배, 다음 수요일에 드릴 예배를 준비한다는 것은 얼마나 중요한 일인지요? 그리하여 이 부정한 세상 속에서 거룩을 이루어 나가는 사람들을 보시고자 하는 것, 이것이 바로 방주 안에 부정과 정결을 공존시킨 하나님의 지혜이자 하나님의 기대입니다.

세상은 악합니다. 세상은 어둡습니다. 세상은 더럽혀졌습니다. 심지어 교회도 세속을 닮아 있는 모습을 가지고 있을 수 있고, 교회 안에 있는 사람들을 통해서 이러한 모습을 볼 수가 있습니다. 그럼에도 불구하고 이런 부정함이 바로 내 곁에 공존하는 삶의 한복판에서 주님은 이렇게 말씀하시지 않습니까? "그렇지만, 너는 다르게 살아야 해. 너는 다르게 살아야 해"라고 말입니다. 그리고 이것이 나를 향한 주님의 말씀임을 믿고, 이 말씀을 받았을 때, "그래요 주님, 저는 다르게 살 거예요. 그리고 다르게 살았어요." 이런 고백을 드릴 수 있는 삶의 자리, 이것이 예배의 자리가 될 수 있기를 주의 이름으로 축복합니다. 우리의 예배가 이런 결단과 승리를 가능케 할 수 있다면, 우리에게 진정 세상을 이기게 하는 승리의 자리가 될 줄로 믿습니다.

묵상과 기도

우리 삶의 장에, 우리 이웃들 가운데, 아니 바로 내 곁에도 부정함이 존재하고 있습니다. 이것들을 피해서 살아갈 수는 없습니다. 그러나 내가 거룩해질 수 있는가를 주께서 묻습니다. 그리고 그 부정함이 있는 우리의 삶의 한복판에서 거룩할 것을 주께서 저와 여러분에게 기대하십니다. 하나님, 정녕 그것이 하나님의 기대라면 거룩하게 살겠습니다. 도와주옵소서.
그리고 더 많은 거룩한 사람들을 일으켜 세우라고 그러면 세상이 변화될 수 있다고 말씀하시는 주의 음성을 듣습니다. 이 음성을 붙들고 어두운 세상, 더럽혀진 세상에서 승리하며 살아갈 수 있도록 도와주시옵소서. 예수님의 이름으로 기도합니다. 아멘.

하나님이 기억하시면

15

창세기 8:1-12

하나님이 노아와 그와 함께 방주에 있는 모든 들짐승과 육축을 권념하사 바람으로 땅 위에 불게 하시매 물이 감하였고 깊음의 샘과 하늘의 창이 막히고 하늘에서 비가 그치매 물이 땅에서 물러가고 점점 물러가서 일백오십 일 후에 감하고 칠월 곧 그달 십칠일에 방주가 아라랏산에 머물렀으며 물이 점점 감하여 시월 곧 그달 일일에 산들의 봉우리가 보였더라 사십 일을 지나서 노아가 그 방주에 지은 창을 열고 까마귀를 내어놓으매 까마귀가 물이 땅에서 마르기까지 날아 왕래하였더라 그가 또 비둘기를 내어놓아 지면에 물이 감한 여부를 알고자 하매 온 지면에 물이 있으므로 비둘기가 접족할 곳을 찾지 못하고 방주로 돌아와 그에게로 오는지라 그가 손을 내밀어 방주 속 자기에게로 받아들이고 또 칠 일을 기다려 다시 비둘기를 방주에서 내어놓으매 저녁때에 비둘기가 그에게로 돌아왔는데 그 입에 감람 새 잎사귀가 있는지라 이에 노아가 땅에 물이 감한 줄 알았으며 또 칠 일을 기다려 비둘기를 내어놓으매 다시는 그에게로 돌아오지 아니하였더라. (창 8:1-12)

지금까지의 제 인생을 돌아볼 때, 가장 힘들었던 때는 20대 초반이었습니다. 10대 후반부터 시작해서 20대 초반까지가 저의 인생에서는 가장 잔인한 계절이었습니다. 아버지의 사업 실패로 말미암아 가족이 뿔뿔이 흩어져야 했고, 또 대학 입시에 실패하고 미래를 빼앗긴 채 건강마저 좋지 않아 죽지 못해 사는 인생이 바로 20대 초의 저의 모습이었습니다.

그런데 막연히 하나님을 찾고 싶어서 나가기 시작했던 교회에 그렇게 가까웠던 분은 아니지만, 이따금씩 만나면 저에게 따뜻한 격려를 주셨던 누님 같은 분이 한 분 계셨습니다. 이따금씩이지만 저를 보고 웃으시며, 격려해 주시고, 칭찬도 해주시며, "미스터 리는 하나님께서 많은 달란트를 주신 것 같아요. 열심히 하나님을 섬겨요" 하시는 것이었어요. 교회 안에서 가끔씩 그분을 만나 뵙는 것이 제 삶에 커다란 기쁨이었습니다.

그런데 어느 날 갑자기 이분이 미국 유학을 떠나셨습니다. 교회가 텅빈 것 같고 허전했습니다. 그런데 부활절 후의 어느 주일날이었던 것 같습니다. 저에게 직접 온 것이 아니고 어떤 교인을 통해서 제게 보내진 그분의 카드를 받게 되었습니다. 부활절 카드였는데, 이런 짤막한 글이 적혀 있었습니다. "미스터 리, 저는 아직도 미스터 리를 기억하고 기도하고 있어요. 무엇보다 하나님이 미스터 리를 기억하신답니다. 믿음으로 하나님이 주실 미래를 준비하세요."

가정형편이 점점 더 나빠져 미래가 암담하기만 했던, 그래서 조금은 자살충동까지 느끼고 있었던 그런 때였는데, 짤막한 이 한마디가 얼마나 위로가 되었는지, 읽고 또 읽고 열 번도 더 읽었습니다. 그러는 가운데 "하나님이 미스터 리를 기억하신답니다. 믿음으로 미래를 준비하세요"라는 이 말이 제 가슴 깊은 곳에 새겨졌습니다.

그런데 오늘 본문에 그 단어가 나옵니다. 8장 1절을 보십시오. "하나님이 노아와 그와 함께 방주에 있는 모든 들짐승과 육축을 권념하사 바람으로 땅 위에 불게 하시매 물이 감하였고." 좀 어려운 단어가 나옵니다. "권념하사", 이런 말을 지금도 쓰는지는 모르겠지만, 신세대 자녀들이 이해하기는 너무 힘들죠? 이 말은 하나님이 기억하셨다는 말입니다. 히브리서에서 이것은 그냥 기억했다는 말이 아니라 깊은 사랑으로 기억했다는 말입니다. 그냥 어느 날 생각한 번 한 것이 아니라, 하나님의 깊은 생각 속에서 기억해 주셨다는 것입니다. 하나님이 방주 속에 있었던 노아를 기억하셨습니다. 노아만이 아니라 방주 속에 들어가 있던 모든 들짐승과 육축까지도 하나님께서 기억하셨습니다.

여러분, 우리 삶이 아무리 어려운 질곡에 빠져 있더라도 하나님이 여러분과 저를 기억해 주신다면, 어떤 일이 일어날까요? 환난 날에 하나님께서는 그의 백성들을 위해 어떤 일을 하십니까? 본문에 보면 두 가지 일을 하십니다.

환난은 반드시 끝이 있습니다

첫번째는 환난을 물러가게 하십니다. 3절을 보면, 끝날 것 같지 않은 환난이 물러나기 시작합니다. "물이 땅에서 물러가고 점점 물러가서 일백오십 일 후에 감하고." 이 말씀에 의하면, 노아시대의 홍수는 일백오십 일 동안이나 계속되었습니다. 얼마나 지겨웠겠습니까? 무려 다섯 달 동안의 긴 홍수, 문자 그대로 대홍수, 우리가 이것을 7장 11-12절과 비교하면 정확하게 다섯 달인 것을 알게 됩니다.

창세기 7장 11-12절을 한 번 보십시오. "노아 육백 세 되던 해 이월 곧 그 달 십칠일이라 그 날에 큰 깊음의 샘들이 터지며 하늘의 창들이 열려 사십 주야를 비가 땅에 쏟아졌더라." 홍수가 시작된 때가 언제죠? 2월 17일이었습니다. 그런데 8장 3-4절을 보면, 언제 끝났습니까? "물이 땅에서 물러가고 점점 물러가서 일백오십일 후에 감하고 칠월 곧 그 달 십칠일에 방주가 아라랏산에 머물렀으며." 정확하게 다섯 달 후 7월 17일에 방주가 아라랏 산에 걸렸습니다. 스톱한 것입니다. 정확하게 다섯 달에 걸친 환난의 기간이었습니다. 얼마나 지겨웠을까요? 아마도 그들이 생각하기에, 이 홍수는 끝날 것 같지 않았을 것입니다. 그런데 그 홍수도 끝이 났습니다.

사랑하는 여러분, 때로는 우리를 둘러싼 삶의 역경이 끝날 것 같지 않아 보일 때가 있습니다. 그러나 반드시 기억할 것은, 환난은 끝이 있다는 것입니다. 끝날 것 같지 않은 환난도 끝납니다. 믿으시기 바랍니다. 그리고 그 환난을 끝내주시고 물러가게 하시는 분은 바로 하나님이십니다. 하나님이 우리를 기억하셨기 때문에 그렇습니다. 주께서 기억하신다면 환난은 물러갈 것입니다. 그것이 첫번째 메시지입니다.

축복의 새 날을 준비하십니다

두번째로는, 축복의 새 날을 준비하십니다. 14절에 보면, "이월 이십칠일에 땅이 말랐더라" 고 되어 있는데, 언제 홍수가 시작되었습니까? 이월 십칠일. 얼마나 지났습니까? 일 년하고도 약 열흘입니다. 정확하게 열흘이라고는 할 수 없습니다. 왜냐하면, 이집트 월력의 한 달이 30일인지 31일인지 아직 학적으로 정확하게 밝혀지지 않았기 때문입니다. 대략 일 년이 조금 넘었을 때 땅이 완전히 말랐습니다. 새로운 활동을 시작하기까지 얼마가 지났습니까? 약 일 년 열흘이 지났습니다. 일 년 칠십 일이라고 주장하는 학자들도 있습니다. 어쨌든 땅은 말랐습니다. 이제 새롭게 활동을 시작할 수 있는 새로운 시대가 도래한 것입니다. 그 때 비로소 하나님은 노아에게 방주에서 나올 것을 명하십니다. "하나님이 노아에게 말씀하여 가라사대 너는 네 아내와 네 아들들과 네 자부들로 더불어 방주에서 나오고"(8:15-16).

방주에서 나오라는 메시지로 끝나는 것이 아니라 17절에 아주 복된 약속을 주십니다. "너와 함께한 모든 혈육 있는 생물 곧 새와 육축과 땅에 기는 모든 것을 다 이끌어 내라 이것들이 땅에서 생육하고 땅에서 번성하리라 하시매." 본래 창조할 때 주셨던 메시지가 여기서 반복됩니다. "생육하고 땅에서 번성하리라." 다시 번성의 때가 찾아왔음을 하나님이 여기서 선언해 주십니다. 새로운 시대, 축복의 시대가 도래했다고 주께서 말씀하시는 것입니다. 비 온 후에 맑은 날을 예비하시듯, 환난 후에 축복의 새 날을 하나님이 준비하셨다는 선언입니다. 비가 오고 난 후에는 반드시 맑은 날이 찾아옵니다. 인생의 비구름, 길고 지루한 홍수와 같은 역경의 시절이 지나가면 주께서 저와 여러분을 위해서 축복의 새 날을 준비하실 것을 믿으시기 바랍니다. 지리해도 참으십시오. 축복의 새 날은 우리에게 반드시 도래하고 말 것입니다. 이것이 본문의 메시지입니다. 자, 환난의 날, 홍수의 날, 역경의 날에 하나님께서는 두 가지 일을 하셨습니다.

첫번째로, 환난을 물러가게 하셨습니다. 두번째로, 축복의 새 날을 준비하셨습니다. 그러나 우리가 해야 될 일이 있습니다. 그 기간 동안 우리가 해야 할 일을 또 본문에서 가르치고 있습니다. 그것은 두 가지입니다.

축복의 새 날이 오기 전에

첫번째로, 기다릴 줄 알아야 합니다. 축복의 새 날이 오기 전에 노아가 행한 가장 중요한 일은 무엇이었습니까? 기다리는 일이었습니다. "또 칠 일을 기다려 다시 비둘기를 방주에서 내어놓으매"(10절). 7일 동안 기다리면서 비둘기를 방주 밖으로 날려 보냈습니다. 홍수가 계속되고 있나, 또 땅이 다 말랐나, 나가서 살 만한가 테스트하기 위해서 비둘기를 날려 보냈습니다. 그런데 비둘기가 잎사귀를 가지고 왔습니다. 그것은 무엇을 의미합니까? 땅의 물이 줄어들고 있다는 의미입니다.

이제 식물들이 다시 활동을 시작하는 모습을 보았습니다. 그러나 새로운 날에 활동을 시작할 만큼 충분하지는 않았습니다. 그래서 또 어떻게 합니까? "또 칠 일을 기다려 비둘기를 내어놓으매 다시는 그에게로 돌아오지 아니하였더라"(12절). 비둘기가 날아가 버렸습니다. 이제 비둘기가 활동할 수 있는 새로운 세상이 되었다는 의미입니다. 노아가 활동할 수 있는 준비된 새로운 세상이 된 것입니다. 그러기까지 노아는 뭘 했습니까? "기다려"(12절). 지루해도 기다려야 할 때가 있습니다. 힘들어도 기다려야 할 때가 있습니다. 어떤 분은 지금 기다리는 시간일 수도 있습니다. 삶에서 가장 어려운 문제를 끌어안고 기다리는 그런 시간을 갖고 있는 분이 있을 수 있습니다. 그렇다면 잘 기다리셔야 합니다. 조심성있게 기다려야 합니다. 경거망동하지 말아야 합니다. 환난이 올 때 기다림의 교훈을 배울 수 있는 저와 여러분이 되시기를 바랍니다. 자, 우리가 할 첫번째 일은 잘 기다리는 것입니다.

두번째로, 하나님을 예배할 줄 알아야 합니다.

노아가 방주에서 나오자마자 제일 먼저 한 일이 무엇입니까? "노아가 여호와를 위하여 단을 쌓고 모든 정결한 짐승 중에서와 모든 정결한 새 중에서 취하여 번제로 단에 드렸더니"(20절). 노아가 방주에서 나오자마자 제일 먼저 한 일은 단을 쌓고 하나님을 경배하는 일이었습니다. 그러나 저는 노아가 이 때뿐만 아니라 방주 안에서도 어떤 형태로든 예배를 드렸을 것이라고 믿고 싶습니다. 예배도 드리던 사람이 드리는 것이지, 갑자기 하려면 안되는 거예요. 어쨌든 노아는 새로운 세상을 맞이하며, 예배함으로 시작합니다. 감사함으로 시작합니다. '주님, 드디어 새 날을 예비해 주셨군요.' 그는 하나님을 찬양하며, 경배하면서 새로운 날을 시작합니다.

여러분, 예배하며 기다렸고, 기다리며 기도했던 노아, 그리고 마침내 기도의 응답으로 새로운 날을 시작하자마자 다시 예배함으로 새로운 날을 시작하는 노아, 얼마나 완벽한 성도의 삶의 그림입니까? 이것이 인생을 사는 저와 여러분의 삶의 모습이 아니겠습니까?

자, 기다리면 하나님은 하나님의 때에 반드시 새로운 날을 주십니다. 믿으십니까? 네, 기다리면 반드시 주십니다. 아무리 홍수의 때가 길어도 반드시 끝이 있습니다. 흥미로운 사실은 이것을 공부하다가 제가 전에 보지 못했던 부분을 보게 된 것입니다.

150일간의 홍수가 끝나고 방주가 아라랏산에 머물렀던 때가 몇 일이라고 했습니까? 4절에 보면, 7월 17일이라고 했습니다. 이 때가 터닝 포인트입니다. 본격적으로 이 때부터 홍수가 끝나고 새로운 날이 예비되기 시작했습니다. 물론, 이것이 성서적으로 정확한가라는 반문은 있을 수 있습니다.

저의 경우 거기에 생각이 머물렀을 때, 그것이 축복이 되었습니다. 7월 17일이 이스라엘 역사 속에서 어떤 의미를 갖는 날이냐 하면, 유월절이 7월에 있었습니다. 출애굽기 12장에 보면 유월절사건이 일어나죠? 유월절에 이스라엘 백성들이 장남들을 구원하기 위해 하나님의 명령을 따라서 어린 양의 제물을 바쳤던 때가 바로 7월입니다. 그리고 역사적 사건을 기념해서 이스라엘 월력의 새로운 해의 첫번째 달이 7월이 되는 사건이 일어납니다. "여호와께서 애굽 땅에서 모세와 아론에게 일러 가라사대 이 달로 너희에게 달의 시작 곧 해의 첫 달이 되게 하고"(출 12:1-2).

유월절 사건으로 인해 이스라엘 백성들이 애굽에서 결정적으로 해방되죠? 이것이 너무나 중요한 사건이기 때문에 이 달로 그의 첫번째 달이 되게 하라는 명령을 하나님이 내리십니다. 그리고 "너희는 이스라엘 회중에게 고하여 이르라 이달 열흘에 너희 매 인이 어린 양을 취할지니 각 가족대로 그 식구를 위하여 어린 양을 취하되" (출 12:3). 7월 10일에 어린 양을 준비하라고 하셨습니다.

그런데 12장 6절에 보면, 양을 잡은 날이 언제입니까? "이 달 십사일까지 간직하였다가 해질 때에 이스라엘 회중이 그 양을 잡고." 7월 14일이 어린 양이 죽은 날입니다. 그러면 7월 17일은 그 후로부터 며칠이 지나간 후입니까? 사흘. 어린 양의 죽음 후 사흘, 뭐 생각나는 사건 없습니까? 예수님의 죽음 이후, 부활의 사흘. 그렇습니다. 주님 다시 사심으로 저와 여러분의 인생에 새로운 날이 시작된 것을 믿으시기 바랍니다. 다시 사신 그분을 붙드십시오. 그분을 찬양하십시오. 그분을 경배하십시오. 그리고 이 홍수의 지겨운 날들을 믿음으로 승리하시고 주 앞에 서시는 저와 여러분이 되기를 바랍니다.

긴 여름 장마와 홍수의 지리한 시간들, 그 속에서 우리가 쉽게 인내심을 잃어버리고, 쉽게 실망하고, 하나님을 원망할 수 있습니다. 그러나 사랑하는 여러분, 기다리시면 새로운 날이 올 것입니다. 주님이 그렇게 하실 것입니다. 그분이 저와 여러분을 기억하고 계시기 때문입니다. 아마 노아는 자신이 방주 속에서 고생할 때 하나님이 자신을 잊으셨다고 생각했을 것입니다. 방주에 있었던 모든 짐승들조차도 하나님이 자신들을 잊으셨다고 생각했을 것입니다. 그러나 본문을 통해서 하나님은 어떻게 말씀하십니까? "아니야, 나는 너를 기억하고 있어. 곧 시련이 끝날 거야. 나를 바라보며 나를 신뢰하고 경배하지 않을래?" 주님의 약속을 붙드시고 승리의 삶을 사시기를 바랍니다.

묵상과 기도

귀한 말씀을 주신 주님을 찬양합니다. 우리에게 힘이 됩니다. 주님이 우리를 기억해 주시니 우리는 다시 일어설 것입니다. 절망하지 않을 것입니다. 이 환난이 끝날 것을 압니다. 새 날이 올 것을 믿습니다. 그 날을 바라보며 찬양하겠습니다. 예배하며 살겠습니다. 오늘 이 말씀이 당신의 백성들에게 하나님의 음성으로 다가오도록 역사해 주시옵소서. 예수님의 이름으로 기도합니다. 아멘.

다시 기회를 주시는 이유

16

창세기 9:1-13

하나님이 노아와 그 아들들에게 복을 주시며 그들에게 이르시되 생육하고 번성하여 땅에 충만하라 땅의 모든 짐승과 공중의 모든 새와 땅에 기는 모든 것과 바다의 모든 고기가 너희를 두려워하며 너희를 무서워하리니 이들은 너희 손에 붙이웠음이라 무릇 산 동물은 너희의 식물이 될지라 채소같이 내가 이것을 다 너희에게 주노라 그러나 고기를 그 생명 되는 피 채 먹지 말 것이니라 내가 반드시 너희 피 곧 너희 생명의 피를 찾으리니 짐승이면 그 짐승에게서, 사람이나 사람의 형제면 그에게서 그의 생명을 찾으리라 무릇 사람의 피를 흘리면 사람이 그 피를 흘릴 것이니 이는 하나님이 자기 형상대로 사람을 지었음이니라 너희는 생육하고 번성하며 땅에 편만하여 그 중에서 번성하라 하셨더라 하나님이 노아와 그와 함께한 아들들에게 일러 가라사대 내가 내 언약을 너희와 너희 후손과 너희와 함께한 모든 생물 곧 너희와 함께한 새와 육축과 땅의 모든 생물에게 세우리니 방주에서 나온 모든 것 곧 땅의 모든 짐승에게니라 내가 너희와 언약을 세우리니 다시는 모든 생물을 홍수로 멸하지 아니할 것이라 땅을 침몰할 홍수가 다시 있지 아니하리라 하나님이 가라사대 내가 나와 너희와 및 너희와 함께하는 모든 생물 사이에 영세까지 세우는 언약의 증거는 이것이라 내가 내 무지개를 구름 속에 두었나니 이것이 나의 세상과의 언약의 증거니라. (창 9:1-13)

지난 월드컵 경기 때 최고의 드라마는 아마 8강을 결정하던 이탈리아와의 게임이 아니었을까 싶습니다. 전반전에 안정환이 안정되지 못하고 패널티킥을 실축한 것은 온 국민들에게 아쉬움과 또 실망의 탄성을 지르게 만들었습니다. 누구보다도 본인 자신의 실망이 가장 컸을 것이라 생각됩니다. 그러나 히딩크 감독은 그를 빼지 않고 끝까지 기용했고, 그 자신도 포기하지 않고 줄기차게 뛰어다녔습니다. 드디어 연장 후반 12분에 안정환은 천금의 헤딩골든골로 2대1의 드라마를 완성시키고 게임을 승리로 이끌었습니다. 그는 자신의 명예를 보상받을 수 있는 제2의 기회를 붙잡았습니다.

성경에 보면, 하나님은 항상 두번째 기회를 주시는 분으로 그려져 있습니다. 두번째 기회를 주시는 하나님, 하나님은 한 번 기회를 주시고 우리가 그분의 기대에 부응치 못했다고 해서 우리를 포기하지 않으십니다. 다시 한 번 기회를 주십니다. 재기의 기회를 허락하십니다. 하나님이 다시 기회를 주시는 이유는 뭘까요? 본문을 통해서 그 이유를 묵상해 보고자 합니다.

본문은 노아시대의 홍수심판 그 이후의 사건을 조명하고 있습니다. 심판을 받았다는 것은 이스라엘의 실패를 말합니다. 노아시대의 백성은 죄를 범했고, 하나님의 기대를 저버렸으며, 하나님의 심판을 받을 수밖에 없었습니다. 그러나 이 심판이 지나간 후 하나님은 인간을 처음 창조하셨을 때 주셨던 축복의 선언을 다시 반복하십니다. 왜 그랬을까요? 그것은 또 한 번 기회를 주시겠다는 것입니다. 주께서 다시 기회를 주시는 이유는 무엇 때문인가요?

또 한번 축복을 누리도록

첫째로, 그것은 다시 축복을 누리며 살도록 하기 위해서입니다.

우리로 하여금 다시 한 번 축복을 누리며 살아가도록 하기 위해서 주님은 두번째 기회를 허락하신다는 사실입니다. 무엇보다도 9장 1절에 나타난 반복적인 축복의 약속이 우리에게 그것을 확인해 주고 있습니다. "하나님이 노아와 그 아들들에게 복을 주시며 그들에게 이르시되 생육하고 번성하여 땅에 충만하라."

이 말씀은 창세기를 통해서 가장 많이 반복되는 선언 가운데 하나입니다. 우리가 맨 처음 이 선언을 접할 수 있었던 곳은 창세기 1장 28절입니다. 처음 인간을 창조하고 나서 창조된 인간에게 하나님은 이렇게 말씀하십니다. "하나님이 그들에게 복을 주시며 그들에게 이르시되 생육하고 번성하여 땅에 충만하라, 땅을 정복하라, 바다의 고기와 공중의 새와 땅에 움직이는 모든 생물을 다스리라 하시니라."

하나님이 인간을 창조하시고 맨 처음 인간에게 하신 행위는 축복의 행위였습니다. 그들을 축복하시며 가라사대 "생육하고 번성하여 땅에 충만하라"고 말씀하셨습니다. 이 선언은 창세기를 통해서 거듭거듭 반복적으로 언급됩니다. 특별히 주의 백성들이 하나님을 실망시켜 드리고 실패한 이후에 하나님은 그들을 잠시 채찍으로 다스리십니다. 징계하심으로 다스리십니다. 그러나 이 사건 직후에 꼭 이 축복의 선언을 반복하십니다. 왜냐하면, 그들이 받았던 징계에도 불구하고 그들을 향한 하나님의 축복의 선언은 폐기되지 않았다는 메시지를 주고 싶으신 것입니다.

창세기 3장에는 인류의 처음 타락 장면이 기록됩니다. 사람들은 죄를 범했고, 하나님은 그들을 심판하셨습니다. 그러나 창세기 5장을 보십시오. 심판이 지나가고 죽음이 인간을 찾아온 후, 새로운 세대를 열면서 하나님은 다시 이렇게 이 말씀을 되풀이하십니다. "남자와 여자를 창조하셨고 그들이 창조되던 날에 하나님이 그들에게 복을 주시고 그들의 이름을 사람이라 일컬으셨더라"(5:2). 맨 처음 사람을 창조하시고 축복하셨다는 것을 이 시점에서 다시 반복하시고 있는 모습을 우리가 접할 수 있습니다.

창세기 8장 17절에서도 노아의 홍수심판이 끝나자마자 방주 속에 있던 모든 생물을 이끌어 내라고 말씀하시면서 그들을 향한 축복의 계획을 이 땅에서 펼쳐가겠다는 하나님의 선언을 접하게 됩니다. "너와 함께한 모든 혈육 있는 생물 곧 새와 육축과 땅에 기는 모든 것을 다 이끌어 내라 이것들이 땅에서 생육하고 번성하리라." 또한 노아와 그 아들들에게도 이 메시지가 반복되는 것을 볼 수 있습니다. "하나님이 노아와 그 아들들에게 복을 주시며 그들에게 이르시되 생육하고 번성하여 땅에 충만하라"(9:1).

하나님이 새로운 시대의 사람들에게 또 한번의 기회를 주신 이유는, 그들이 하나님이 본래 의도하셨던 축복을 누리며 이 땅에서 살아가는 모습을 보고싶어하셨기 때문입니다. 그러면서 오늘 본문에 보면, 그 이전에 허락하지 않았던 하나의 특권을 허락하십니다. 고기 먹는 것을 허락하신 것입니다. 그 전에는 무엇을 먹고 살았나요? 홍수 직후 식물들이 자라나지 않았고 채소를 먹기에 용이하지 않았던 어려웠던 상황 속에서 하나님은 한 가지 특권을 허락하십니다. 방주 안에 있었던 생물들의 번성과 발육을 통해서 하나님이 새 시대의 사람들에게 새롭게 허락하신 특권입니다. "무릇 산 동물은 너희의 식물이 될지라 채소같이 내가 이것을 다 너희에게 주노라"(9:3).

만약 이 선언이 없었더라면 오늘날 우리는 채소만 먹고 살았을 것입니다. 그러나 이제 새로운 시대의 백성들에게 새롭게 축복하시면서 주신 특권 가운데 하나가 고기를 먹을 수 있도록 허락하신 것입니다. 이것은 분명히 하나님의 축복의 의도 속에 혹은 하나님의 축복의 계획 속에 허락된 특권이었습니다.

그러므로 사랑하는 여러분, 고기를 먹을 때마다 감사하십시오. '이것은 하나님의 축복이구나' 하고 말입니다. 하지만 고기만 먹으면 안됩니다. 하나님이 본래 채식을 주신 것을 보면 그것이 훨씬 우리에게 필요하기 때문입니다. 사실, 우리의 치아 구조가 채식이 더 자연스럽지 억지로 치아를 상하면서 고기를 먹도록 지어진 것 같지는 않습니다. 이것은 보너스로 주어진 특권입니다. 고기를 즐기되 너무 즐기지 않게 되시기를 주의 이름으로 축복합니다.

이 시점에서 저는 하나님이 사람들에게 육식을 허락하신 데는 심리적인 이유가 있었다고 생각합니다. 노아의 홍수심판을 경험하는 동안에 사람들은 자연에 대한 어떤 거대한 공포감을 갖게 되었을 것입니다. 그렇지 않겠습니까? 일렁이는 파도, 삼켜지는 사람들, 죽어가는 동물들, 자연 앞에 너무나 무력한 인간의 모습을 절감하면서 사람들은 자연에 대한 공포심을 가지고 있었을 것입니다. 그런데 그 직전 구절을 보면, 왜 하나님이 이런 시점에서 육식을 허락하셨는지 좀더 이해될 수 있습니다 "땅의 모든 짐승과 공중의 모든 새와 땅에 기는 모든 것과 바다의 모든 고기가 너희를 두려워하며 너희를 무서워하리니 이들은 너희 손에 붙이웠음이라" (9:2).

사실 하나님이 본래 의도하신 대로 땅을 정복하고 땅을 다스리는 사람이 되기 위해서는 자연에 대한 두려움을 넘어서서 극복하는 일이 매우 중요한 과제입니다. 동물들을 무서워하지 않는 제일 좋은 방법은 무엇일까요? 그것을 잡아 먹는 것입니다. 네, 잡아 먹고 나면 두려움이 없어집니다.

농담으로 누가 말하기를, 중국이나 한국 일본 쪽에 에덴동산이 있었다면 인류의 타락사건은 절대로 일어나지 않았을 거랍니다. 왜냐하면 틀림없이 한국사람이라면 뱀을 잡아 먹었을 테니까요! 어쨌든 하나님은 다시 자연을 정복할 수 있도록 자연에 대한 두려움을 극복할 수 있도록 한 가지 특권을 허락하셨습니다. 그것이 바로 육식이었습니다.

만물을 다스리는 자로, 만물을 정복하고 관리할 수 있는 힘있는 관리자로 다시 한 번 세우시기 위해서 하나님이 육식을 허락하신 것을 볼 수 있습니다. 이 모든 것은 축복이었습니다. 이것은 하나님의 백성들이 축복 가운데 살아가도록 하나님이 허락하신 일련의 조처들이었습니다. 주께서 다시 기회를 주신 것은 저와 여러분이 또 한번 축복을 누리도록 하기 위해서입니다. 축복의 계획은 결코 포기되지 않았습니다. 여러분이 넘어졌을 때, 실패했을 때, 또다시 기회를 주신다면 이렇게 생각하십시오. '나를 향한 하나님의 축복의 계획은 포기되지 않았다. 나는 일어서서 다시 한 번 축복을 누리며 하나님이 원하시는 사람으로 살아가야 한다.' 이 메시지를 받으시는 저와 여러분이 되시기를 바랍니다.

서로 사랑하며 살도록

두번째 이유는 다시 사람을 사랑하며 살도록 하기 위해서입니다. 노아시대의 가장 큰 범죄 가운데 하나는 폭력이었습니다. 강포함이 땅에 가득했다고 했습니다. '강포함' 이란 다른 말로 하면 폭력입니다. 그것은 홍수심판을 불러온 원인 중 하나였습니다. 그래서 홍수심판 이후에 다시금 살인과 같은 인명경시 풍조가 없도록, 사람의 생명이 보존되도록 하기 위해서였습니다.

하나님께서는 한 가지 경고를 주십니다. 저는 이 경고가 하나님이 육식을 허락하신 배경과도 맞물리는 어떤 하나님의 배려였다고 생각합니다. 육식을 먹는 것까지는 축복입니다. 그런데 너무 지나치게 많은 동물을 죽이다보면, 피를 많이 흘리다보면 사람들이 또 한번 잔인해질 가능성이 있습니다. 그것이 동물들을 잡을 뿐만 아니라 나중에는 사람도 잡을 가능성이 있음을 보셨습니다. 축복을 잘 관리하지 못하면 그것이 폭력이 될 수도 있습니다. 축복이 우상이 될 수도 있고, 우리를 울려 넘어뜨릴 때도 있습니다. 재물의 축복을 받고 재물을 관리하지 못해 재물 속에서 방탕하다 보면, 그 축복이 사람을 망치는 것을 볼 수 있습니다.

하나님은 새로운 시대에서 육식을 취하고, 건강함으로 만물의 청지기로 일어서기를 원하셨지만 허락된 육식으로 동물들의 피를 흘리다 보면 나중에는 사람의 피를 흘리는 것도 우습게 여길 수 있는 타락한 본성이 인간의 마음 속에 있는 것을 아셨습니다. 그래서 경고를 하십니다. "내가 반드시 너희 피 곧 너희 생명의 피를 찾으리니 짐승이면 그 짐승에게서, 사람이나 사람의 형제면 그에게서 그의 생명을 찾으리라 무릇 사람의 피를 흘리면 사람이 그 피를 흘릴 것이니 이는 하나님이 자기 형상대로 사람을 지었음이니라"(5-6절).

6절 말씀을 충분히 이해하기 위해서는 4절과 연관시켜서 비교할 필요가 있습니다. 4절의 경고 중 하나가 육식을 하는 것은 좋지만, 그 고기를 생명 되는 피채 먹지 않도록 유의하라는 것이었습니다. 자꾸만 피를 보면 잔인해질 수 있단 말입니다. 그러다 보면 짐승의 피뿐만 아니라 사람의 피를 흘릴 수 있는 가능성도 보셨습니다. 그래서 하나님이 명확하게 선을 그어놓으셨습니다. '만약 사람이 좀 더 지나쳐서 사람의 피까지 흘리게 된다면 그 사람은 또 피를 흘리는 것이 마땅하다. 남을 죽이는 자는 자기가 죽는 것이 마땅하다.' 왜냐하면 인간이 하나님의 형상대로 지어졌기 때문입니다.

사람이 존귀한 이유가 어디에 있습니까? 우리가 인간의 존엄성을 말하는 이유가 어디에 있죠? 오늘날 비기독교적 가치관에서는 절대로 이 질문에 대답을 할 수 없습니다. 진화론적 세계관, 진화론적 가치관으로는 인간이 왜 소중한지, 왜 다른 모든 동물과 차별화되는지 절대로 설명하지 못합니다. 기독교 가치관만이 그 대답을 줄 수 있습니다. 사람이 존귀한 이유는 하나님의 형상대로 지음을 받았기 때문입니다. 우리 속에는 하나님의 사인이 있습니다. 하나님의 숨결이 있습니다. 하나님의 형상이 있습니다. 그래서 사람이 귀한 것입니다.

인명경시 풍조야말로 우리가 우려해야 할 가장 세속적인 현상 가운데 하나입니다. 노아의 홍수심판도 그것 때문에 왔습니다. 그래서 하나님이 새로운 시대를 열면서 존귀한 사람을 해치지 않도록 이 시점에서 분명한 경고를 주십니다. "만약, 다른 사람을 죽이는 사람이 있다면, 그가 죽어야 한다. 왜냐하면 사람의 생명은 존엄하기 때문이다"라고 말씀하시는 것입니다. 이것은 사람을 소중히 여기며, 사람을 사랑하면서 새로운 사회를 열어갈 것을 하나님이 이 시대 사람들에게 기대하셨던 것입니다.

하나님께서 우리에게 다시 한 번 기회를 주시는 이유는 이웃들과 더불어 평화롭게 사는 것, 서로 사랑하면서 살아가는 모습을 보고싶어하시기 때문입니다. 우리가 숨쉬고 살아야 하는 이유가, 주께서 아직도 우리의 축복을 거두어가시지 않는 이유가, 우리 주변의 이웃들을 사랑하면서 섬기며 살아가기를 기대하시는 하나님의 계획인 것을 믿으시기 바랍니다.

다시 하나님을 사랑하며 살도록

세번째로, 또다시 기회를 주시는 이유는 다시 하나님을 사랑하며 살게 하기 위해서입니다. 인간이 하나님의 사랑을 확신하고, 그 사랑 가운데 거하면서 살아갈 것을 기대하도록 하나님이 홍수심판 이후에 언약을 주셨습니다. 그 언약이 '무지개' 입니다.

본문으로 돌아가서 하늘에 무지개를 걸고 약속하시는 하나님의 사랑의 음성을 들어보시기 바랍니다. "하나님이 가라사대 내가 나와 너희와 및 너희와 함께하는 모든 생물 사이에 영세까지 세우는 언약의 증거는 이것이라 내가 내 무지개를 구름 속에 두었나니 이것이 나의 세상과의 언약의 증거니라"(12-13절).

무슨 증거입니까? 11절에 보면, "내가 너희와 언약을 세우리니 다시는 모든 생물을 홍수로 멸하지 아니할 것이라"고 했는데, 이것은 홍수가 전혀 없겠단 말이 아닙니다. 노아시대와 같은 홍수, 온 땅을 덮어버렸던 그런 홍수는 다시 없을 것이라는 말입니다.

지엽적인 홍수는 있습니다. 우리도 여름철 장마 때면 일부 지역에서 홍수난리를 겪게 되곤 하지 않습니까? 이런 작은 홍수들은 아마도 우리를 긴장시키고 깨뜨리기 위한 하나님의 격려일지 모릅니다. 그러나 노아시대의 홍수처럼 온 세계를 물로 덮는 심판은 없을 것이라고 약속하셨습니다. 심판을 하시면서도 하나님은 이렇게 말씀하고 계십니다. 예레미야 애가에서의 말처럼, "내가 너희를 심판함이 본심은 아니다. 죄 때문에 어쩔 수 없이 내가 너희를 심판하기는 했지만, 나의 본심은 아니다. 내 본심은 사랑이다. 나는 너희들을 변함없이 사랑한다." 그래서 그 사랑의 증표로 하늘에 걸었던 무지개는 하나님의 사랑의 언약입니다. 하늘과 땅을 연결하는 이 아름다운 무지개를 볼 때마다 하나님은 무지개를 바라보는 사람들에게 이렇게 말씀하십니다. "심판은 본심이 아니었다. 나는 지금도 너희들을 계속해서 사랑한다."

하나님은 이 사랑으로 당신의 백성들이 다시 일어나 살 것을 기대하십니다. 사람을 사랑할 뿐 아니라 하나님을 사랑하면서 살아가는 삶, 결국 하나님의 율법의 총체는 무엇입니까? 율법 전체를 요약하면 두 가지죠? "네 마음을 다하며 목숨을 다하며 힘을 다하며 뜻을 다하여 주 너의 하나님을 사랑하고 또한 네 이웃을 네 몸과 같이 사랑하라"(눅 10:27) 이것은 시대를 초월하는 하나님의 기대입니다.

새로운 시대가 열렸습니다. “나는 네가 나의 사랑을 확신하고, 나를 사랑하며, 이웃을 사랑하면서 살 것을 기대한다.” 바로 이런 사랑의 메시지가 무지개의 언약으로 나타난 것입니다. 기회는 아직도 주어지고 있습니다. 하나님의 사랑의 메시지는 아직도 계속되고 있습니다.

올 여름에도 많은 비가 왔습니다. 비 온 후에 무지개를 보셨습니까? 우리는 무지개를 볼 때마다 하나님의 사랑의 메시지를 들을 수 있습니다. 제가 좋아하는 윌리엄 워즈워드의 “무지개”란 시가 생각납니다.

> “하늘의 무지개를 바라보면 내 가슴은 뛴다.
> 내가 어렸을 때 그러했고, 지금도 그러하다.
> 어른이 된 지금도 그러하다.
> 늙어서도 그러할 것이니 그렇지 않다면 차라리 죽는 것이 나을 것을,
> 어린이는 어른의 아버지,
> 원컨대 내 삶의 하루하루가 이 천연의 경건함으로 이 설레임으로 이어질 수 있기를.”

무지개를 바라볼 때마다, 하나님의 사랑의 메시지를 다시 가슴에 새겨 보십시오.

저 유명한 발명왕 에디슨이 오랜 연구끝에 전구실험을 성공시켜서 드디어 완제품의 전구를 역사상 처음으로 소켓트에 끼워넣는 순간, 자기 연구팀에서 가장 어린 소년 연구원에게 그 작업을 맡겼습니다. 그런데 이 소년이 너무 긴장한 나머지 덜덜 떨면서 전구를

소켓트에 끼다가 깨뜨리고 말았습니다. 그래서 팀의 모든 사람이 밤을 꼬박 새우면서 다시 그 전구를 만들어야 했습니다. 또 한 개의 전구가 만들어졌을 때, 에디슨은 그 전구를 떨어뜨렸던 소년에게 다시 그 책임을 맡겼습니다. 그리고 빙그레 웃으면서 소년에게 이렇게 말했다고 합니다. "너는 할 수 있어. 다시 해봐."

비 온 후에 무지개를 바라볼 때마다 하나님께서는 저와 여러분에게 이렇게 말씀하고 계십니다. "너는 할 수 있어. 다시 해봐. 내 사랑은 변하지 않았거든." 하늘의 찬란한 무지개를 바라볼 때마다 이 메시지를 마음 속에 담았으면 합니다. "너는 할 수 있어. 다시 해봐. 내 사랑은 변하지 않았거든."

묵상과 기도

여러분, 혹시 내 인생은 이렇게 살다가 끝나는 것은 아닌지, 아무런 변화 없이, 더 나아지는 것 없이, 이렇게 살아가야 하는 것은 아닌지 생각해 보십시오. 이런 절망감과 패배감이 우리 마음을 붙들 때마다 여러분 무지개를 바라보십시오. 긴 홍수 후에, 주께서 하늘에 걸어놓으신 아름다운 무지개를 바라보십시오. 그리고 이 메시지를 들어보십시오. "넌 할 수 있어. 다시 해봐. 내 사랑은 변하지 않았거든."

하나님, 다시 주시는 기회 앞에, 다시 주시는 사랑 앞에 다시 일어서서 저에게 주어진 인생을 힘있게 걸어가렵니다. 주님 함께해 주시옵소서. 예수님의 이름으로 기도합니다. 아멘.

가족의 실수를 목격할 때

17

창세기 9:20-29

노아가 농업을 시작하여 포도나무를 심었더니 포도주를 마시고 취하여 그 장막 안에서 벌거벗은지라 가나안의 아비 함이 그 아비의 하체를 보고 밖으로 나가서 두 형제에게 고하매 셈과 야벳이 옷을 취하여 자기들의 어깨에 메고 뒷걸음쳐 들어가서 아비의 하체에 덮었으며 그들이 얼굴을 돌이키고 그 아비의 하체를 보지 아니하였더라 노아가 술이 깨어 그 작은 아들이 자기에게 행한 일을 알고 이에 가로되 가나안은 저주를 받아 그 형제의 종들의 종이 되기를 원하노라 또 가로되 셈의 하나님 여호와를 찬송하리로다 가나안은 셈의 종이 되고 하나님이 야벳을 창대케 하사 셈의 장막에 거하게 하시고 가나안은 그의 종이 되게 하시기를 원하노라 하였더라 홍수 후에 노아가 삼백오십 년을 지내었고 향년 구백오십 세에 죽었더라. (창 9:20-29)

'가정이란 무엇인가?' 가정의 성경적 정의 가운데 하나는 '가정은 벌거벗을 수 있는 곳' 이라는 것입니다. 아담과 하와가 부부가 되었을 때, 성경은 이 부부 됨의 특성을 가리켜서 "벌거벗었으나 부끄러워 아니 하더라." 이렇게 기록하고 있습니다. 물론 이것은 정상적인 부부관계를 묘사한 것입니다.

그러나 현실의 가정에서는 종종 벌거벗음이 부끄러움이 될 수가 있고, 벌거벗음의 부끄러움을 목격해야 하는 순간들도 있습니다. 어떤 의미에서 가정은 벌거벗을 수 있는 곳이기 때문에 그만큼 우리는 우리와 더불어 살아가는 가족들에게서 별 수 없이 실수나 또 부끄러운 모습들을 목격하면서 살아야 하는 곳이기도 합니다. 나와 가장 가까이서 공간을 나누며 살고 있는 사람들에게 허물이나 실수를 발견했을 때, 우리는 어떻게 반응해야 할까요?

오늘 본문에서는 하나님의 사람이었던 은혜를 입은 노아, 또 의로웠던 노아가 어느 날, 술에 만취하여 자식들에게 자신의 벌거벗은 모습을 노출시키는 추태를 연출한 사건을 기록하고 있습니다. 우리는 바로 이와 같은 대목에서 성경의 진정성, 혹은 성경의 진실성을 접하게 됩니다.

제가 처음 성경을 읽기 시작했을 때, 성경은 거룩한 사건들만 기록한, 거룩한 교훈들로 가득 찬, 거룩한 경이라고 생각했습니다. 그러나 성경을 조심스럽게 한 장 한 장, 한 대목 한 대목 들쳐보면서 제 마음은 놀라움으로 가득 차기 시작했습니다. 성경은 거룩한 사람들의 이야기가 아니라 거룩해야 할 사람들의 부끄러운 이야기, 거룩해야 할 사람들의 어두운 이야기들을 전혀 포장하지 않은 모습 그대로 노출시키고 있었기 때문입니다. 처음에는 그런 부분들이 충격이었지만, 그렇기 때문에 성경이 '진실의 책이구나' 하는 사실을 더욱 수용할 수 있었습니다.

세상의 모든 위인전들을 읽어보십시오. 위대한 영웅들의 책을 보면, 그들의 생애가 어느 정도 미화되어 있고, 또 신격화되어 있는 것을 볼 수 있습니다.

그러나 성경의 기자는 사람들의 생애를 전혀 미화할 생각을 갖지 않습니다. 우리가 너무나도 존경하고, 너무나도 사랑하고, 너무나도 박수를 받아 마땅한 사람들의 생애 속에도 어둡고 그늘진, 그리고 아프고 부끄러운 모습들이 있었음을 여지없이 폭로하고 있습니다. 그러나 이 폭로의 의도를 주목해 보아야 합니다.

성경은 폭로만을 위해서 위와 같은 하나님의 사람들의 생애를 있는 그대로 기록하고 있지는 않다라는 사실입니다. 오히려 성경은 한 사람이 가진 부끄러움에도 불구하고, 그 부끄러움이 절대로 정당화될 수는 없지만 하나님이 그들을 여전히 용납하고 사용하고 계시다는 사실을 기록하고 있는 것입니다.

그리고 한 걸음 더 나아가 이런 노출된 부끄러움에 대해서 가장 가까이 있는 사람들이 어떤 반응을 보이고 있는가를 조심스럽게 교훈해 주고 있습니다. 특별히 가족의 실수를 목격할 때, 우리는 어떻게 반응해야 할까요? 내 아버지에게서, 내 어머니에게서 혹은 내 사랑하는 남편에게서, 아내에게서 또 내 자식들에게서 어느 날 누구에게도 말할 수 없는 부끄러움을 목격했다면, 우리는 어떤 반응을 보여야 옳을까요? 오늘 우리는 본문에서 이런 문제에 관한 교훈을 함께 나눌 수가 있습니다.

노아가 술에 취하고 벌거벗은 모습을 자식들에게 노출하고 있는 이 장면에서, 자식들이 보여주고 있는 반응은 두 가지로 나뉩니다.

한 아들은 부정적인 반응을 보였지만, 두 아들은 아버지의 부끄러운 모습에도 불구하고 긍정적인 반응을 보였습니다. 이 두 가지 반응의 차이와 그 결과를 함께 나눠보고자 합니다.

이웃의 실수를 즐기는 삶

첫째로, 부정적인 반응입니다. 이것은 노아의 세 아들 가운데 어떤 아들이 보인 반응입니까? 함이 보여준 반응입니다. 본문 22절에서 함이 보여주었던 반응을 볼 수 있습니다. "가나안의 아비 함이 그 아비의 하체를 보고 밖으로 나가서 두 형제에게 고하매." 여기서 우리는 매우 주목할 만한 두 단어를 발견합니다. 하나는 아비의 하체를 '보고' 라는 단어입니다. 그리고 두번째로 '고하매' 라는 단어입니다. 이 두 단어를 꼭 주목해서 보십시오. '보고, 그 다음에 고했다.'

첫째로, "아비의 하체를 보고" 에서 '보았다' 는 단어는 본래 히브리어 '라하' 가 쓰여지고 있습니다. 그런데 이 단어는 그냥 지나가다가 우연히 보게 되었다는 그런 뜻의 단어가 아닙니다. 흥미있게 계속해서 주목하고 감상했다는 의미입니다. '아버지가 술에 취해 벌거벗고 누워 있는 모습을 보았을 때 놀라서 후다닥 뛰어 나왔더라' 가 아니고 '아비의 하체를 보고 의미심장하게 씩 웃으면서,

현장을 포착했다는 의기양양한 표정으로 보았다' 는 말입니다. 그런 뉘앙스를 가지고 있는 단어입니다.

다시 말하면, 가까이 있는 사람의 부끄러움을 즐겼다는 말입니다. 우리는 종종 이웃이 실수했다는 말을 들었을 때, 넘어졌다는 말을 들었을 때, 즐거워하는 경향을 보일 수 있습니다. 이것은 우리 안에 경계해야 할, 우리 속에 들어 있는 부패한 한 성품입니다. 우리가 이웃의 실수를 즐거워하는 모습은 어쩌면 우리 안에도 동일한 그런 죄악을 사모하는 타락한 본능이 있다는 증거이기도 합니다. 그러나 이것은 즐거워해야 할 장면은 결코 아닙니다. 아파하고, 슬퍼해야 할 장면인 것입니다. 그러나 불행히도 가나안의 아버지 함, 노아의 아들 중 하나였던 함은 그것을 즐거워하며 보았습니다. 아버지의 실수를, 아버지의 부끄러움을 슬퍼하기보다 그것을 즐거워하면서 목격했다고 성경은 기록하고 있는 것입니다.

두번째로 사용된 단어는 '고하매' 입니다. 이 단어는 쉽게 말하면, 아버지를 염려하기보다 아버지의 실수를 떠벌리고 다녔다는 것입니다.

여러분, 이웃의 아픈 소식을 들었을 때, 이웃의 넘어짐의 소식을 들었을 때 아파하며 그를 위해 기도하십니까? 아니면 그것들을 떠벌리고 다니십니까? 오늘 이 말씀 앞에서 스스로를 점검해 보십시오.

성경적인 리더십의 모본

저는 여러 해 전에 사무엘하 1장을 묵상하다가 굉장히 큰 도전과 충격을 받았던 적이 있었습니다. 사무엘하 1장을 보면, 다윗이 어느 날 소식을 듣습니다. 그 소식은 자기를 일생 동안 괴롭히고, 곤경에 몰아넣고, 생명까지 여러 번 위협했던 원수 사울 왕이 드디어 죽었다는 보고였습니다. 그 때 다윗은 어떤 반응을 보였습니까? "그것 참 쌤통이다" 그랬습니까? 아닙니다. 다윗은 이 소식을 듣자마자 옷을 찢고 통곡하기 시작합니다. 그리고 슬픔의 애가를 부르기 시작합니다. 사울 왕이 자기 삶에 무한한 고통과 괴로움을 주었지만, 여전히 한 나라를 통치했던 왕에 대한 깊은 슬픔을 가지고 그를 위하여 애가를 지어 불렀다고 성경은 기록하고 있습니다. 바로 이것이 결정적으로 사울 왕을 따르던 부하들의 마음을 샀고, 이것이 다윗이 통일왕국의 왕으로 세워질 수 있었던 그런 동기이기도 합니다.

여기서 우리는 다윗 왕이 가졌던 성경적인 리더십의 한 모본을 볼 수 있습니다. 이웃의 실패를 즐거워하지 않는 마음, 그것을 아파하는 마음을 보십시오. 그리고 자기에게 해를 주었던 사람까지도 끌어안고 축복할 수 있었던 마음을 보십시오. 결코 완전한 사람이 아니었지만, 그럼에도 불구하고 하나님이 다윗을 가리켜 '하나님의 마음에 합한 사람' 이라고 불렀던 이유를 우리는 짐작해 볼 수 있습니다.

자, 이것이 함의 인생에서 어떤 결과를 가져왔습니까? "가나안은 저주를 받아 그 형제의 종들의 종이 되기를 원하노라"(25절). 표면적으로 이 말씀을 읽으면 이상하다는 느낌을 지울 수 없습니다. 왜냐하면 범죄한 사람은 함이었습니다. 그런데 성경은 함이 아니라 함의 아들이었던 가나안이 하나님께 저주를 받았다고 기록하고 있습니다. 왜 그랬을까요? 왜 하필이면 그 아비의 죄를 그 아비가 감당하지 않고 아들 가나안이 저주를 받아야 한단 말입니까?

성경학자들의 여러 가지 학설이 동원되는데, 그 중 흥미있는 학설 가운데 하나는 이런 것입니다. 함은 노아의 아들들 가운데서 막내였습니다. 그런데 저주를 받은 가나안 또한 막내 아들이었다는 사실입니다. 10장 6절을 보십시오. "함의 아들은 구스와 미스라임과 붓과 가나안이요." 순서대로 기록했다면 함의 막내 아들이 누구입니까? 가나안입니다.

막내 아들이었던 함이 범죄했습니다. 하나님은 물론 함도 심판하셨겠지만, 그의 막내 아들을 심판하셨던 이유는 어쩌면 함에 대한 유머스러운 하나님의 징계일 수도 있다는 생각이 듭니다. 그러나 대부분의 성경학자들은 이것보다도 더 보편적인 이유는 아마도 가나안이 아버지 함의 범죄 속에 같이 동참했을 가능성이 많다고 생각합니다. 아마도 가나안이 먼저 자기의 할아버지였던 노아의 나체를 보고 자기 아비 함에게 알린 것이 아니었을까? 하고 생각합니다. 어떤 의미에서 이것은 아비와 아들이 공모한 범죄였을 가능성이 있습니다. 이렇게 해서 이들은 가정의 권위를 무너뜨린 것입니다. 그리고 가정의 권위를 스스로 무너뜨린 함과 가나안을 하나님께서 징계하신 것으로 볼 수 있습니다.

노아의 행위도 물론 죄입니다. 그가 술에 취하여 자식들 앞에 부끄러운 모습을 노출한 것도 결코 지나칠 수 없는 실수입니다. 그러나 그 아버지, 할아버지 노아를 존중하지 못한 것은 더 큰 범죄였다는 사실을 우리는 주목해서 볼 수 있어야 합니다.

자, 그 결과로 어떻게 되었습니까? "가나안은 저주를 받아 그 형제의 종들의 종이 되기를 원하노라." 이것은 일종의 예언인데, 그대로 되었습니다. 이 가나안의 후손들이 바로 나중에 가나안 땅에 살았던 캐나나잇 족속이었다고 성경학자들은 대부분 생각합니다. 흔히 통속적으로 해석하는 사람들이 함과 가나안의 후손들이 흑인들이라고 보통 그렇게 해석합니다. 그러나 그것은 옳은 해석이 아닙니다. 오히려 이것은 가나안 족속들로 보는 것이 타당합니다. 나중에 그들이 실제로 이스라엘 백성들의 종노릇을 하게 되는 모습을 볼 수가 있습니다. 한국 백성이 '셈의 후손'이라고 해석하는 분들도 있습니다. 이것 또한 잘못입니다. 셈의 후손은 이스라엘 민족입니다. 여기서는 이스라엘 백성을 가르키고 있습니다. 우리는 항상 한국이라는 지정학적인 위치에서 성경을 보려고 하지만 성경이 쓰여진 그 자리에서부터 봐야만 그것이 정당한 성경해석이 되는 것입니다.

자, 어떻든 중요한 것은 아비의 부끄러움을 감추기보다 오히려 그것을 드러내고 비판했던 함과 가나안이 하나님의 징계와 심판을 받아 여러 세대에 걸쳐서 고통스러운 삶을 살아가는 모습으로 전락했다는 것입니다.

비판을 얼마나 조심해야 하는가를 여기서 또 한번 교훈으로 받을 수 있습니다. "너희의 비판하는 그 비판으로 너희가 비판을 받을 것이요 너희의 헤아리는 그 헤아림으로 너희가 헤아림을 받을 것이니라"(마 7:2)고 경고한 성경말씀을 우리는 진지하게 받아들일 필요가 있습니다. 비판하는 자가 되지 마십시오. 이것이 함과 가나안이 남긴 교훈입니다.

이웃의 실수에도 불구하고

두번째로, 다른 두 아들 셈과 야벳은 매우 긍정적인 반응을 보였습니다. "셈과 야벳이 옷을 취하여 자기들의 어깨에 메고 뒷걸음쳐 들어가서 아비의 하체에 덮었으며 그들이 얼굴을 돌이키고 그 아비의 하체를 보지 아니하였더라"(23절). 여기서 매우 인상적인 두 개의 동사를 발견할 수 있습니다. 하나는 "어깨에 메고", 또 하나는 "덮었다" 입니다. 어깨에 메고 뒷걸음쳐 들어가서 아비의 하체를 덮어주었다고 성경은 기록하고 있습니다.

'어깨에 메었다' 는 말은, 히브리 문화권에서 항상 봉사하는 태도, 혹은 섬기는 태도를 전형적으로 나타내 주는 말입니다. 구약에서 보면, 이스라엘 백성들이 광야에서 법궤를 옮기는 행진을 할 때 이 법궤를 어디에 메고 다녔습니까? 물론 수레에 태우고 다닐 때도 있지만, 수레에서 내릴 때에 그들은 항상 어깨에 메었습니다. 어깨에 멘다는 것은 봉사하는 태도, 바르게 섬기는 태도를 강조하는 것입니다. 아비가 실수하는 와중에서도 셈과 야벳은 여전히 아비를 바르게 섬기고자 했습니다.

이웃의 실수에도 불구하고, 남편의 실수에도 불구하고, 혹은 아내의 실수에도 불구하고, 자식들의 실수에도 불구하고 우리는 여전히 바르게 섬기기를 원하는 자입니까? 우리 모두 우리에게 이 질문을 던져보아야 할 것입니다.

셈과 야벳은 아버지의 실수에도 불구하고 아버지에 대한 섬김의 태도가 조금도 변하지 않았습니다. 여전히 아버지의 권위를 인정했고, 한 걸음 더 나아가 아비의 부끄러움을 드러내는 자가 되기보다는 그 부끄러움을 덮고자 했습니다. 왜 그랬을까요? 아버지를 사랑했기 때문입니다. 사랑은 덮습니다. 베드로전서 4장 8절에서 "사랑은 허다한 죄를 덮느니라"고 했습니다. 여러분, 자식의 잘못을 광고하고 다니는 부모가 있습니까? 안 그렇죠? 그럴 수가 없습니다. 사랑하기 때문입니다. 그렇다면 여러분의 이웃에게도 그렇게 하십시오. 자식의 허물은 감추면서 이웃의 허물은 드러내고 고발하는 자가 되려고 하지 마십시오. 사랑할 때만 우리는 덮을 수 있습니다. 사랑할 때만 우리는 용서할 수 있습니다. 여러분의 부모를 사랑하신다면 때로는 부모를 용서해 드리십시오. 여러분의 남편을 사랑한다면 남편의 부끄러움을 용서하십시오. 부모도, 남편도, 아내도, 자식도 아니 우리 모두 다 잘못할 수 있습니다. 그 때 우리는 용서하는 자가 되어야 합니다.

특별히 아버지를 용서하십시오. 아버지는 한 가정의 리더입니다. 아버지가 무너지면 가정이 무너집니다. 아버지의 실수에도 불구하고 가정은 여전히 지켜져야 할 가치가 있는 삶의 자리입니다. 가정을 위해서라도 가정의 리더인 아버지의 죄와 허물을 덮으십시오. 그 때 비로소 우리의 가정이 사랑의 공동체가 되고 또 용서하는 공동체가 될 수 있습니다.

저는 어떤 의미에서 교회도 마찬가지라고 생각합니다. 교회는 영적인 가정과도 같은 것입니다. 교회 안에서도 부지런히 용서하는 자가 되십시오. 사랑하는 자가 되십시오. 돕는 자가 되십시오. 제발 입으로 떠들고 다니는 사람이 되지 마십시오. 고발자가 되지 마십시오. 대부분 이렇게 떠들고 다니는 사람들을 보면 자신이 고발받아 마땅한 사람들입니다. 남의 허물을 잘 파헤치는 사람들을 보면, 자신 안에 더 많은 허물과 상처를 가지고 있는 사람들입니다.

때로는 하나님의 이름으로 고발하는 사람이 있습니다. 그래도 그 고발은 여전히 하나님 앞에서 잘못된 것일 수 있습니다. 이런 사람일수록 자신의 실수와 허물에 대해서는 이상하게 관대합니다. 그러면서 남의 허물과 잘못을 들추어 내고 그것을 고발하기를 즐거워하는 사람들이 우리 주변에 종종 있는 것을 볼 수 있습니다. 만약, 남을 고발하기를 즐겨 하면서, 자신의 허물은 덮고 있다면 하나님이 그대로 여러분을 넘기지 않을 것입니다. 이것이 본문의 교훈입니다.

그러므로 고발자가 되는 일을 조심하십시오. 사랑하는 자가 되십시오. 덮는 자가 되십시오. 그 상처까지 끌어안는 자가 되십시오. 이것이 본문이 시대를 뛰어넘어 아직도 이 시대를 살고 있는 저와 여러분에게 보여주고 있는 교훈입니다.

결과는 어떻게 되었습니까? "또 가로되 셈의 하나님 여호와를 찬송하리로다 가나안은 셈의 종이 되고 하나님이 야벳을 창대케 하사 셈의 장막에 거하게 하시고 가나안은 그의 종이 되게 하시기를 원하노라 하였더라"(26-27절). 이것은 일종의 예언적 축복이라고 할 수 있습니다. "셈의 하나님 여호와를 찬송하리로다" 이 장면에서 이렇게 행동했던 셈, 셈의 하나님은 이 행동을 통해서 찬송과 영광을 얻으셨습니다. 저와 여러분도 그와 같은 셈이 되시기를 바랍니다.

야벳 또한 하나님이 창대케 하셨습니다. 위대하게 하셨단 말입니다. 그리고 셈의 장막에 거하게 하셨습니다. 셈과 야벳이 한 장막을 소유하고 그 장막을 넓혀갈 것이라고 축복하셨습니다. 번영의 축복을 허락하셨습니다. 이스라엘 백성들이 끊임없이 야벳 족속들과 연결해서 그 장막과 영향력을 넓혀갔던 것은 역사의 교훈입니다. 그들은 문자 그대로 하나님의 축복을 넓혀가는 삶을 살았습니다.

그렇습니다. 하나님은 가정의 권위를 보호하고, 가정을 세우기를 즐겨 하는 자들을 축복하십니다. 하나님을 찬양하고, 이 땅에서 번영하는 삶을 살기를 소망하십니까? 그렇다면 이웃의 허물을 덮는 자가 되십시오. 무엇보다 가족의 허물을 덮는 자가 되십시오. 여러분과 가장 가까운 배우자의 허물을, 아버지의 허물을 덮는 자가 되십시오. 그리하여 가정을 지키는 자가 되십시오.

여러분과 제가 가정을 지키고자 하면, 하나님 또한 가정을 지키도록 우리를 지키실 것입니다. 만일 우리가 인간 누구나가 가지고 있는 보편적인 실수와 약점에도 불구하고 그것을 끌어안고 이웃을 축복하기 원하면 하나님이 여러분과 저를 축복하실 것입니다.

가정이라는 우리 삶의 현장을 돌아보십시오. 가정은 나와 가장 가까운 사람들이 가장 솔직한 모습으로 인생을 살아가는 곳입니다. 가정은 옷을 벗는 곳입니다. 부끄러운 모습을 노출하면서도 부끄러워하지 않는 곳이 가정입니다. 우리의 부끄러움을 가릴 수 있는 것은 사랑입니다. 사랑 때문에 부끄러움조차도 매력으로 느낄 수 있는 곳이 가정입니다.

묵상과 기도

하나님, 내 이웃의 허물을 들추고 고발하는 자가 아니라 이웃의 허물을 덮고, 축복하고, 용서하는 자로 살아갈 수 있도록 도와주십시오. 하나님 아버지, 오늘 우리는 노아의 가정의 한 단면을 통해서 우리와 가장 가까운 사람들에 대해서 어떻게 반응하며 살아야 하는가를 배웠습니다. 셈과 야벳의 축복이 우리의 축복이 되게 해주시옵소서. 함의 실수에서 우리의 실수를 예방하는 지혜를 배울 수 있도록 도와주시옵소서. 오, 하나님 노아의 삶의 현장이 우리의 현장일 수 있습니다. 내 이웃들이, 가까운 사람들이 실수하며 넘어지는 삶의 한복판에서도 여전히 하나님께 찬양을 돌릴 수 있는 삶을 살 수 있도록 도와주시옵소서. 셈의 하나님이 찬양을 받으시듯, 이웃의 실수를 사랑으로 감싸줌으로써 하나님의 사랑을 이웃들에게 증거하게 하옵소서. 감사하며 예수님의 이름으로 기도합니다. 아멘.

바벨문화의 심판

18

창세기 11:1-9

온 땅의 구음이 하나이요 언어가 하나이었더라 이에 그들이 동방으로 옮기다가 시날 평지를 만나 거기 거하고 서로 말하되 자, 벽돌을 만들어 견고히 굽자 하고 이에 벽돌로 돌을 대신하며 역청으로 진흙을 대신하고 또 말하되 자, 성과 대를 쌓아 대 꼭대기를 하늘에 닿게 하여 우리 이름을 내고 온 지면에 흩어짐을 면하자 하였더니 여호와께서 인생들의 쌓는 성과 대를 보시려고 강림하셨더라 여호와께서 가라사대 이 무리가 한 족속이요 언어도 하나이므로 이같이 시작하였으니 이후로는 그 경영하는 일을 금지할 수 없으리로다 자, 우리가 내려가서 거기서 그들의 언어를 혼잡케 하여 그들로 서로 알아듣지 못하게 하자 하시고 여호와께서 거기서 그들을 온 지면에 흩으신 고로 그들이 성 쌓기를 그쳤더라 그러므로 그 이름을 바벨이라 하니 이는 여호와께서 거기서 온 땅의 언어를 혼잡케 하셨음이라 여호와께서 거기서 그들을 온 지면에 흩으셨더라. (창 11:1-9)

본문은 유명한 바벨탑사건을 기록한 것입니다. 오늘은 본문을 근거로 해서 바벨문화의 심판의 역사를 함께 생각해 보고자 합니다.

문화라는 것은 삶의 방식을 뜻합니다. 성경적으로 볼 때, 문화의 시작은 하나님을 떠난 인류가 보다 안전하고 보다 편리한 삶을 향유하기 위해서 힘을 모아 노력하는 데서부터 시작되었다고 할 수 있습니다. 그래서 사람들은 도시를 만들기 시작했고, 집을 만들고 또 생활의 편리를 위한 도구를 만들기 시작했습니다. 이런 인간의 문화가 하나님을 높여 드리고, 또 하나님의 뜻을 이루는 한, 하나님은 문화를 허용하시고, 또 문화를 축복하셨습니다. 그러나 이런 문화가 하나님의 뜻을 거스리고 또 하나님의 사역을 방해하기 시작할 때, 하나님은 그와 같은 문화를 심판하시는 일들을 하신 것을 볼 수 있습니다.

인간 문화의 동기

오늘 본문은 역사상 최초로 인간문화가 하나님의 심판을 경험한 전형적인 사례라고 할 수 있습니다. 그것이 바로 바벨탑사건입니다. 바벨이라는 말은 본래 '하늘 문'이라는 뜻입니다. '하늘에 들어가는 문.' 그런데 이 바벨이라는 말의 발음을 조금 달리하면 '혼잡' 혹은 '혼란'(Confusion)이라는 뜻이 됩니다. 발음을 어떻게 하느냐에 따라서 '하늘문' 도 되고 '혼란' 도 될 수 있습니다. 똑같은 단어인데, 어디에 악센트를 두느냐에 따라서 전혀 다른 두 개의 뜻이 나올 수 있습니다.

저는 이런 바벨의 의미 그 자체가 문화의 속성을 잘 나타내고 있다고 생각합니다. 문화라는 것은, 하나님께 나아가는 길이 될 수도 있습니다. 문화를 통해서 하나님을 사랑하고, 문화를 통해서 하나님을 경험하고, 문화를 통해서 하나님의 보좌 앞으로 나아갈 수 있습니다. 그러나 문화라는 것이 하나님을 반역하는 수단이 될 수도 있습니다. 잘못된 문화에 빠질 때, 사람들이 하나님을 버리고 사탄에 종속되는 일들을 우리는 흔히 볼 수 있습니다.

음악의 경우로도 아주 잘 알 수 있습니다. 교회역사 가운데 얼마나 많은 사람들이 소위 교회음악을 통해서 하나님을 만나고, 하나님을 사랑하고, 하나님 앞에 나올 수가 있었는지요. 찬양이 없는 교회가 상상이 되십니까? 찬양이 없는 기독교를 상상할 수 있습니까? 교회 속에 찬양이 없었다면 우리가 어떻게 예배를 드릴 수 있었을까요? 저는 기독교 문화와 다른 모든 종교의 문화를 구별짓는 현저한 특성 중에 하나님이 교회에 주신 가장 놀라운 축복이 찬양이라고 생각합니다. 물론 미술도 하나님이 교회 가운데 주셨습니다. 이런 문화를 통해서 우리는 하나님을 경험하고 하나님을 사랑하게 되었습니다. 얼마나 많은 사람들이 찬양을 부르다가 하나님을 경험하고, 또 찬양 속에서 하나님의 은혜를 경험하고, 하나님의 위로를 체험하고, 또 하나님의 음성을 듣고, 메시지를 들어왔습니까?

그러나 오늘날 얼마나 많은 젊은이들이 또 음악을 통해서 하나님을 떠나가고, 또 사탄의 노예가 되고 있는지 알 수 없습니다. 록 음악의 많은 내용들이 사탄을 찬양하고, 삶의 허무를 노래하고, 퇴폐를 노래하는데, 그러한 록 음악의 영향으로 하나님을 떠나가고 사탄을 숭배하고 사탄에 빠지는 젊은이들을 숱하게 볼 수 있습니다. 그렇다고 해서 그런 음악을 절대로 가까이하면 안된다고 말하면 안됩니다. 전통적인 교인들이 그런 식으로 접근을 했습니다. 그러나 오히려 그러한 음악을 변화시켜서 젊은이들이 좋아하는 음악 안에서 하나님을 경험하고, 하나님을 사랑하고, 하나님을 찾을 수 있는 방법을 교회가 제시해야만 됩니다. 그런데 그런 노래나 음악은 비슷한 가락이나 비슷한 음율만 나와도 안된다는 교회가 있습니다. 그러면 젊은이들을 잃어버립니다. 젊은이들이 다 떠나갑니다.

어떤 의미에서 음악 자체는 선도 악도 아닌데, 그 음악을 어떻게 사용하느냐에 따라서 하나님께 나가는 문이 될 수도 있고, 사탄의 왕국으로 들어가는 문이 될 수도 있습니다. 어떻게 사용하느냐에 따라서 굉장히 달라질 수 있습니다. 문제는 동기입니다. 어떤 동기로 문화활동을 하느냐, 어떤 동기로 그 문화에 접근하느냐가 제일 중요한 것입니다.

저는 노아 이후 시대의 인류가 바벨탑을 건설한 그 자체를 비난할 필요는 없다고 생각합니다. 문제는 그들이 어떤 동기로 이 바벨탑을 건설했느냐입니다. 모티브가 중요한 것입니다. 만약 그들이 하나님을 찬양할 목적으로, 주님을 높여드릴 목적으로 이 탑을 건립했다면, 바벨탑은 하나님의 역사를 선포하는 기념비가 되었을지도 모릅니다. 그러나 우리가 잘 아는 대로 바벨탑은 그런 동기에서 건설된 것이 아닙니다. 바벨탑은 매우 반신적인 동기, 하나님을 반역하는 동기로 건설되었습니다.

그런 의미에서 바벨탑을 대표하는 바벨문화는 오늘의 인본주의적 문화의 원형이라고 할 수 있습니다. 하나님이 없는 인본주의 문화를 대표하는 것이 바로 바벨탑사건이라고 말할 수 있는 것입니다. 그렇다면 하나님의 심판을 받을 수밖에 없었던 이 바벨문화의 속성은 도대체 무엇일까요?

바벨문화, 인간 반역의 문화

첫째로, 바벨문화는 인간 반역의 문화입니다. 모든 집단행동에는 주모자가 있기 마련입니다. "자, 바벨탑을 쌓자" 하고 모이기 시작했을 때, 틀림없이 그 운동을 주도한 주모자가 있었을 것입니다. 주모자가 없이 데모가 결코 일어나지 않습니다. 그래서 데모나 집단행동이 일어나면 경찰이 제일 먼저 주모자를 찾는 것입니다.

바벨탑 사건의 주모자는 누구입니까? 성경학자들은 아마도 '니므롯' 이라는 인물이었을 거라고 추정합니다. 10장 8-9절에 보면, 이 사람에 대해 기록된 것을 볼 수 있습니다. "구스가 또 니므롯을 낳았으니 그는 세상에 처음 영걸이라 그가 여호와 앞에서 특이한 사냥꾼이 되었으므로 속담에 이르기를 아무는 여호와 앞에 니므롯 같은 특이한 사냥꾼이로다 하더라."

우선 우리가 주목할 것은 '니므롯' 이란 이름의 뜻이 '반역하다' 라는 뜻이라는 점입니다. 니므롯이란 이름 자체가 반역하다입니다. 본명이었는지는 모르겠지만, 하나님께서 어쩌면 별명을 통해서 이 사람의 하던 일을 상징했을지도 모릅니다. 어쨌든 이 사람의 이름은 '반역하다' 입니다.

또 본문에 보면, 이 사람은 "여호와 앞에서 특이한 사냥꾼"이라고 했습니다. "여호와 앞에서"란 표현은 얼른 들으면 좋은 의미로 들려옵니다. 그러나 이것이 정반대의 의미로 사용될 수도 있습니다. 성경학자들은 아마도 하나님과 맞먹을 목적으로 이 단어가 씌여졌을 것이라고 생각합니다.

고대세계에서 뛰어난 사냥꾼은 영웅 대접을 받았습니다. 옛날에는 사냥이 제일 중요한 직업이었기 때문에, 사냥을 잘하는 사람이 최고 영웅으로 대접을 받았습니다. 오늘날 빌 게이츠 같은 장사 제일 잘하는 사람이 세계적인 스타가 되는 것처럼 옛날에는 사냥을 잘하는 사람이 그 시대의 영웅이었습니다. 그래서 10장 8절에 영웅이라는 단어가 나오죠? "구스가 또 니므롯을 낳았으니 그는 세상에 처음 영걸이라"고 했습니다. 그러니까 중요한 사실은 이 사람이 영웅적 지도자였다는 것입니다. 그 이름이 시사하는 것처럼 좋은 의미에서의 영웅적 지도자가 아니라 반역의 동기를 가진 영웅적 지도자였습니다.

저는 이런 사람이 있어서 바벨탑사건이 가능했을 것이라고 생각합니다. 그가 주동이 되어서 바벨탑을 건설하게 된 것입니다. 그러니까 바벨탑사건 그 동기 자체가 반신적, 반역적이라고 할 수 있습니다. 하나님을 반역할 목적으로 바벨탑을 쌓은 것입니다. "우리도 할 수 있습니다. 하나님, 하나님 당신만 최고입니까? 우리 인간도 할 수 있습니다." 이렇게 반역의 동기로 바벨탑이 건설된 것입니다.

만약, 니므롯 시대의 사람들이 반신적 동기가 아니라 하나님을 찬양할 목적으로, 하나님을 예배할 목적으로, 하나님을 선포할 목적으로 바벨탑을 건설했다면 하나님의 영광을 기리는 탑으로 남아 있었을지도 모릅니다. 똑같은 문화창조를 하고, 같은 문화건설을 해도 그것이 우상의 제단이 될 수도 있고, 하나님을 기리는 기념비적 예술이 될 수도 있습니다. 이 차이는 백지 한 장 차이입니다. 그런데 무엇이 그것을 결정합니까? 동기입니다.

어떤 사람이 그림을 그릴 때 하나님을 반역할 목적으로 그림을 그릴 수 있습니다. 요즘 그런 사탄적인 미술, 사탄적 음악도 많이 나오고 있잖아요. 또 하나님을 찬양할 목적으로 음악을 만들고 미술을 할 수도 있습니다. 그러니까 문화 그 자체를 가지고 악이다 선이다를 규정하기는 어렵습니다. 항상 그 배후로 돌아가서 동기를 살펴야 됩니다.

이 바벨탑은 결국 우상의 제단이 되고 맙니다. 아주 흥미로운 것은, 고고학자들이 바벨탑 자리였다고 생각되는 장소를 발굴했더니 거기서 어마어마한 신전탑이 나왔다는 것입니다. 탑의 이름까지도 기록에 남아 있었습니다. 이 탑의 이름은 '지라큐트' 라는 7층으로 되어 있는 신전이었습니다. 그런데 이 신전탑의 꼭대기에 우상 신의 이름이 있었습니다. 결국 하나님 없는 문화는 우상문화가 됩니다. 사람들은 하나님 없이 자기들 자신을 뽐내려고 했을지 모르지만, 하나님 없는 모든 것의 마지막은 결국 우상으로 변질되고 맙니다. 사람들이 왜 우상을 만듭니까? 하나님이 없기 때문입니다. 참되고 살아 계신 하나님을 모시고 사는 사람, 그 하나님을 섬기는 사람은 결코 우상에 빠질 수 없습니다. 그런데 우리의 시선이 하나님으로부터 멀어지면 반드시 우상숭배에 빠질 수밖에 없습니다. 그것이 타락한 인간의 본성이 걸어가는 길이라고 성경은 가르칩니다.

로마서 1장을 공부해 보면 하나님을 떠난 인류가 어떻게 우상숭배에 빠지는지 그 사실을 보여주고 있습니다. "창세로부터 그의 보이지 아니하는 것들 곧 그의 영원하신 능력과 신성이 그 만드신 만물에 분명히 보여 알게 되나니 그러므로 저희가 핑계치 못할지니라 하나님을 알되 하나님으로 영화롭게도 아니하며 감사치도 아니하고 오히려 그 생각이 허망하여지며 미련한 마음이 어두워졌나니 스스로 지혜 있다 하나 우준하게 되어 썩어지지 아니하는 하나님의 영광을 썩어질 사람과 금수와 버러지 형상의 우상으로 바꾸었느니라"(20-23). 하나님을 떠나가면 사람이 반드시 빠지는 것이 우상입니다. 하나님을 경배하느냐, 아니면 우상을 숭배하느냐 둘 중에 하나입니다. 중립은 없습니다.

우리는 종종 "우리는 예수도 안 믿지만 미신도 안 믿습니다"라고 말하는 사람들을 보게 됩니다. 그러나 그런 사람도 믿는 것이 있습니다. 자기를 믿던가, 돈을 믿던가 둘 중 하나입니다. 그것이 그들의 우상인 것입니다. 하나님 없이는 반드시 다른 우상을 숭배하게 되어 있습니다. 결국 그 우상은 하나님을 반역하는 것입니다. 하나님이 제일 싫어하는 것이 우상입니다. 하나님은 모든 것을 용납하시지만, 결코 용납할 수 없는 것, 그것은 바로 우상입니다. 결국 바벨탑은 우상문화의 결정판이었습니다. 그리고 하나님은 이 우상문화를 심판할 수밖에 없었습니다. 바벨은 인간 반역 문화의 상징입니다.

바벨문화, 인간 중심의 문화

두번째로, 바벨문화의 특성은 철저한 인간 중심의 문화라는 것입니다.

본문 4절에 보면, 바벨탑을 지으면서 그들이 뭐라고 소리쳤습니까? "또 말하되 자, 성과 대를 쌓아 대 꼭대기를 하늘에 닿게 하여 우리 이름을 내고 온 지면에 흩어짐을 면하자 하였더니." 여기서 인상적인 것은, 그들이 지금 뭐라고 소리치고 있습니까? "우리 이름을 내자. 우리 이름을 내자." 바벨탑 건설의 중요한 동기가 드러나고 있습니다. 인간의 이름을 내자는 것입니다. 여기서 우리는 바로 인본주의 문화의 출발을 볼 수 있습니다. 즉, 사람이 하나님의 자리를 대신하고자 하는 것입니다.

우리가 신앙고백을 할 때, 가장 중요한 내용이 무엇입니까? 우리가 인간으로서 이 땅에 존재하는 목적이 무엇입니까? 하나님을 영화롭게 하고 또 하나님을 즐거워하는 것, 하나님의 이름을 높여 드리는 것입니다. 그러나 그 하나님을 떠나면 그 자리에 누가 올라갑니까? 사람이 올라갑니다. '사람의 이름을 내자' 이렇게 되는 것입니다. 그렇다고 해서 하나님이 결코 우리 이름이 알려지는 것을 원치 않으신다는 말이 아닙니다. 사람이 아름다운 일을 하면 그 이름이 자연스럽게 알려지게 됩니다. 그것은 좋은 일입니다. 아름다운 일을 하게 되면 자기가 의도하지 않아도 그 이름이 알려질 수밖에 없습니다. 저는 그것을 좋은 일이라고 생각합니다. 전도서 7장 1절에도 이런 말씀이 있습니다. "아름다운 이름이 보배로운 기름보다 낫다." 고가의 물질보다도 아름다운 명예를 남기는 것이 더 좋다는 말씀입니다.

사람이 아름다운 이름을 남긴다는 것은 좋은 일입니다. 자연스럽게 또 남긴다는 것은 칭찬할 만한 것입니다. 그러나 누군가가 억지로 매우 부자연스럽게 자기 이름을 선전하고 알리면 얼마나 추하게 보입니까? 제가 제일 싫어하는 사람이 있습니다. 어떤 사람이냐면, 명함에 이것저것 많이 써가지고 다니는 사람입니다. 저는 일단 명함에 뭐가 많으면 "아, 이 사람 믿을 수 없구나" 이렇게 판단합니다. 그러니까 그런 명함 갖고 다니시는 분들은 아예 저한테 줄 생각을 하지 마십시오. 명함을 만들려면 단순하게, 길게 쓰려고 하지 마십시오. 그런 사람은 불쌍한 사람입니다. 자기 이름을 내고 싶어서 발버둥치는 인간의 허상을 보여주는 것입니다.

우리는 우리 자신을 크리스천이라고 말합니다. 크리스천이란 말 속에는 '크라이스트', 그리스도가 들어 있습니다. 원래 그 단어는 '작은 그리스도'라는 뜻입니다. 우리는 예수님의 이름을 가지고 사는 사람입니다. 우리는 예수님의 이름으로 구원받은 사람 아닙니까? 여러분, 예수님 이름으로 구원받으셨죠? 우리가 기도할 때 누구 이름으로 기도합니까? 마지막에 예수님의 이름으로 기도합니다. 우리가 찬양할 때, 누구의 이름을 찬양하는 것입니까? 예수님의 이름을, 성령님의 이름을, 하나님의 이름을 찬양하는 것입니다. 우리가 전도할 때 무엇을 전합니까? 예수님의 이름을 전합니다. 예수가 구원이라고, 예수가 소망이라고, 예수가 빛이라고 우리는 예수 그리스도의 이름을 선포하는 것입니다. 이것이 바로 그리스도인들의 삶입니다.

그리스도인들이 억지로 부자연스럽게 자기 이름을 의도적으로 나타내려고 하는 것, 이것은 결코 바람직하지 않은 것입니다. 조심해야 할 일입니다. 우리는 그리스도의 이름을 높이려고 애써야 합니다. 그런데 우리가 주님의 이름을 높여 드리면 어떤 일이 일어나는 줄 아세요? 우리가 주님의 이름을 열심히 높이면 주님이 우리의 이름을 높여주신다는 것을 믿으시기 바랍니다. 내가 몸부림치지 않아도, 발버둥치지 않아도, 내가 나를 광고하지 않아도 주님의 이름을 열심히 높여 드리면, 주님께서 여러분과 저의 이름을 또한 높여주신다는 사실을 믿으시기 바랍니다. 그것이 주님의 삶의 역사입니다. 예수 그리스도가 그런 인생을 사셨습니다.

빌립보서 2장 6절 말씀은 아주 유명한 말씀인데요. 신학에서는 이것을 케노시스의 본문이라고 말합니다. '케노시스' 란 말은 '예수님이 자기를 비우시고 낮추셨다' 는 말입니다. 그 말씀은 예수님이 자신을 낮추신 유명한 사건을 증언하고 있는 말씀입니다. "그는 근본 하나님의 본체시나 하나님과 동등 됨을 취할 것으로 여기지 아니하시고 오히려 자기를 비어." 이것이 케노시스입니다. "오히려 자기를 비어 종의 형체를 가져 사람들과 같이 되었고 사람의 모양으로 나타나셨으매 자기를 낮추시고 죽기까지 복종하셨으니 곧 십자가에 죽으심이라." 여기까지는 예수님이 스스로 낮추신 거예요. 하나님과 동등하신 그분이 하나님만큼 높으신 그분이 자신을 낮추시고, 종의 모습으로 이 땅에 오셔서 자신의 모든 것을 내어 주셨다는 것입니다. 그러나 예수님의 역사는 여기서 끝나지 않습니다. 그 다음이 중요하죠. 그 다음에 어떤 말씀으로 이어집니까? "이러므로 하나님이 그를 지극히 높여." 예수님이 그런 삶을 사셨더니 하나님이 그를 지극히 어떻게요? 높이셨습니다. 주님은 스스로를 어떻게 하셨습니까? 낮추셨습니다. 하나님은 그분을 지극히 높여 모든 이름 위에 뛰어난 이름으로 삼아 주셨습니다. 할렐루야!

그러니까 저와 여러분은 어디에 신경써야 합니까? '내 이름? 난데 없나?' 뭐 이런 거 신경쓰지 말고 무엇을 신경써야 합니까? '어떻게 주님의 이름을 높여드릴까? 어떻게 주님의 이름을 찬양할까?' 이것이 여러분과 저의 제일 중요한 관심이길 주의 이름으로 축복합니다.

때가 차면 우리의 이름도 주님이 높여주실 것을 믿으시기 바랍니다. 이 땅에서 안 나면 하늘나라 가서 신문에 날 줄로 믿으시기 바랍니다. 그런데 불행하게도 바벨탑을 쌓던 그 시대의 하나님의 백성들은 인간 중심의 문화, 소위 인본주의 문화 속에 빠졌습니다. "우리 이름을 내자." 하나님은 그들을 심판할 수밖에 없었습니다. 이것이 바벨문화, 인간 중심 문화의 속성입니다.

바벨문화, 인간 연합의 문화

마지막으로, 이 바벨문화는 인간 연합의 문화였습니다.

본문 4절에서 우리는 바벨탑을 쌓은 또 하나의 동기를 볼 수 있습니다. "우리 이름을 내고 온 지면에 흩어짐을 면하자." "뭉치면 살고 흩어지면 죽는다… 우리가 함께 모이자. 연합하자. 연합해서 탑을 쌓자. 위대한 탑을 쌓자. 그러면 하나님도 어쩔 수 없을 거야." 이래서 그들이 연합하기로 결심했습니다.

하나님을 떠나간 인간은 언제나 외로움을 느끼게 되어 있습니다. 그래서 이 외로움을 극복하기 위해서 사람들은 끊임없이 역사를 통해서 소위 집단문화를 만들어 왔습니다. 그런데 하나님 없는 집단문화, 하나님을 빠뜨린 집단문화는 하나님을 반역하도록 되어 있습니다. 그리스도인들이 정말 성령충만하지 않은 채로 하나님을 높일 목적이 아닌 다른 목적으로 떼거지로 모이게 되면 모여서 뭘 하는 줄 아세요? 모여서 음담패설하고 사람들 흉 보게 되어 있습니다. 그것이 부패한 인간의 속성입니다.

유명한 기독교 윤리학자요, 철학자요, 신학자인 니버는 이런 유명한 말을 했습니다. "이 세상에서 가장 무서운 것은 집단이다. 집단은 윤리적이 되기 힘들다"라고 말입니다. 우리가 개인적으로 만나면 윤리적이 될 수 있습니다. 사람 체면 때문에라도 욕도 못하고, 일대일로 만나면 상냥해지고. 그런데 집단은 얼굴이 없습니다. 그래서 집단 이기주의처럼 무서운 것이 없습니다. 집단은 그 집단을 붙들 수 있는 강력한 윤리적인 공통분모가 없으면 반드시 이기적이 될 수밖에 없습니다. 그리고 그 집단을 지배하는 윤리가 없을 때 집단은 무서운 횡포자가 될 수 있어요. 나치문화를 생각해 보십시오. 어떻게 그렇게 죄 없는 사람 육백만 명을 죽일 수가 있습니까? 그들이 집단으로 저지른 악이에요. 집단 악이라는 것이 이렇게 무서운 것입니다. 하나님 없는 사람들이 집단을 만들면 그렇게 되는 것입니다. 그래서 하나님은 결국 바벨탑을 심판할 수밖에 없었습니다. 바벨탑은 무너졌습니다. 사람들은 흩어졌습니다. 하나님은 그들로 하여금 다른 언어를 쓰게 하셨습니다. 언어가 분열되고, 민족이 분열되었습니다. 그래서 인간의 문화는 소외되었고, 사람은 서로 커뮤니케이션이 불가능한 그러한 벽을 쌓고 살아가게 된 것입니다. 이것이 심판의 결과입니다.

그렇다고 해서 우리가 이런 생각을 하면 안됩니다. 민족과 언어가 달라진 것을 보고 하나님이 "아, 그것 깨소금이다" 하고 즐기셨을 거라구요. 하나님이 그런 하나님일까요? 결코 그렇지 않습니다. 하나님은 그것을 즐기신 것이 아닙니다. 하나님은 이 바벨의 비극, 사람과 사람이 흩어지고 갈라진 이 바벨탑의 비극을 극복하기 위해서 먼 훗날, 오순절의 드라마를 준비하십니다. 이 바벨탑사건이 사도행전 2장에서 해결됩니다. 사도행전 2장에서 어떤 사건이 일어납니까? 오순절날, 각기 다른 나라에서 많은 사람들이 예루살렘으로 왔다고 했습니다. 거기에 성령이 임하셨습니다. 그리고 하나님의 놀라운 역사가 일어나기 시작했을 때, 서로 다른 나라에서 다른 언어를 쓰는 사람들이 다 알아들었습니다. 동일한 메시지로 알아들었습니다. 그리고 다 함께 한 목소리로 주님을 찬양하는 기적이 일어났습니다.

인류 역사의 오랜 분단과 소외와 그리고 통하지 않았던 커뮤니케이션의 비극이 한순간에 극복되었습니다. 거기서 탄생한 공동체가 바로 교회입니다. 그러니까 그리스도 안에서는 헬라인도 유대인도 없고, 예수를 믿는 모든 사람들이 언어를 뛰어넘어, 인종을 뛰어넘어 하나가 될 수 있습니다. 한 주님을 찬양하고, 한 주님을 섬기는 그런 놀라운 사건이 가능한 것입니다.

그러면 여러분 중에 어떤 분은 이런 질문을 하실지 몰라요. "그런데 오늘날의 교회가 정말 그런가요? 오늘날의 교회들이 왜 분열되었고, 교파와 교파 사이가 이렇게 나뉘어 있습니까? 그리스도 안에서, 성령 안에서 모든 것이 극복되는 모본을 사도행전 2장에서 보여주었지만, 그것은 하나의 중요한 전제를 가지고 있습니다. 그것은 우리 가운데 성령이 역사하시고, 그리스도께서 주가 되실 때 그런 일이 일어날 수 있다는 것입니다. 그리스도인의 모임이라 할지라도 정말 우리가 성령충만을 구하지 않고 모이면, 그리스도인의 모임도 별 수 없습니다.

우리 교회 안에도 많은 목장이 있지만, 잘되는 목장의 공통점이 뭔 줄 아세요? 성령충만을 사모하고 정말 예수님 높이기를 원한다는 것입니다. 그러면 한순간 모든 인간적인 다른 것들, 교육의 차이 뭐 이런 것이 다 극복이 됩니다. 정말 하나 됨을 경험합니다. 그런데 성령충만이 빠져버리면, 모든 인간 냄새들이 다 나와요. 그리고 부딪히기 시작합니다. 목장 가운데 어려움을 경험하는 목장들을 보십시오. 왜 그렇습니까? 인간 냄새 나는 사람이 나와서 그렇습니다. 인간의 모든 것이 나오면, 한순간 우리는 그리스도인이면서 서로를 불신할 수 있고, 서로를 오해할 수 있고, 갈라질 수 있습니다.

그래서 바울 사도는 에베소서 4장에서 그리스도인들에게 하나 될 것을 부탁하면서 이런 말씀을 했습니다. "성령이 하나 되게 하신 것을 힘써 지키라." 힘써 지킬려면 성령 안에 있어야 합니다. 그리고 성령충만을 사모해야 합니다. 우리가 성령충만해서 하나 되고, 정말 한 주님을 높이기 시작할 때는 우리의 인간적인 모든 차이를 넘어서 하나가 됩니다. 이것이 진정한 연합입니다. 이것이 진정한 교제입니다. 진정한 그리스도인들의 하나 됨인 것입니다.

저와 여러분이 그런 은혜를 경험하시기를 바랍니다. 그래서 바벨탑의 비극을 극복하는 놀라운 모습들을 우리의 모임 속에서 나타낼 수 있기를 주의 이름으로 축복합니다. 하나님이 빠져버린, 성령이 빠져버린 인간의 연합은 모여서 모의하는 것입니다. 모여서 흉보는 것입니다. 모여서 서로 질투하는 것입니다. 모여서 서로 비교하는 것입니다. 성령이 빠져버린 인간연합이란 것이 얼마나 악할 수 있는지를 바벨탑사건이 보여주고 있는 것입니다.

저는 이 바벨탑의 사건을 통해서 인간 문화의 허상을 바라보며 문화의 주인이신 하나님 앞에 돌아와 하나님의 주권 앞에 무릎 꿇고 성령의 은혜를 구함으로써 성령이 주시는 놀라운 연합과 놀라운 은혜를 함께 나누는 우리 공동체가 될 수 있기를 주의 이름으로 축복합니다.

묵상과 기도

바벨의 문화가 어떠한 문화인가를 함께 살펴보았습니다. 바벨탑을 쌓는 문화는 지금도 계속되고 있습니다. 하나님, 혹시 우리가 하나님이 기뻐할 수 없는 바벨탑을 쌓는 사람들이 아닌지 돌아보게 해주옵소서. 날마다 살아가면서 우리는 문화를 만들고 있습니다. 가정문화를, 교회문화를 만들고 있습니다. 하나님, 정말 우리의 동기가 순수하게 하시고, 우리가 정말 성령충만을 사모하게 도와주시사 모일 때마다 주님을 높이고 예수 그리스도를 찬양함으로 인간적인 모든 차이들을 넘어서서 정말 하나 됨을 경험하고 성령의 놀라운 은혜를 경험하는 그런 모임이 되게 해주옵소서.

하나님, 우리가 만들고 창조하는 문화가 바벨의 문화가 아니라 예수님의 문화가 되도록 도와주시옵소서. 그러기 위해서 우리가 한 분, 오직 예수 이름을 높이는 일에 관심을 갖는 그리스도인들이 되도록 도와주시옵소서. 자기를 나타내고 자기의 이름을 높이는 것보다도 주님의 이름을 높이고 존귀케 하는 일에 우리의 모든 관심과 생각이 모아지는 그러한 공동체들이 될 수 있도록 축복해 주시옵소서. 예수님 이름으로 기도합니다. 아멘.

요단 사역정신

"그러므로 너희는 가서 모든 민족을 제자로 삼아 아버지와 아들과 성령의 이름으로 침(세)례를 베풀고 내가 너희에게 분부한 모든 것을 가르쳐 지키게 하라 볼지어다 내가 세상 끝날까지 너희와 항상 함께 있으리라 하시니라"

1. For God and Church
   하나님의 영광과 그의 몸 된 교회의 영적 성장과 성숙을 위한 도서를 엄선하여 출판한다.
2. Prayer-focused Ministry
   기획 · 편집 · 제작 · 보급의 전 과정을 기도 가운데 진행한다.
3. Path to Church Growth
   건강한 교회를 세우는 축복의 통로로 섬긴다.
4. Good Stewardship and Professionalism
   선한 청지기와 프로정신으로 문서 사역에 임한다.
5. Creating a Culture of Christianity by Developing Contents
   각종 문화 컨텐츠를 개발함으로 기독교 문화 창달에 기여한다.